Cortnie Abercrombie
KI: Wenn wir wüssten ...

CORTNIE ABERCROMBIE

KI: WENN WIR WÜSSTEN ...

Was künstliche Intelligenz alles über uns weiß
und was wir über sie wissen sollten

PLASSEN
VERLAG

Die Originalausgabe erschien unter dem Titel
What You Don't Know: AI's Unseen Influence on Your Life and How to Take Back Control
ISBN 978-1-63758-208-4

Copyright der Originalausgabe 2022:
Copyright © 2022 by Cortnie Abercrombie. All Rights Reserved.
A Post Hill Press Book

Copyright der deutschen Ausgabe 2022:
© Börsenmedien AG, Kulmbach

Übersetzung: Rotkel e. K.
Gestaltung: Daniela Freitag
Satz und Herstellung: Timo Boethelt
Lektorat: Claus Rosenkranz
Druck: GGP Media GmbH, Pößneck

ISBN 978-3-86470-878-7

Bibliografische Information der Deutschen Nationalbibliothek:
Die Deutsche Nationalbibliothek verzeichnet diese Publikation in der
Deutschen Nationalbibliografie; detaillierte bibliografische Daten
sind im Internet über <http://dnb.d-nb.de> abrufbar.

BÖRSEN MEDIEN
AKTIENGESELLSCHAFT

Postfach 1449 • 95305 Kulmbach
Tel: +49 9221 9051-0 • Fax: +49 9221 9051-4444
E-Mail: buecher@boersenmedien.de
www.plassen.de
www.facebook.com/plassenverlag
www.instagram.com/plassen_buchverlage

In Erinnerung an meine Großmutter Betty Ann,
die mir in schwierigen Zeiten immer Kraft und Mut spendete
und mich daran erinnerte, mir Zeit für die Dinge zu nehmen,
die mir wichtig sind.

Für alle, die in diesen verrückten Zeiten der Pandemie
auf der Suche nach ihrem Sinn und Zweck sind –
für diejenigen habe ich eine Botschaft in der Danksagung.

Wenn man das Schiff erfindet,
erfindet man auch den Schiffbruch;
wenn man das Flugzeug erfindet,
erfindet man auch den Flugzeugabsturz;
und wenn man Elektrizität erfindet,
erfindet man den Stromschlag ...
Jede Technologie trägt ihre eigene Negativität,
die gleichzeitig mit dem technischen Fortschritt erfunden wird.

Paul Virilio,
französischer Kulturtheoretiker, Urbanist
und ästhetischer Philosoph

INHALT

Einführung

Der Nebelschleier ist gelüftet

Wie um alles in der Welt wollte ein Zigarettenhersteller mithilfe von künstlicher Intelligenz (KI) den Krebs in der Welt „reduzieren"? Ich war neugierig und misstrauisch, als ich am Konferenztisch saß und einem beängstigend ehrgeizigen Digital Executive zuhörte, der darüber sprach, wie man alle starken Raucher in der Welt findet und anspricht. Auf der ganzen Welt! Welcher verrückte, arrogante Mensch glaubt, dass er jeden starken Raucher auf der Welt finden kann? Zuerst wollte ich lachen, aber ich riss mich zusammen, als ich bemerkte, dass niemand lachte, spottete oder abfällige Bemerkungen machte. Keiner. Ich schaute mich langsam im Raum um, um zu sehen, ob ich jemanden aus dem Data-Science-Team erkannte, und entdeckte dabei eine Person, von der ich ohne Zweifel wusste, dass sie das Unmögliche schaffen konnte. Anhand der anwesenden Data-Science-Talente und hochrangigen Führungskräfte meines Unternehmens konnte ich erkennen, dass die Herausforderung bereits angenommen und in Angriff genommen worden war. Der Gesichtsausdruck des leitenden Datenwissenschaftlers war völlig ernst. Und ich wusste es. Er würde alle starken Raucher finden – und jeden anderen, den der Digital Executive finden wollte. Wäre dieser Datenwissenschaftler nicht im Raum gewesen, hätte ich das als Selbstüberschätzung und Narzissmus des Digital Executive abgetan.

Gäbe es eine *Forbes*-Liste der „mächtigsten Menschen der Unterwelt", so wäre dieser Digital Executive mit Sicherheit auf ihr vertreten. Warum? Weil er über mehr Geld verfügte als Gott und keine Scheu hatte, es auf jede erdenkliche Weise einzusetzen, um in der Big-Tobacco-Welt noch mächtiger zu werden. Er war auf dem Weg, der erste Chief Digital Officer zu werden, den das Zigarettenunternehmen je gesehen hatte, und da er auch der erste Hispanoamerikaner sein würde, der einen solchen Posten bekleidet, wollte er einen neuen Weg einschlagen – einen „rauchfreien" Weg. Aber dazu kommen wir später.

Ich hatte mich in die Diskussion mitten in der Sitzung eingeschaltet. Mein Flugzeug landete mit Verspätung in LaGuardia. Ich schnappte mir meinen Koffer aus der Gepäckablage und lief zu der Mitfahrgelegenheit, die ich noch vom Flugzeug aus angefordert hatte. Als das Auto im Verkehr feststeckte, stieg ich aus, rannte zu meiner Firma und wartete ungeduldig, bis mir der Sicherheitsdienst einen vorläufigen Ausweis aushändigte. Dann rannte ich zum Aufzug und dann in den Konferenzraum. Eile bestimmte mein Leben, ich rannte buchstäblich von einem Ort zum nächsten. Die Menschen, die ich traf, waren auch immer in Eile. Ich gebe Ihnen einen kleinen Vorgeschmack darauf, wie in der KI-Welt schlimme Dinge passieren. Ich möchte zu Protokoll geben … wenn die Menschheit jemals gegen die KI verliert, dann wird dies nicht mit einem Knall oder einem Wimmern geschehen, sondern Hals über Kopf.

Mein Job war es, um die Welt zu fliegen und Lösungen für künstliche Intelligenz im Wert von zig Millionen Dollar bei Fortune-500-Unternehmen zu testen. Man könnte mich wohl als „Höhle der Löwen"-Juror für künstliche Intelligenz bezeichnen. Wie in der TV-Show war ich auf der Suche nach der nächsten großen KI-Idee, in die ich investieren und die ich von einer maßgeschneiderten Lösung für einen Kunden zu einer wiederholbaren Lösung machen konnte, die wir standardisieren und vielen ähnlichen Unternehmen in derselben Branche anbieten konnten.

Bei diesem Meeting ging es um eine KI-gesteuerte „Social-Media-Kommandozentrale" für ein großes Tabakunternehmen. Halten wir kurz inne. Sie denken wahrscheinlich: *Was zum Teufel ist eine KI-gesteuerte Social-Media-Kommandozentrale?* Denken Sie an Filmszenen, in denen Menschen vor einer Reihe von Bildschirmen sitzen, die Welt beobachten und darauf warten, dass etwas passiert. Ja, genau. So ist es. Nur ist es eine Social-Media-Version. Stellen Sie sich eine KI vor, die Sie auf relevante Muster in Echtzeit-Tweets, Instagram-Fotos, Facebook-Kommentaren und Memes hinweist, die Ihr Unternehmen betreffen könnten. In der Vergangenheit waren es vor allem Konsumgüterunternehmen wie Coca-Cola, Nike und Unilever, die es zu schätzen wussten, schnell auf Stimmungen in den sozialen Medien reagieren zu können. Inzwischen tun dies jedoch die meisten Unternehmen, da sie erkannt haben, dass ein paar Personen mit einer großen Fangemeinde und ein paar kurze Tweets genügen, um den über Jahre aufgebauten Ruf einer Marke zu zerstören.

Wie funktioniert diese KI-Kommandozentrale für soziale Medien also genau? Die Unternehmen beschäftigen Menschen, die die sozialen Trendwarnungen des KI-Systems über ihre Kunden, ihre Marke, ihre Konkurrenten, Ereignisse, Situationen und Kundeninteraktionen in Echtzeit überwachen. Waren Sie schon einmal so verärgert über eine Fluggesellschaft, dass Sie sich direkt auf Facebook bei Ihren Freunden und Verwandten darüber beschwert und ihnen gesagt haben, dass sie niemals dort buchen sollen? Ja, Unternehmen hassen das. Sie wollen Sie glücklich machen, bevor Sie es tatsächlich schaffen, dass alle Ihre Freunde und Familienmitglieder sie hassen – vor allem, wenn Sie Tausende oder Millionen Follower haben. Zigarettenhersteller sind in vielen Ländern, auch in den Vereinigten Staaten, von den traditionellen Werbemöglichkeiten ausgeschlossen. Die sozialen Medien, in denen es nur wenige gesetzliche Bestimmungen und eine große Zahl junger Menschen gibt, sind für sie ein geeigneter Weg, um strategisch neue Kunden anzusprechen und Stammkunden dazu zu bringen, mehr zu rauchen.

Ich weiß nicht mehr, ob ich überhaupt wusste, dass dieses KI-System für Big Tobacco bestimmt war. Ich wusste zwar, wie vielversprechend die KI-gestützte Kommandozentrale war, aber ich hatte nicht darüber nachgedacht, dass diese Version für ein *Tabakunternehmen* bestimmt war. Es gibt zwei Gruppen von Menschen, wenn es um diese Art von Unternehmen geht. Die eine ist die Leben-und-leben-lassen-Gruppe, die andere ist die Ich-unterstütze-das-überhaupt-nicht-Gruppe. Das Schlimme ist, dass ich bis zu diesem Zeitpunkt dermaßen in Eile war. Ich hatte mit anderen Teams zusammengearbeitet, um ihre Geschäftsszenarien zu erstellen, damit ihre Lösung bei dem internen monatlich tagenden Prüfungsausschuss auf den Tisch kam. Ich flog los und landete in diesem Meeting, ohne mir Gedanken darüber zu machen, welcher Gruppe ich angehörte oder was die Lösung dem Kunden konkret bringen sollte. Ich erinnere mich, dass mir gesagt wurde, wir könnten dazu beitragen, den Krebs in der Welt zu reduzieren. Ich erinnere mich auch daran, dass ich davon fasziniert war, war mir jedoch nicht sicher, was das im Hinblick auf diesen Kunden bedeutete. Aber wer möchte nicht dazu beitragen, Krebserkrankungen einzudämmen?

Als ich in dem Meeting saß, durchlebte ich ein Wechselbad der Gefühle. Das „brennbare Produkt" – so bezeichnete der Big-Tobacco-Konzern die normalen Zigaretten – setzte beim Anzünden über 200 krebserregende Stoffe frei. Wow! Ich wusste ja, dass Rauchen nicht gesund war, aber: Wow! Aber das neue Produkt – das „rauchfreie" oder „risikomindernde Produkt" (ja, so haben sie es bezeichnet) –, das nach Tabak schmeckte und Nikotin enthielt, nach dem sich starke Raucher sehnten, würde nur vier Hauptbestandteile enthalten, und diese würden nicht angezündet, sondern erhitzt werden. Sie vertraten daher den Standpunkt, dass das neue Produkt nicht so krebserregend sei. Theoretisch könnte ein starker Raucher „brennbarer Produkte" auf das neue „zu erhitzende Produkt" umsteigen und könnte so – in Gedanken ergänzte ich an dieser Stelle „seine Lebenszeit verlängern" –, aber das war nicht das, was dann tatsächlich gesagt wurde. Stattdessen hieß es ... „weiterhin Tabakprodukte konsumieren". Halt, Pause! Verstehen Sie das so, wie ich es verstanden habe? In meinen Worten, nicht in ihren: Starke Raucher starben zu schnell an normalen Zigaretten; um sie als Käufer zu behalten, musste man ihr Leben verlängern, indem man ihnen eine Alternative anbot, die sie langsamer töten würde. Wir sind endlich, wenn auch auf zweifelhafte Weise, an einem Punkt angelangt, an dem sie in gewisser Weise die Idee der „Krebsreduzierung" verwirklichen. Aber, nebenbei bemerkt, es würde wahrscheinlich gentechnisch veränderten Tabak mit Nikotin enthalten, der mindestens doppelt so süchtig macht, und zwar über ein Gerät, das so viel kostet wie AirPods (und nur dann, wenn man sich nicht für die mit Swarovski-Kristallen besetzte Designerversion entscheidet) und andere Utensilien erfordert, die jedes Jahr so viel kosten würden wie die Studiengebühren pro Semester in den USA. Aber hey, wissen Sie, zumindest würden starke Raucher ein paar Jahre länger leben, die sie wahrscheinlich brauchen werden, um ihre neuen, „rauchfreien" Zigarettengewohnheiten abzuzahlen.

Je weiter die Diskussion darüber voranschritt, wie man die Menschen für dieses neue, „rauchfreie" Produkt gewinnen könnte, desto unwohler fühlte ich mich. Ich dachte immer wieder: *Schieb diese lästigen Gedanken einfach beiseite und kümmere dich um die Details.* Die Algorithmen waren bereits in Arbeit und der Zug in Bewegung. Aber dieses mulmige Gefühl überkam mich immer wieder. Und dann kochte es in mir über, als ein leitender Angestellter aus einem anderen Bereich unseres Unternehmens mich und meinen Chef beiseitenahm und unverblümt fragte: „Werden Sie wirklich dabei mitmachen, das

Projekt auf die Beine zu stellen?" Ich habe diese Frage so verstanden: *Wollen Sie wirklich dem Big-Tobacco-Konzern dabei helfen, Menschen für seine neue E-Zigaretten-Erfindung zu gewinnen? Glauben Sie wirklich das Argument, dass sie den Krebs reduzieren, indem sie auf starke Raucher abzielen?* Und ich werde hier absolut ehrlich zu Ihnen sein. Ein Wechselbad der Gefühle überkam mich. Zuerst das Gefühl der Schande: *Wie konnte ich das überhaupt in Betracht ziehen?* Dann Wut über die Anschuldigung: *Finden Sie mich unethisch?* Dann die Erkenntnis: *Mist, ich glaube, er hat recht!*

Anschließend erklärte er, dass seine Abteilung ihre Dienste einstellen musste, nachdem sie von einer Gruppe hinters Licht geführt worden war, die mit verschiedenen fragwürdigen Aktivitäten in Verbindung gebracht wurde. Obwohl es seinen Geschäftsbereich eine Menge Geld kostete, zogen sie sich zurück und erstatteten das Geld für ihre Dienstleistung. Es war ein abschreckendes Beispiel für uns, aber es gab mir das Gefühl, ein Tabakterrorist zu sein. Mein Chef und das Team, das an dieser Lösung arbeitete, waren gute Leute. Sie waren wirklich der Meinung, dass dies der richtige Weg sei, um die Krebsrate unter starken Rauchern zu senken. Sie waren begeistert, dass sie bei der Lösung helfen konnten – viele von ihnen hatten Angehörige, deren Gesundheit stark unter der Nikotinsucht litt. Mein Chef reagierte sofort entrüstet und distanzierte sich von den Äußerungen der anderen Führungskraft. Ich hatte das Gefühl, dass er nur darauf wartete, wie ich reagieren würde.

Mein Chef schätzte Vertrauen, Loyalität und Beziehungen mehr als alles andere – mehr als Fähigkeiten, Fachwissen oder den schulischen Werdegang. Dies war in der Welt des KI-Consultings selten. Er hatte mich aus einer Abteilung geholt, die er nicht mochte und der er kein Vertrauen entgegenbrachte, und er opferte seine Freizeit, um mich auf diese Führungsposition vorzubereiten. Ich war ihm dankbar für alles, was er für mich getan hatte.

Das. War. Hart. Ein Team mit guten Absichten. Ein toller Chef. Obwohl ich eigentlich kein Fan von Tabakunternehmen bin, war der

Kunde selbst ein aufstrebender digitaler Marktführer, ein ehrgeiziger, freundlicher Außenseiter – die Art von Unternehmen, die man normalerweise anfeuert, wenn es darum geht, „die Großen" zu besiegen. Nicht viele Minderheiten schafften es in die oberen Ränge von Big Tobacco, und dies war seine Art und Weise, dem Vorstand seine digitalen Führungskompetenzen unter Beweis zu stellen und sich den Titel „Chief" zu verdienen.

Was tun? Ich habe mich gequält.

In dieser Nacht wälzte ich mich hin und her und fragte mich, was wohl mit all den starken Rauchern geschehen würde, die von diesem Algorithmus gefunden würden. Würden die durch künstliche Intelligenz gesammelten Informationen und Muster dazu verwendet werden, sie dazu zu animieren, mehr zu rauchen? Würde ein ehrgeiziger oder sogar leichtgläubiger Angestellter die Namen und Angaben zur Identität dieser starken Raucher, da all diese Angaben ja in der Cloud waren, an Datenbroker weitergeben, die ihre Daten dann an Krankenversicherungen verkaufen könnten, die dafür viel Geld bezahlen würden? Könnte dies dazu führen, dass starke Raucher keine Versicherung mehr bekommen können? Welche Auswirkungen hatten diese „rauchfreien Geräte", mit denen man den Nikotinkonsum und die Rauchgewohnheiten der Menschen tracken konnte? Wenn die Tabakkonzerne die Gewohnheiten von Kettenrauchern erheben könnten, wäre es dann ein Leichtes für sie, mehr Menschen zum Rauchen zu bewegen?

Die Bilderkennung, eine Form der künstlichen Intelligenz, könnte so trainiert werden, dass sie Zigaretten in den Händen von Menschen auf Fotos auf Instagram und Facebook findet. Da so viele Menschen von ihren Freunden getaggt oder auf Fotos auf Facebook und Instagram mit Namen versehen werden, hätte das Zigarettenunternehmen dann die Namen der Personen, die auf den Fotos eine Zigarette in ihren Händen halten. Eine Liste von Rauchern und deren Freunden, wo sie sich aufhalten (zum Beispiel Namen von Bars, E-Zigaretten-Geschäfte) und ihren Vorlieben wäre sehr hilfreich, um Raucher mithilfe von

KI-Funktionen, die über soziale Medien verwaltet werden, anzusprechen. Lassen Sie mich Ihnen das anhand eines Szenarios veranschau-
lichen, damit Sie es sich besser vorstellen können.

Unsere KI-gesteuerte Social-Media-Kommandozentrale von Big-
TobaccoX wird über sich abzeichnende Trends rund um #SuperRaves,
@Felix (ein Social-Media-Influencer und Konsument rauchfreier
Produkte, dem Tausende Menschen folgen) und @BigPopaSmokes (ein
lokales E-Zigaretten-Geschäft in der von BigTobaccoX anvisierten
Stadt) informiert. Das Social-Media-Team von BigTobaccoX hat sich
vorgenommen, Tausende von Menschen dazu zu bewegen, sich für ein
neues „rauchfreies" Gerät zu entscheiden, wenn sie die folgende Botschaft auf den beliebtesten Social-Media-Seiten verbreiten würden:
„Hey @Cortnie_CDO (das bin ich) @BigPopaSmokes (Name eines
E-Zigaretten-Geschäfts) sponsert einen #SuperSecretRave (Veranstaltung im Zusammenhang mit BigTobaccoX). Dein Freund @Felix hat
sich bereits angemeldet. Kostenlose rauchfreie Designergeräte und
Eintritt zur Veranstaltung, wenn du dich vor der Party bei @BigTobac-
coX anmeldest." Dann lehnt sich das Team in der Kommandozentrale
zurück und beobachtet, wie die Social-Media-Kampagne läuft, und
passt sie bei Bedarf weiter an. So können Sie sich das vorstellen.

Als ich diese Szenarien und die Wahrscheinlichkeit ihres Eintretens
durchspielte, wurde mir klar, dass der digitale Marktführer es nicht
ernst gemeint haben konnte, nur die starken Raucher in der Welt zu
verfolgen. Ich glaube, sie waren definitiv ein Zielmarkt für ihn, aber
nicht das *einzige* Ziel. Um das Potenzial der KI-gesteuerten Kommandozentrale voll auszuschöpfen, würde er Menschen verfolgen, die ihr
Leben in den sozialen Medien führen, Partys wie Raves besuchen und
dem Gruppenzwang unterliegen (zum Beispiel „Dein Freund Felix geht
hin"). Gibt es bestimmte Altersgruppen, die Ihnen einfallen? Lassen
Sie mich hier ein paar Zusammenhänge herstellen. Wenn Sie im Internet recherchieren, werden Sie schnell feststellen, dass das Durch-
schnittsalter, in dem jemand mit dem Rauchen beginnt, zwischen zwölf

und 15 Jahren liegt. Studien des US-amerikanischen nicht staatlichen Meinungsforschungsinstituts Pew haben ergeben, dass Instagram von 72 Prozent der Teenager in den USA genutzt wird; die einzige Social-Media-Plattform, die von noch mehr Teenagern genutzt wird, ist Youtube. In krassem Gegensatz dazu nutzen lediglich 37 Prozent der Erwachsenen in den USA Instagram. Die Natur sozialer Medien und die Art und Weise, wie Veranstaltungen und andere Influencer-Aktivitäten vermarktet werden, spricht natürlich Teenager an. Dieses *Aha*-Erlebnis erleichterte die Entscheidung, was zu tun ist, erheblich.

Ich wurde hinzugezogen, um zu beurteilen, ob ich dies für eine gute KI-Lösung halte, die sich skalieren und wiederholen lässt. Der KI-Aspekt der digitalen Kommandozentrale war großartig, aber die Elemente, in denen es um die Suche nach starken Rauchern und die Konversion von Nichtrauchern ging, waren es nicht. Ich bin davon abgerückt. Für eine solche Lösung hätte man Anteile und massive Boni mit der Big-Tobacco-Industrie aushandeln können, aber das war es mir nicht wert. Ich habe mich auf andere Lösungen konzentriert, die ebenso vielversprechend waren, aber ohne die moralischen Fragen. Einige werden vielleicht denken, ich sei selbstgerecht. Andere mögen sich fragen, warum ich nicht weiter gegangen bin und versucht habe, die KI abzuschalten. Ich möchte anmerken, dass einige Social-Media-Gruppen nicht mit Big-Tobacco-Unternehmen zusammenarbeiten werden, und die Methoden, die sie anwenden, sind unorthodox, aber nicht illegal. Und deshalb habe ich diese Geschichte erzählt. Ganz gleich, ob Sie sich als Raucher sehen, der ohnehin keinen Anstoß braucht, oder als ehrgeizige digitale Führungskraft, die ihre Fähigkeiten unter Beweis stellen will, oder als Datenwissenschaftler, der einem potenziell unethischen Kunden ausgeliefert ist: Sie müssen sich vorab überlegen, wo Ihre Grenzen liegen und wozu Sie sich überreden lassen könnten, wenn es keine Gesetze und Normen gibt, die Sie anleiten. Nach diesem Treffen habe ich viel über meine Grenzen nachgedacht.

Ich kehrte nach Hause zurück und nahm mir Zeit, über all die Dinge nachzudenken, die ich gesehen hatte, während ich von der Entwicklung einer KI-Lösung zur nächsten eilte. Ich dachte an die Hektik, mit der man versucht, eine vielversprechende KI-Lösung zu patentieren und Investitionen einzuwerben. Es erinnert mich daran, wie die Mob-Mentalität funktioniert – wenn die KI-Aktion einmal begonnen hat, ist sie nicht mehr aufzuhalten. Ein Initiator fängt an, und die Nachfolgenden beeilen sich, Befehle auszuführen, die sie normalerweise nicht einmal in Erwägung ziehen würden. Im Zusammenhang mit KI wird der Zeitrahmen im Allgemeinen durch eine Produktentwicklungsmethode diktiert, die die meisten Datenwissenschaftler und Anwendungsentwickler anwenden: Agile. Die meisten Führungskräfte, die mit der Anwendung agiler Entwicklungsmethoden in der Softwarebranche vertraut sind, erwarten eine Minimalversion eines Produkts (auch Minimal Viable Product oder kurz MVP genannt) in sechs bis acht Wochen. Leider ist die KI keine gewöhnliche Softwareentwicklung. Sechs bis acht Wochen sind nicht annähernd genug, um ein Computersystem auf die Muster und die daraus resultierenden Empfehlungen zu trainieren, die letztendlich als Aktionen in großen Unternehmenssystemen automatisiert werden könnten.

Um diese unrealistischen Fristen einzuhalten, aber dennoch ihre MVPs zu den versprochenen Terminen in die Hände derjenigen zu bekommen, die über Investitionsgelder verfügen, habe ich beobachtet, wie führende Datenwissenschaftler betteln, leihen, stehlen, Daten erfinden (gefälschte Daten erstellen) und Daten *extrahieren* (Data Scraping). Beim Data Scraping wird ein Computerprogramm verwendet, um auf legale Weise Informationen zu stehlen, die auf Websites enthalten sind. Diese Praxis ist so alltäglich, dass jeder Datenwissenschaftler, der jetzt liest, dass ich diese Praxis als *Diebstahl* bezeichne, sicherlich innerlich zusammenzuckt, da bin ich mir sicher. Stellen Sie sich vor, Sie gehen in eine Buchhandlung und kopieren alle Bücher ohne Erlaubnis oder ohne dafür zu bezahlen – einfach deswegen, weil die

Bücher vor Ihnen liegen und kein Gesetz es verbietet. Das einzige Ziel von führenden Datenwissenschaftlern bestand darin, die Geldgeber für ihre KI-Initiativen zu beeindrucken, damit sie sich das Budget und die Ressourcen für deren Aufbau sichern konnten. Sie hatten es so eilig, dass sie diejenigen vergaßen, die davon betroffen sein könnten. Deshalb habe ich gesagt, dass, wenn wir, die Menschheit, jemals gegen die KI verlieren sollten, dies auf einen Schlag geschehen wird, weil wir uns beeilt haben, Dinge zu entwickeln, die uns sabotieren oder töten könnten. Wir mussten es einfach vor der nächsten Gruppe entwickeln – aus Wettbewerbsgründen. Schließlich werden Ihnen die Entwickler von KI sagen, dass, wenn *sie* es nicht gebaut haben, es jemand anderes getan hat. (Das war schon immer eine stimmige Logik.)

Ich habe Unternehmen zugehört, die KI nutzen, um Ihren Standort zu tracken – nicht nur, während Sie in ihrem Geschäft waren, sondern auch, nachdem Sie es verlassen haben und zum nächsten gegangen sind. Sobald die Ortungsbake Ihres Smartphones in das geografisch abgegrenzte Gebiet eines konkurrierenden Geschäfts eindringt, erhalten Sie einen mobilen Coupon auf dem Bildschirm Ihres Telefons, der Sie in das andere Geschäft zurücklocken soll. Sie würden nie erfahren, dass Ihre Privatsphäre verletzt wird, um ein anderes Produkt zu verkaufen.

Ich beobachtete, wie die intelligente Automatisierung zunahm und damit auch das Potenzial für Entlassungen. Automatisierungsexperten würden Sie dazu bringen, jede Aufgabe in Ihrem Job zu dokumentieren, wie Sie sie erledigt haben, welche Systeme Sie verwendet haben und welche Entscheidungen Sie getroffen haben, damit sie eine Maschine programmieren können, die Ihre Arbeit erledigt – und das viel schneller, als Sie es jemals könnten. Sie würden nie erfahren, warum Sie gefeuert wurden oder dass Sie Ihren eigenen Nachfolger ausgebildet haben.

Ich musste schlucken, als mir Kollegen von Versicherungsunternehmen erzählten, die Expertensysteme suchten, die über den Ausgang der wichtigsten Momente im Leben eines Menschen entscheiden könnten – etwa über den Anspruch auf eine Krankenversicherung oder eine Berufsunfähigkeitsversicherung. Und obwohl sie wollten, dass sich das System wie ihre besten Versicherungsmathematiker verhält, würden sie nur die Dienste eines Junior-Praktikanten finanzieren, um das System zu schulen. Sie würden nie erfahren, dass ein lebensverändernder Versicherungsanspruch von einer Maschine abgelehnt wurde, und das nur, weil diese Maschine ein nicht fachkundiges Training erhalten hat.

Wir haben alle schon von den schlimmsten Fällen gehört, in denen der Einsatz von KI schrecklich schiefgeht oder für ruchlose Zwecke verwendet wird. Der vielleicht berüchtigtste Skandal der jüngeren Vergangenheit ist der Facebook-Cambridge-Analytica-Skandal von 2016, bei dem Millionen von Facebook-Nutzern in den Swing States unwissentlich von einem KI-Algorithmus als politisch „beeinflussbar" eingestuft wurden. Ihre persönlichen Informationen wurden ohne ihr Wissen über einen Datenbroker – Cambridge Analytica – an die Trump-Kampagne verkauft, und dann wurde diese von der KI identifizierte Gruppe in ihren Facebook-Feeds mit Anzeigen, Memes und „Nachrichten" bombardiert, die den gegnerischen Kandidaten in einem negativen Licht darstellen. Oder vielleicht haben Sie davon gehört, dass die US-Supermarktkette Target Frauen einen „Schwangerschaftsvorhersagewert" zugewiesen hat, der auf Daten aus ihrem Einkaufsverhalten basiert. Wenn der Algorithmus eine Frau als schwanger einstufte, schickte das Unternehmen ihr Gutscheine zum Thema Baby. Dies führte zu einem bekannten Fall, in dem der Vater eines 16-jährigen Mädchens Target aus diesem Grund wütend zur Rede stellte – nur um dann von der Tochter selbst zu erfahren, dass es stimmte.

Da KI immer intelligenter und leistungsfähiger wird, kann sie zu noch größeren Problemen führen, wenn Menschen versuchen, Algorithmen, die für einen bestimmten Zweck entwickelt wurden (zum Beispiel für die Modellierung finanzieller Risiken), für einen anderen Zweck zu nutzen (zum Beispiel für die Priorisierung von Pflegeleistungen). Im vergangenen Herbst ergab eine Studie in einem großen

Lehrkrankenhaus, dass der Algorithmus, der zur Festlegung der Versorgungspriorität verwendet wurde, erhebliche rassistische Verzerrungen enthielt. Der Algorithmus kam zu dem Schluss, dass schwarze Patienten nur 18 Prozent der Hochrisikogruppe des Krankenhauses ausmachten, obwohl die tatsächliche Zahl bei 47 Prozent lag. Infolgedessen wurde weißen Patienten der Zugang zur Gesundheitsversorgung vor schwarzen Patienten gewährt, die weitaus weniger gesund waren und deren Bedarf an medizinischer Versorgung dringender war. Was ist schiefgelaufen? In diesem Fall wurde der Algorithmus auf finanzielle Risiken trainiert. Was in den Nachrichten nicht berichtet wurde – was ich aber durch Befragungen herausfand –, war, dass das Krankenhaus einen Algorithmus zur Modellierung seiner finanziellen Risikoszenarien verwendete und beschloss, das lukrativste finanzielle Szenario Wirklichkeit werden zu lassen. Da weiße Patienten mehr für die Gesundheitsversorgung ausgaben, wurden sie vom Algorithmus als vorrangig zu behandelnde Patienten eingestuft.

Oder wie wäre es mit einer Verwechslung? Ein Mann in Michigan wurde vor den Augen seiner Frau und seiner beiden kleinen Töchter für ein Verbrechen verhaftet, das er nicht begangen hat. Grund dafür war eine Gesichtserkennungstechnologie, die ihn falsch identifizierte. KI-basierte Gesichtserkennungstechnologien werden weitgehend mit Bildern von Menschen mit heller Haut im Gegensatz zu dunkler Haut trainiert; daher können sie die Merkmale einer schwarzen Person nicht ohne Weiteres von denen einer anderen unterscheiden, wie die berühmte Gender-Shades-Studie von Joy Buolamwini vom MIT zeigt.

Und im Vereinigten Königreich wurde die Welt Zeuge des ersten Massenprotests gegen einen Algorithmus, als Studienbewerber vor dem Bildungsministerium des Landes skandierten: „Fuck the algorithm!" Schülerinnen und Schüler, die aufgrund von Covid-19 nicht an den Abschlussprüfungen teilnehmen konnten, wurden stattdessen von einem Algorithmus benotet, dessen Daten auf den früheren Schulleistungen beruhten. Etwa 40 Prozent der Schüler erhielten schlechtere

Noten als von ihren Lehrern prognostiziert, was ihre Aufnahme an der Hochschule ihrer Wahl gefährdete.

Trotz bekannter Misserfolge wie diesen möchte ich klarstellen: Künstliche Intelligenz hat uns einige unglaubliche Vorteile gebracht, und ich glaube, dass sie erstaunlich sein wird – sobald wir ihr vertrauen können.

Aber KI ist im Moment wie der Wilde Westen, und gerade jetzt ist es am gefährlichsten. Dies ist ein sich schnell entwickelnder, hoch experimenteller Bereich, in dem es nur wenig Transparenz oder Aufsicht und nur wenige Normen, Richtlinien oder Gesetze gibt, die Ihre Rechte, Ihre Privatsphäre und Ihre Arbeitsplätze schützen. Das Fehlen von Vorschriften, gepaart mit mangelndem Wissen des Durchschnittsbürgers über die Funktionsweise von KI und deren Auswirkungen auf seinen Alltag, führt zu einer unglaublich riskanten Situation. Wenn Sie kein Insider sind und nicht aus erster Hand erfahren haben, wie KI eingesetzt wird, können Sie nicht wissen, was schiefgehen könnte. Sie werden nur den Druck der unverantwortlichen KI um Sie herum spüren. Vielleicht wird Ihr Haus durch einen ungeprüften Hypothekenalgorithmus zwangsversteigert, oder ein Polizeibeamter taucht auf, um Sie oder einen nahestehenden Menschen auf Empfehlung einer fehlerhaften Gesichtserkennung zu verhaften, oder Ihr Bankkonto wird eingefroren, nachdem der unvorsichtige Umgang eines KI-Unternehmens mit Daten zum Diebstahl Ihrer Identität geführt hat.

Vielleicht haben Sie schon einige der Anzeichen bemerkt, wussten aber nicht, warum diese Dinge geschehen. Sie haben Ihrer Familie zum Beispiel eine E-Mail über Ihre Fehlgeburt geschickt und sehen nun in Ihren Pinterest- und Amazon-Feeds Werbung für Trostkarten, Schmuck und Bücher. Das ist die KI, die digitale Werbung auf Sie zuschneidet. Vielleicht ist Ihnen auch aufgefallen, dass es immer schwieriger wird, einen Job zu finden (das Ergebnis einer künstlichen Intelligenz, die Ihre Persönlichkeit auf der Grundlage Ihrer Äußerungen in den sozialen Medien überprüft), oder dass Ihre Kinder scheinbar endlos süchtig nach Youtube sind. Dies ist dank der KI-Empfehlungsmaschinen möglich, die ein Video nach dem anderen vorschlagen. Oder vielleicht ist Ihr Facebook-Feed von ideologischen Gruppen übernommen worden, die hasserfülltes Zeug verbreiten, das Ihnen ehrlich gesagt völlig egal ist. Oder vielleicht haben Sie eines dieser genetischen Abstammungs-Kits genutzt, nur um hinterher festzustellen, dass Ihnen „zufällig" eine Lebens- oder Berufsunfähigkeitsversicherung verweigert wurde.

Vorfälle wie diese sind alle auf den unethischen oder unverantwortlichen Einsatz von KI zurückzuführen und werden mit zunehmender Intelligenz und Reichweite der KI nur noch häufiger auftreten. Bis Regulierungsbehörden und Pädagogen den Anschluss gefunden haben und die Wildwest-Phase der KI unter Kontrolle ist, müssen Sie sich selbst darüber informieren, was wirklich mit KI geschieht, und sich das Wissen aneignen, das Sie brauchen, um sich und Ihre Lieben zu schützen. Sie können nicht davon ausgehen, dass alle KI unfehlbar, vertraulich und sicher ist und dass ihre Schöpfer Ihre Interessen im Auge haben. Das ist nicht der Fall, und nicht alle tun es. Gehen Sie auch nicht davon aus, dass die Daten vertrauenswürdig sein müssen, nur weil sie überall zu finden sind – in unseren Smartphones und Uhren, in unseren Wohnungen, Autos, Computern und sozialen Netzwerken.

Gehen Sie aber auch nicht davon aus, dass KI zu komplex ist, um sie zu verstehen. Das ist sie nicht! Deswegen habe ich dieses Buch geschrieben. Mein Ziel ist es, Ihnen zu zeigen, wozu KI in der Lage ist, wo die größten Gefahren lauern und wie Sie sich schützen können, bis bessere Gesetze und soziale Normen in Kraft sind.

Das Buch basiert auf den häufigsten Fragen, die mir die Menschen, die mich täglich umgeben, zum Thema KI stellen. Ich habe Fragen von Geschäftspartnern, Lehrern, Ärzten, Kirchgängern, Mitfahrern und Taxifahrern, Familienmitgliedern und sogar von Leuten zusammengestellt, mit denen ich in der Schlange vor Postämtern, Starbucks, Walmart und Kohl's gesprochen habe. Das sind keine KI-Forscher, sondern ganz normale Menschen, die neugierig auf KI und ihre Möglichkeiten sind und wissen wollen, worauf sie achten müssen. Ich werde diese Fragen in normaler Sprache ohne Fachjargon beantworten. In den ersten beiden Kapiteln lernen Sie die Grundlagen der KI kennen: was sie ist, wie sie funktioniert, in welchen alltäglichen Dingen sie zum Einsatz kommt, die Vor- und Nachteile dieser Systeme und was Realität und was Hype ist, wenn es um KI geht. Dies wird Ihnen helfen, ein grundlegendes Verständnis für die folgenden Kapitel zu erlangen. In diesen Kapiteln erfahren Sie, auf welche Weise Sie in Ihrem Alltag direkt von KI betroffen sein könnten. Wir werden die wichtigsten Themen behandeln, die den meisten Menschen wichtig sind, wie zum Beispiel: wie sich KI auf Ihre Fähigkeit auswirken könnte, einen Job zu bekommen und zu behalten; wie böse Akteure KI nutzen könnten, um Sie zu hacken; was KI über Sie weiß und warum das wichtig ist (selbst wenn Sie denken, dass Sie „nichts zu verbergen" haben); wie Sie von KI manipuliert werden könnten, ohne es zu wissen; wie Sie Fehlinformationen, Deepfakes und Fake News erkennen und eindämmen können; die vielen Rollen, die KI im Gesundheitswesen spielt, und was Sie tun können, um sich für die beste Versorgung einzusetzen; und wie KI Ihre Rechte und Freiheiten einschränken könnte. Dabei gebe ich Ihnen konkrete Tipps und praktische Schritte zum Schutz Ihrer Privatsphäre, Ihrer Rechte und Ihrer persönlichen Daten – ohne technisches Fachwissen.

Was Sie nicht über KI wissen, *kann* Ihnen wirklich schaden. Aber nicht mit mir!

1

Was ist künstliche Intelligenz und wie funktioniert sie?

Ein Jahr in Künstliche-Intelligenz-Forschung reicht aus, um an Gott zu glauben. – *Alan Perlis*

WAS IST KI?

Bevor wir darüber sprechen, was KI ist, sollten wir darüber sprechen, was sie nicht ist, damit wir vorgefasste Meinungen hinter uns lassen können. Schließen Sie die Augen und stellen Sie sich vor, wie KI aussieht. Was war das Erste, was Ihnen in den Sinn kam? War es ein Roboter oder ein Androide? War es eine auf Hollywood basierende Version der KI – vielleicht HAL aus dem Film *2001: Odyssee im Weltraum* oder der Terminator oder Ava aus *Ex Machina*? Das sind alles sehr fortschrittliche Vorstellungen von KI. Wenn Sie diese Kriterien als Grundlage für die heutige KI verwenden, sollten wir einen Reset machen, damit Sie sich die tatsächlichen Möglichkeiten der KI, wie sie heute bestehen, vergegenwärtigen können.

KI sind menschenähnliche Intelligenzsysteme. Roboter und Androiden sind etwas anderes als KI – obwohl KI-Systeme durchaus in sie eingebettet werden können, um sie intelligent zu machen. KI kann überall dort existieren, wo es genügend Rechenleistung für ihren

Code gibt (zum Beispiel Smartphones, Computer, Autos). Das Ziel jedes künstlich intelligenten Systems ist es, Analysen durchzuführen und Entscheidungen zu treffen, die mindestens so gut oder exponentiell besser sind als die des Menschen.

DREI ARTEN VON KI-SYSTEMEN

Der unterschiedliche Grad der Leistungsfähigkeit von KI im Vergleich zur allgemeinen menschlichen Intelligenz bestimmt, welche der drei KI-Typen eine KI ist.

Artificial Narrow Intelligence (ANI) – schwache KI
Der allgemeinen Intelligenz des Menschen unterlegen

Die heutigen KI-Systeme sind alle „schwache KI". Diese KI ist wirklich langweilig. Sie hat weder einen glatten Androiden-Körper, wie man ihn sich in Filmen vorstellt, noch plant ein böses Superhirn die Übernahme der Welt. Bei dieser KI handelt es sich um Codebits, die überall dort eingebettet werden können, wo genügend Rechenleistung vorhanden ist (zum Beispiel in Autos, Computern, Flugzeugen, Traktoren, Kühlschränken und Smartphones). Sie konzentriert sich auf bestimmte Aufgaben mit bestimmten Zielen; sie ist noch kein echtes Multitasking-Talent wie wir Menschen. Es gibt derzeit keine KI-Systeme, die Sie sicher zur Arbeit fahren, sich um Ihre Kinder kümmern *und* ein Unternehmen führen können. Sie *können* eine dieser Aufgaben übernehmen, aber nicht alle drei. Diese Art von KI würde uns zwar nicht im Bereich der allgemeinen Intelligenz übertreffen, aber sie könnte viele Aufgaben in einem Beruf wie zum Beispiel der Buchhaltung meistern und mit der Automatisierung von Prozessen durch Roboter kombiniert werden, um unsere Arbeitsplätze in diesem Bereich zu übernehmen. Sie kann auch viel mehr Daten und Informationen für eine bestimmte Aufgabe verarbeiten als Menschen, was ihr das verleiht, was ich als „Taschenrechner-Intelligenz" bezeichne. Man würde einem Taschenrechner nicht zugestehen, dass er mehr weiß als wir, nur weil er große Zahlen schneller berechnen kann.

Angesichts der Tatsache, dass die besten Roboter von heute nicht in der Lage sind, ein rudimentäres Fußballspiel zu spielen oder ohne Führung durch einen Raum zu schlendern, ohne umzufallen oder gegen Dinge zu stoßen, ist es unwahrscheinlich, dass wir diese KI einsetzen werden, um in absehbarer Zeit einen Terminator oder einen realistischen Androiden zu schaffen. Die heutigen Roboter lernen und reagieren nicht von selbst, sondern sind im Grunde ausgeklügelte ferngesteuerte Marionetten – sogar der berühmte Roboter Sophia. (Suchen Sie im Internet nach „Sophia, der Roboter" und Sie werden sehen, was ich meine.) Jedes Beispiel von KI, das Sie in Kapitel 2 sehen werden, ist schwache KI.

Artificial General Intelligence (AGI) - starke KI
Entspricht der allgemeinen Intelligenz des Menschen

Das ist die Art von KI, an die die meisten Menschen denken, wenn sie gefragt werden, was KI ist. Außerdem wird sie in der Regel in einer Art Androidenform vorgestellt. Diese Art von KI wäre in der Lage, unsere intellektuellen Fähigkeiten im Großen und Ganzen zu erreichen. Wenn ich das KI-System in einem Roboter mit Beinen ausstatte und ihn bitten würde, zu laufen, würde er von selbst laufen lernen, ähnlich wie Kleinkinder lernen. Die KI würde auf das Trial-and-Error-Prinzip zurückgreifen und dann das eigene Lernen überarbeiten. Der Mensch lernt sowohl durch Beobachtung als auch durch Wissen, das ihm angeboren zu sein scheint – instinktiv, wenn man so will. Wenn wir eine heiße Herdplatte berühren, lernen wir, sie nicht wieder zu berühren, weil es wehtut. Ein Roboter oder eine KI wird keine fünf voll funktionsfähigen Sinne haben, zumindest nicht in unmittelbarer Zukunft. Benötigt sie unsere fünf Sinne, um menschenähnliche Reaktionen zu zeigen? Sollte man ihr zum Beispiel Gefühle wie Schmerz und Leid simulieren, damit sie mit den Menschen mitfühlen und wie sie lernen kann? Oder sollten wir die Stärke der KI in der Robotik nutzen und sie nicht anfällig für unsere Schmerzen machen? Wäre sie dann noch lernfähig? Ein Grund, warum wir beim Autofahren vorsichtig sind, ist, dass wir niemandem schaden oder bei einem Unfall verletzt werden wollen. Wir haben Emotionen wie Empathie für andere und Angst vor Verletzungen, die unser Verhalten beim Fahren einschränken, damit wir nicht rücksichtslos fahren. Aber wie können wir ein KI-System so einschränken, dass es mit unseren gesellschaftlichen Normen übereinstimmt?

Dank der Arbeiten von Philosophen wie John Searle und David Chalmers ist viel darüber diskutiert worden, ob wir Bewusstsein und Intentionalität in Computersystemen simulieren können. Ein spezifisches Argument zu diesem Thema ist das Gedankenexperiment, das als Chinesisches Zimmer bekannt ist. Der Grundgedanke ist, dass ein KI-System so programmiert werden kann, dass es chinesische Schriftzeichen lesen und sogar auf Chinesisch antworten kann, und zwar so überzeugend, dass eine Chinesisch sprechende Person glaubt, sie unterhält sich mit einem anderen Chinesen. Das bedeutet aber nicht, dass das Computersystem das, was es der Person gesagt hat, genauso gut *versteht* wie ein Mensch, der Anweisungen zur Beantwortung von Fragen auf Chinesisch erhält. Die KI wird einfach das tun, wofür sie trainiert wurde.

Der Google-CEO überraschte 2018 die Welt, als er einen neuen, erstaunlich menschlich klingenden KI-Sprachassistenten namens Duplex vorstellte.[1] Er wurde entwickelt, um Termine für seine Benutzer zu buchen. So kann er Restaurants anrufen, einen Angestellten um eine Reservierung bitten und dann auf alle Fragen des Angestellten antworten. Er macht Sprechpausen und sagt sogar „ähm" wie ein menschlicher Sprecher. Er ist so realistisch, dass Technikethiker sich zu Wort meldeten und forderten, dass Google sein Duplex-System von vornherein als KI ausweist, wenn es eine Person anruft. Aber nur weil KI-Systeme oberflächliche Gespräche oder sogar unsere Verhaltensweisen nachahmen können, bedeutet das, dass das KI-System so intelligent ist wie ein Mensch? Wir würden einen Menschen nicht für intelligent halten, wenn er nur Fragen zum Wetter beantworten oder Restaurantreservierungen vornehmen könnte. Warum also sollten wir zulassen, dass eine Maschine dafür als intelligent gilt? Ganz zu schweigen davon, dass Maschinen keine anderen Komponenten der Intelligenz wie Persönlichkeit, Absicht oder Emotionen haben.

Artificial Super Intelligence (ASI) – Superintelligenz
Der allgemeinen Intelligenz des Menschen überlegen

Ich habe bei einer Google-Präsentation eine Folie gesehen, auf der der Vortragende beiläufig erwähnte, dass Algorithmen des maschinellen Lernens bessere Datenarchitekturen erstellen als Menschen. Ich werde nicht lügen: Es hat mich beunruhigt. Warum? Die Datenarchitektur ist so etwas wie die Strategie, wie KI-Systeme ihre Daten erhalten. Wenn sie diese einrichten kann, könnte sie dann auch alle Arten von Kill-Switch-Programmen umgehen, die wir für sie einrichten könnten? Die Frage, die beantwortet werden muss, um das zu wissen, lautet: Könnte die KI *sich selbst* Ziele setzen? Werden ihre Ziele immer nur von menschlichen Programmierern kommen? Experten, die dies nicht für möglich halten, glauben auch nicht, dass Superintelligenz möglich ist. Aber einige Experten *halten es* für möglich. Ein Experte, Nick Bostrom, hat ein ganzes Buch mit dem Titel „Superintelligenz" geschrieben, das sich mit diesem Thema beschäftigt. Ich kann mich wirklich nicht entscheiden, was ich glauben soll, bis ich Beweise für eine KI sehe, die sich entweder 1) absichtlich über die Ziele hinwegsetzt, die ihr von ihren menschlichen Programmierern vorgegeben wurden, oder 2) zeigt, dass sie sich selbst Ziele setzen kann. Ich glaube, dass KI unsere allgemeine Intelligenz übertreffen könnte – aber erst in einigen Jahrzehnten, und selbst dann müsste diese KI wissen, wie sie uns Menschen davon abhalten kann, ihren Strom abzuschalten oder ihren Code zu verschlüsseln.

WAS BEDEUTET ES, EINE MENSCHENÄHNLICHE INTELLIGENZ ZU BESITZEN?

Es gibt Menschen, die, so könnte man argumentieren, wie Computer denken und handeln. Es gibt Menschen, die sind Genies in Bereichen wie Mathematik und Wissenschaft, aber nicht klug in zwischenmenschlichen Beziehungen und Geschäftsstrategien und umgekehrt. Die Bestimmung der Intelligenz ist höchst subjektiv. Manchmal ist es etwas schwierig zu entscheiden, was menschenähnliche Intelligenz ist. Behalten Sie dies im Hinterkopf, wenn wir später eine Übung zur Definition von „menschenähnlichem" Denken durchführen.

Um menschenähnliche Intelligenz zu entwickeln, muss KI verstehen, denken, lernen, interagieren und handeln wie ein Mensch. Das ist eine große Herausforderung. So groß, dass viele KI-Experten KI als irgendein System bezeichnen, das nur *eines* dieser Dinge kann, aber nicht *alle*. Sie werden vielleicht denken: *Hey, ich kenne keine Systeme, die das wirklich können.* Ich kann keine vollständige Unterhaltung mit Siri oder Alexa führen. Ich kann ihnen keine tiefgründigen und bedeutsamen Fragen stellen, auf die sie bedeutsame Antworten geben könnten. Sie haben recht. Ich kann fragen, wie das Wetter ist, und sie werden es mir sagen. Aber sie gehen in der Regel nicht über die Antwort auf genau die Frage hinaus, die ich gestellt habe. Sie fragen nicht, warum ich mich über das Wetter in Colorado informiere, obwohl ich in Texas lebe. Sie denken nicht daran, dass ich vielleicht eine Reise plane und mich über die Campingbedingungen in den Rocky Mountains informieren möchte. Sie verstehen meine Absichten nicht anhand meiner Körpersprache oder der Tatsache, dass ich ein T-Shirt trage, auf dem „I love the Rockies" steht. Es mag zwar Systeme geben, die einige dieser Anforderungen erfüllen, aber sie sind nicht in einem einzigen Paket zusammengefasst und funktionieren ganzheitlich ... noch nicht. Wenn das der Fall wäre, würden Pedro Domingos und die KI-Forscher, die an der Entwicklung des „Master-Algorithmus" arbeiten, mit einer großen Flasche Champagner feiern.

Wenn diese KI-Systeme menschenähnlich sein sollen und wenn man bedenkt, dass nonverbale Hinweise den Großteil der Kommunikation ausmachen, müssten wir dann ein Gesicht, eine Mimik und eine Körperhaltung sehen, um den richtigen Ton und die richtigen Botschaften zu vermitteln? Müsste eine KI tatsächlich einen menschlichen Körper und ein menschliches Gesicht haben, um die Anforderungen wirklich zu erfüllen? Es gibt zwar Gruppen wie Soul Machines in Neuseeland, die sich mit solchen Dingen beschäftigen, aber sie sind heute noch nicht allgegenwärtig.

WARUM KI SO VERWIRREND SEIN KANN

Im Zuge der Entwicklung von KI werden alle möglichen Begriffe verwendet. Und wir alle haben Vorurteile gegenüber KI. Manchmal sind uns diese bewusst, manchmal nicht. Manche Leute reden zum Beispiel von Robotern, als wären sie allein die KI. Manchmal definieren Forscher und KI-Entwickler KI nur als den Algorithmus des maschinellen Lernens, weil dieser der eigentliche Motor der KI ist. Ich ertappe mich dabei, dass ich das ständig tue. Aber in Wirklichkeit ist KI ein *Bündel* von Technologien und Datenquellen. Es ist ein bisschen so, als würde man über eine Person sagen, dass ihre Augen oder ihre Beine menschlich sind. Das ist wahr. Sie gehören zum Menschen als Teile, die ein

Ganzes ermöglichen, aber sie sind für sich genommen kein ganzer Mensch. Für viele ist das verwirrend. Denn wie weit gehen wir mit dieser Beschreibung, um „menschenähnliche Intelligenz" zu haben, oder geht es nur darum, menschenähnliche Intelligenz *an den Tag zu legen?* Ist es nur Intelligenz, und wenn ja, welche Komponenten unserer Intelligenz müssen ihr entsprechen? Muss sie gleichwertig mit unserer *gesamten* Intelligenz sein? Gibt es in diesem Fall Aspekte unserer Intelligenz, die wir als Kriterien für menschenähnliche Intelligenz festlegen sollten, wie zum Beispiel emotionale Intelligenz, Schlussfolgerungen, Absicht, Ehrgeiz, Logik und die Fähigkeit, Fragen zu beantworten?

Ist der Turing-Test noch gut genug? Er wurde 1950 entwickelt, um herauszufinden, ob ein Computer Fragen so gut beantworten kann, dass er mit einem Menschen verwechselt werden kann. Hätte die KI heute nicht einen unfairen Vorteil? Könnte sie nicht einfach alles, was sie direkt gefragt wird, im Internet nachschlagen? Würden wir das als ausreichend betrachten, um die Definition von KI zu erfüllen? Ist das nicht im Grunde das, was Siri oder Alexa heute auch können? Das ist es, was die Suchmaschine von Google tut. Ist Google eine vollwertige KI? Die Wissenschaftler von Google haben auf dem Gebiet der KI zweifellos Pionierarbeit geleistet. Aber bedeutet das, dass eine Suchmaschine wirklich KI ist? Ist es eine ganze KI oder nur ein Teil davon? Oder würden wir sagen, dass es sich nicht wirklich um KI handelt, weil Google nicht in der Lage ist, mit uns zu diskutieren und klärende Fragen zu stellen, um die bestmöglichen Antworten auf der Grundlage unserer Absichten zu geben? Stellen Menschen nur oberflächliche, eindimensionale Fragen? Nicht oft. Wie menschenähnlich muss eine KI also sein, damit sie alle unsere bestehenden Annahmen über KI erfüllt?

Testen wir unsere Theorie über die Google-Suchmaschine anhand der soeben definierten Kriterien: Verstehen, Lernen, Denken, Interagieren und Handeln.

KI-Test der Google-Suchmaschine

KRITERIEN FÜR KI

Versteht wie ein Mensch	Ich kann mit ihr sprechen, und sie kann erkennen, was ich sage, solange sie meine Syntax versteht. Was ich meine, ist, dass sie mir möglicherweise keine Antwort geben kann, wenn ich ein Thema jenseits derer aufgreife, für die sie ausgebildet wurde. Wenn ich sie zum Beispiel etwas in juristischem Fachjargon frage, kann sie möglicherweise keine sinnvolle Antwort geben, weil sie nicht auf juristische Begriffe trainiert wurde. Man könnte aber auch argumentieren, dass dies auch bei Menschen der Fall ist. Menschen, die kein Jura studiert haben, verstehen vielleicht den juristischen Fachjargon auch nicht.
Begründet wie ein Mensch	Wenn ich die Google-Suche beauftrage, mir bei der Suche nach Möglichkeiten zur Kostensenkung zu helfen, wäre sie dann in der Lage, mir eine Reihe von klärenden Fragen zu stellen? Würde sie von Natur aus verstehen, dass es nicht in Ordnung ist, Geld auf eine Weise zu sparen, die die Gesundheit oder das Leben von Menschen gefährden könnte? Oder alles zu tun, was gegen gesellschaftliche Normen verstößt, um Kosten zu sparen? Ich denke, dass sie hier versagt. Andererseits kann man aber auch argumen-

tieren, dass einige Menschen oder andere juristische Personen wie Unternehmen dies ebenfalls tun.

Lernt wie
ein Mensch

Lernt die Suchmaschine von Google wie ein Mensch? Nein. Aber es wurde viel getan, um der KI hier zu helfen. Der Teil unserer Erfahrung, der für die KI unerklärlich ist, beruht jedoch oft auf unseren Sinnen und Gefühlen. Wir berühren etwas, das heiß ist, und das tut weh, also tun wir das nicht noch einmal. Dann lernen wir all die Dinge, die heiß sind, und assoziieren den gleichen Schmerz mit diesen Gegenständen. Wissenschaftler würden sagen, dass es hier um Belohnung und Bestrafung geht. Aber oft kennen wir uns selbst nicht gut genug, um eine KI mit Belohnungen oder Bestrafungen auszustatten.

Interagiert wie
ein Mensch

Interagiert die Suchmaschine von Google wie ein Mensch? Nein. Technisch gesehen gibt es Chatbots, die auf Fragen in einem Online-Chat-Format antworten können. Sie können sogar mit Ihnen sprechen, aber die meisten haben eine sehr roboterhaft klingende Stimme. Sie haben normalerweise kein Gesicht mit ausdrucksstarken Emotionen. Sie verwenden in der Regel keinen Tonfall und keine Wortwahl wie Slang oder Humor als Teil ihrer Kommunikation. Sie regen sich nicht auf oder machen Pausen, um ihren Standpunkt zu verdeutlichen. Sie können unsere Hand nicht berühren, uns nicht umarmen und keine nonverbalen Hinweise geben, damit wir uns besser fühlen, wenn wir ihnen etwas Traumatisches erzählen. Sie können nicht wie ein Mensch lachen, wenn wir ihnen einen Witz erzählen.

Verhält sich wie ein Mensch

Nehmen wir an, ich flüstere Google Search zu, dass ein Einbrecher in meinem Haus ist. Was würde Google Search tun? Was würde ich von der Google-Suche erwarten, wenn sie von einem Menschen durchgeführt würde, im Gegensatz zu dem, was ich von einem Computersystem erwarte? Was würde ein Mensch tun? Ein Mensch, der das am Telefon hört, würde wahrscheinlich innehalten, auf meinen Tonfall hören, um festzustellen, ob ich scherze oder es ernst meine, und die Polizei anrufen und sie zu mir nach Hause schicken. Würde Google Search das tun? Wahrscheinlich nicht, denn dies würde Schlussfolgerungen und Ableitungen erfordern, im Gegensatz zu einer Befehlssprache wie „Wähle den Notruf". Die Google-Suche an sich kann derzeit keinen Notruf absetzen, da dies nicht ihr Zweck ist. Sie kann nicht wie ein Mensch Multitasking betreiben, da die meisten KI nur für einen einzigen Zweck entwickelt wurden.

Sollte die Suchmaschine von Google auf der Grundlage *aller* oben genannten Kriterien als KI betrachtet werden? Nein. Enthält sie Elemente von KI? Ja. Wenn sie einige Elemente enthält, aber nicht alle, ist sie dann noch KI? Ich würde sagen ja. Und genau das ist es, was die Dinge verwirrend macht. Ich würde sagen, dass die Google-Suche eine „schwache KI" ist im Gegensatz zu einer *starken* künstlichen Intelligenz", von der die meisten von uns denken, dass sie in der Lage ist, eine breite menschliche Intelligenz an den Tag zu legen.

WIE „VERSTEHT" KI?

Die Fähigkeit einer KI, „Verständnis" zu simulieren, hängt von den Daten ab, die sie aufnimmt, davon, wie sie diese Daten erhält, und vom Zweck der KI. Für einige Anwendungen der KI braucht sie die fünf Sinne des Menschen, um zu „verstehen".

Manchmal sind diese Daten repräsentativ, manchmal stammen sie direkt aus den Quellen, und in einigen Fällen sind die benötigten Daten nicht verfügbar, und es wird nach dem besten Ersatz für diese Informationen gesucht, um sie in einem Algorithmus zu verwenden. Wenn bei der KI etwas schiefgelaufen ist, dann war das meiner Erfahrung nach fast immer ein Problem, das mit den Daten begann. Qualität, Formatierung, Gültigkeit, Wahrhaftigkeit und Herkunft der Daten sind bei der Formulierung des KI-Systems von größter Bedeutung. Egal, welche Art von Daten das KI-System zum jetzigen Zeitpunkt aufnimmt, es wird immer einen Weg brauchen, um sie in eine Sprache zu übertragen, die ein Computer versteht. Selbst wenn ein Computer „sieht", muss er die Fotos oder Videos in digitale Daten umwandeln, die er lesen, verstehen und analysieren kann. Es gibt fast immer eine Möglichkeit, diese Daten mit verschiedenen Methoden zu konvertieren, auf die wir im Folgenden eingehen werden.

Sehen (heute in der KI häufig verwendet)

Wie kann ein KI-System sehen? Wir Menschen sehen Dinge an und können fast sofort erkennen, was wir sehen, einschließlich der Attribute des Bildes selbst, und wir können das Gesehene auch in einen Kontext stellen. Zum Beispiel ist es ein Mensch, und der Mensch ist ein Mädchen, sie scheint traurig zu sein – was wir aus ihrem Gesichtsausdruck und der hinuntergefallenen Eiswaffel neben ihr auf dem Boden schließen. Wir machen das in weniger als einer Sekunde, indem wir uns die Szene ansehen. Im Moment ist es für einen Computer schon schwierig genug, das Bild selbst zu verstehen, ganz zu schweigen von den umgebenden Elementen und ihrer kontextuellen Bedeutung für das Hauptmotiv des Bildes, das wir sehen (in diesem Fall das Mädchen). Wir leiten sofort eine Bedeutung ab und treffen auf dieser Grundlage sofortige Entscheidungen. Die Bedeutung, die wir daraus ableiten, wird sich in manchen Fällen von den Schlussfolgerungen unterscheiden, die andere Menschen aufgrund ihrer bisherigen Lebenserfahrungen ziehen würden.

Wenn ich zum Beispiel vor sechs Jahren ein Kind bekommen hätte, würde ich einem Kind, das 1) allein und ohne Eltern in der Nähe ist und 2) weint, besondere Aufmerksamkeit schenken. Die Bedeutung, die ich daraus ableiten könnte, ist, dass das Kind verloren gehen könnte. Das Mitgefühl, das ich sowohl für die Eltern, die nicht da sind, als auch für das Kind empfinden würde, würde mich zum Handeln zwingen. Ich würde alles unterbrechen (meinen Arbeitsweg, meinen Morgenkaffee, meinen Spaziergang mit dem Hund), um dem Kind zu helfen, seine Eltern zu finden. Wenn ich hingegen zunächst nur feststelle, dass das Kind wegen des verschütteten Eises weint, und ich in unmittelbarer Nähe einen Erwachsenen mit ähnlichen Merkmalen erkenne, würde ich wahrscheinlich annehmen, dass das Weinen nicht ernst ist und dass es einen Erwachsenen gibt – vielleicht einen Verwandten –, der dem Kind mit dem hinuntergefallenen Eis helfen kann. Selbst wenn ein KI-System, sagen wir ein KI-gestütztes geschlossenes

Videosystem, die Elemente im Bild „sehen" und visuell erkennen könnte, könnte es daraus eine Bedeutung und einen Handlungsablauf ableiten? Die Fähigkeit zur Überwachung ist nicht gleichbedeutend mit der Fähigkeit zum Einschreiten. Ist ein KI-System, das überwachen könnte, tatsächlich intelligent? Würde es die gleichen Dinge tun, die ein Mensch unter diesen Umständen tun würde? Könnte es auf (simulierte oder andere) Lebenserfahrungen zurückgreifen, die ihm helfen könnten, wie ein Mensch einzugreifen? Oder braucht es etwas mehr, eine Möglichkeit, Empathie einzuprogrammieren?

Ein KI-System „sieht" technologisch durch die Entwicklung einer Art maschinellen Lernalgorithmus, der nach Mustern sucht, die einen Hund zu einem Hund, eine Frau zu einer Frau, eine Katze zu einer Katze machen. Diese Fähigkeit wird als Bilderkennung bezeichnet. Unmengen von Fotos wurden von Menschen gekennzeichnet, um verschiedene Bilderkennungssysteme zu trainieren.

Hören (heute häufig in der KI verwendet)

Künstlich intelligente Agenten wie Alexa und Siri benötigen Spracherkennungsfunktionen, um Ihnen zuzuhören und mit Ihnen sprechen zu können. Dadurch sind diese KI-Systeme in der Lage, die Wörter zu erkennen, die Sie gerade gesprochen haben, und diese Wörter in Text zu übersetzen, sodass sie durch Textanalyse analysiert und verstanden werden können. Zu den Unternehmen, die auf dem Gebiet der Spracherkennungssysteme führend sind, gehören: Google, Microsoft, IBM, Baidu, Apple, Amazon, Nuance und SoundHound.

Spracherkennung umfasst oft auch andere Bereiche, die Sie vielleicht schon in den Schlagzeilen gesehen haben, wie die Verarbeitung natürlicher Sprache (Natural Language Processing, NLP), das Verstehen natürlicher Sprache und die Erzeugung natürlicher Sprache. Diese kann oft mit digitaler Signalverarbeitung (Digital Signal Processing, DSP) kombiniert werden, die sich auf die menschliche Stimme beschränkt und Hintergrundgeräusche ausblenden kann. DSP wird beispielsweise eingesetzt, um nur Ihre Antwort zu hören, wenn ein auditiver Chatbot etwas sagt wie „Sagen Sie Ja, wenn Sie einen Agenten brauchen", im Gegensatz zu Ihrem Hund, der im Hintergrund bellt, oder Ihrem Mann, der Ihr Kind tadelt. Ontologien und Wissensgraphen helfen der KI, Ihren Wörtern einen Kontext und eine Bedeutung nach Themen zuzuordnen. Hier ist ein Beispiel für eine Ontologie zum Thema Film. Das ist hilfreich, denn wenn Sie den Song „Zombie" von der Band The Cranberries suchen und sich in einem KI-System für Musik befinden, werden Ihnen keine Zombiefilme angezeigt. Dies ist umso wichtiger, wenn es sich um branchenbezogene (zum Beispiel Öl, Energie, Telekommunikation, Medien) oder berufsbezogene (zum Beispiel Recht, Informationstechnologie, Personalwesen) Anwendungen handelt, in denen es viele Akronyme und Wörter gibt, die ohne Kontext keinen Sinn ergeben.

Berühren
(heute in der künstlichen Intelligenz nicht gebräuchlich)

Wenn man darüber nachdenkt, wie Berührung für uns funktioniert, ist es nicht nur „Berührung". Das ist noch nicht alles. Wir können Kälte spüren, heiße Gegenstände können uns verbrennen, und unsere Knie können nach einem langen Lauf schmerzen. Schwere Gegenstände, die wir zu heben versuchen, können uns überfordern und uns signalisieren, dass es unmöglich ist, sie zu heben. Wir können erkennen, ob etwas fest, weich, flüssig oder scharf ist. Wir können den Nebel auf unserer Haut spüren. Unser Tastsinn lässt sich im Grunde genommen in einige Hauptkategorien unterteilen: 1) Druck, 2) Temperatur, 3) Bewegung und 4) Beschaffenheit.

In der Vergangenheit haben sich die meisten Roboter auf Kameras und Näherungssensoren verlassen, um festzustellen, wo sich Objekte befinden, aber sie haben nicht wirklich etwas „gefühlt". Doch jetzt wird eine Reihe neuer Methoden ausprobiert, um die Berührungsfähigkeit von KI-Robotern zu verbessern. Einige verwenden Nanodrähte, die auf ihrer „Haut" über der Oberfläche sitzen, andere nutzen Lichtwellen, die aus dem Inneren des Roboters kommen, und einige verwenden winzige Flüssigkeitskanäle, während andere künstliche „Nerven" und Nervensysteme entwickeln.

Seit August 2018 sind „haarige Roboter" berührungsempfindlicher als Menschen. Forscher unter der Leitung von Zeynep Celik-Butler von der University of Texas in Arlington haben eine neue intelligente „Haut" patentiert, die mithilfe von Millionen mikroskopisch kleiner (0,2 Mikrometer) Nanodraht-„Haare" Robotern helfen soll, Informationen über ihre Umgebung zu sammeln.[2] Die Anwendungsmöglichkeiten sind endlos, aber zu den konkreten Ideen gehören das Einweben der Haut in intelligente Kleidung wie Uniformen, die giftige Chemikalien erkennen können, und die Identifizierung von Personen durch den Abgleich von Fingerabdrücken, die mit der „intelligenten Haut" in Kontakt kommen.[3] Ein weiteres Konzept war, dass diese „Haut" auf Prothesen angebracht werden könnte, um den Menschen, die sie tragen, Gefühl zurückzugeben. Forscher der Harvard School of Engineering and Applied Science haben in Zusammenarbeit mit dem Wyss-Institut Pionierarbeit beim 3D-Druck geleistet, indem sie ein sensorisches Material aus Flüssigkeit – insbesondere organische ionische Flüssigkeit auf Basis von leitfähiger Tinte – in das weiche Elastomermaterial der Haut eines Roboters gedruckt haben, um die Empfindungen von Bewegung, Druck und Temperatur zu reproduzieren. Im Oktober 2017 beschrieben Forscher der UCLA und der University of Washington ihre Forschung an einer künstlichen Haut für Roboter. Die Haut würde es Robotern ermöglichen, Dinge zu tun wie eine Bombe zu entschärfen, eine Operation durchzuführen und sogar ein Ei wie ein Koch zu braten.[4] Die Haut besteht aus winzigen Kanälen, die mit elektrisch leitfähigem Flüssigmetall gefüllt sind, und ist aus dem gleichen Material wie eine Schwimmbrille hergestellt.

Im Juni 2018 arbeitete die Stanford-Absolventin Yeongin Kim an einem künstlichen Nerv, der aus einem Drucksensor, einem Ringoszillator und einem ionengelgesteuerten Transistor besteht, um einen künstlichen Mechanorezeptor zu entwickeln, der Prothesen mit Gefühlen für Bewegung, Temperatur, Textur und bestimmte Arten von Druck versorgen könnte.[5] Dies würde durch eine Verbindung mit den restlichen Nervenenden einer Gliedmaße geschehen. Aber es geht um viel mehr als nur um das menschliche Potenzial: Der künstliche Nerv könnte mit einem künstlichen Gehirn kombiniert werden, an dem Google bekanntlich schon seit geraumer Zeit arbeitet. Wenn dies gelingt, könnten die ersten Bio-Roboter entstehen, die Eingaben verarbeiten und entscheiden können, wie sie reagieren, genau wie Menschen. Ist das nicht ein bisschen beängstigend und aufregend zugleich?

Riechen (heute in der KI nicht üblich)

Die erste Frage, die Sie sich vielleicht stellen, lautet: *Warum zum Teufel sollte eine KI riechen müssen?* Was ist die praktische Anwendung dafür? Was wäre, wenn wir sie zum Aufspüren verwenden könnten?

a. Lungenkrebs frühzeitig zu erkennen (und zu diagnostizieren);
b. etwas im Haus brennt, während die Familie schläft;
c. ein Gasleck;
d. wenn Lebensmittel verdorben sind;
e. die Angst eines potenziellen Terroristen;
f. was jemand gegessen oder getrunken hat.

Die meisten „Geruchssensoren" erkennen Gase und Chemikalien in der Luft. Eine der hehrsten Anwendungen stammt von einem asiatischen Roboterhersteller, dessen Ziel es ist, ältere und bettlägerige Patienten zu betreuen und ihnen zu helfen, ihre Zeit zu Hause zu verlängern, anstatt in eine Pflegeeinrichtung zu gehen. Einer der Hauptgründe, warum ältere Menschen in Pflegeheime gehen (abgesehen von der Tatsache, dass sie sich nicht mehr selbst versorgen können), ist, dass ihre Wohnungen für sie unsicher werden, weil sie vergessen, Geräte auszuschalten. Ein mit Geruchserkennung ausgestattetes KI-System könnte mit intelligenten Geräten zusammenarbeiten, um sicherzustellen, dass sie ausgeschaltet sind und richtig funktionieren. Unglaublich ist auch, dass CT Asia Robotics Sensoren zur Geruchserkennung einsetzt, um Patienten mithilfe eines Gassensors, der das Vorhandensein von Lungenkrebs mit einer 80-prozentigen Genauigkeit diagnostizieren kann, zu „riechen".

Schmecken (heute in der KI nicht gebräuchlich)

Chef Watson ist die KI, die mir als Erstes in den Sinn kommt, wenn ich an eine KI denke, die „schmecken" kann. Um die Daten mit „Geschmack" zu versehen, fügten die Entwickler von Watson simulierte menschliche Geschmacksknospen hinzu. Ha! Nur ein Scherz. Aber für eine Sekunde habe ich Sie getäuscht. Nein, im Ernst, wie alles andere in der KI wird auch diese angebliche sensorische Fähigkeit mit riesigen Datenmustern versehen. In diesem Fall handelt es sich um Daten darüber, was Menschen in Bezug auf Lebensmittel mögen. Die Forscher von Chef Watson ließen das Programm über 35.000 Rezepte analysieren, um nach Mustern von Zutatenkombinationen, Zubereitungen, Essensstilen und Kochmethoden zu suchen. Es wurde auch in Lebensmittelchemie und einem obskuren wissenschaftlichen Gebiet namens hedonische Psychophysik ausgebildet – der Psychologie dessen, was Menschen als angenehm oder unangenehm empfinden. Die KI „schmeckt" noch nicht wirklich, sie leitet ihr Verständnis für unseren „Geschmack" lediglich aus Datenmustern ab.

WIE DENKT UND LERNT DIE KI?

Die Schöpfer des KI-Systems programmieren eine Reihe von Anweisungen, die als Algorithmus bezeichnet werden, in das System ein, die ihm helfen, logische Fähigkeiten zu entwickeln. Das KI-System lernt, sein Denkvermögen einzusetzen, indem es mit Datensätzen trainiert, auf die es richtig reagieren muss, bis es gut genug ist, um einen Menschen zu schlagen. So lernt die KI: Sie wird von Experten, Datenwissenschaftlern und einer Vielzahl von Daten trainiert. Es gibt drei grundlegende Trainingsmethoden, um einem KI-System beim Lernen zu helfen.

Schulungsmethoden

1. Überwachtes Lernen

Die meisten KI-Systeme werden mittels überwachtem Lernen trainiert. Zunächst werden die Testdaten gekennzeichnet. Wenn das Ziel eines KI-Systems beispielsweise darin bestünde, Bilder von „reifen Pfirsichen" auszusortieren, würde ein Mensch ein Bild mit der Aufschrift „reifer Pfirsich" markieren, und dieses würde in einem Testdatensatz mit anderen Bildern von reifen Pfirsichen gespeichert werden. Das KI-System wird dann mit den Trainingsdaten für „reife Pfirsiche" gefüttert, um zu sehen, welche Merkmale der Algorithmus erkennt und ob er die reifen Pfirsiche auch dann noch richtig erkennen kann, wenn ein Haufen reifer Pfirsiche mit anderen Früchten wie Äpfeln und mit unreifen oder verdorbenen Pfirsichen gemischt wird.

Das KI-System muss möglicherweise bestimmte Bilder von Pfirsichen oder sogar bestimmte Apfelsorten wiederholen, wenn sie wie Pfirsiche aussehen. Wenn es den festgelegten Genauigkeitsschwellenwert nicht erreichen kann (zum Beispiel die korrekte Erkennung reifer Pfirsiche in mindestens 90 Prozent der Fälle), dann benötigt es menschliche Hilfe bei der Identifizierung weiterer Faktoren für „reife Pfirsiche". Als Systemtrainer würde ich dann auf gequetschte Haut und herausgefallene Stiele hinweisen, damit das System diese aus der Kategorie reife Pfirsiche ausschließt und sie stattdessen in die Kategorie „verdorben" einordnet. Die KI fügt diese Erkenntnisse dann ihrem Algorithmus (ihrem Befehlssatz) hinzu und versucht weiterhin, Bilder von reifen Pfirsichen auszuwählen. Sobald diese Vorgehensweise ausreichend oft wiederholt wurde, um eine akzeptable (vom Experten festgelegte) Genauigkeitsrate zu erreichen, können die gelernten Informationen offiziell in das System integriert werden. Menschliche Eingriffe in die KI sind dringend erforderlich, bis wir besser in den Griff bekommen, wie Maschinen ihre Anweisungen interpretieren und Lernen integrieren. Deshalb sind Transparenz und eine Erläuterung der Funktionsweise dieser Algorithmen so wichtig. Selbst wenn wir Menschen die Möglichkeit haben, einzugreifen, stellen wir manchmal nicht genügend erfahrene Experten zur Verfügung, oder wir passen einfach nicht auf, wenn der Computer etwas übersieht. Dies war der Fall bei dem selbstfahrenden Auto, das eine Frau angefahren hat. Das Auto wurde so konfiguriert, in Notsituationen den Menschen die Kontrolle zu überlassen. Doch als der Mensch erkannte, *dass* eine Notsituation vorlag, war es bereits zu spät, und die Person wurde angefahren.

Zu den Arten von Algorithmen, die mit überwachtem Lernen trainiert werden können, gehören Regression, Entscheidungsbaum, Random Forest, Nächste-Nachbarn-Klassifikation und logistische Regression, über die Sie im nächsten Abschnitt mehr erfahren werden.

2. Unüberwachtes Lernen

Diese Methode des algorithmischen Trainings wird verwendet, um Dinge, Menschen und Orte auf der Grundlage von Beobachtungen von Ähnlichkeiten in einen Topf zu werfen. Der Computer lernt zum Beispiel von selbst, dass alle „grünen runden Dinge" gleich aussehen, sodass sie zusammen klassifiziert werden. Alle länglichen gelben Dinge sehen ähnlich aus, also werden sie in einen Topf geworfen. Wenn wir Menschen klassifizieren würden, würden die Kriterien wahrscheinlich auf vielen Dingen basieren und davon abhängen, was der Schöpfer des Algorithmus zu erreichen versucht. Wenn ich beispielsweise mehr lilafarbene Pullover verkaufen und Instagram als Marketingkanal nutzen möchte, zeige ich dem KI-System die Instagram-Fotos von Menschen, die lilafarbene Pullover tragen. Es würde dann beginnen, alle verfügbaren Daten über sie von Instagram zu klassifizieren und dann nach Ähnlichkeiten suchen (*außer* den lila Pullovern). Algorithmen, die durch unüberwachtes Lernen trainiert werden könnten, wären: Apriori-Algorithmus, K-means.

3. Verstärkendes Lernen

Der Maschine wird ein Ziel vorgegeben, zum Beispiel „beim Strategiespiel Go zu gewinnen", und dann trainiert sie sich selbst durch Versuch und Irrtum in einer bestimmten Umgebung, zum Beispiel in einem Spiel oder in einem Raum, der explizite Regeln mit eingebauten Belohnungen und Bestrafungen hat. Sie lernt aus früheren Erfahrungen und trifft jedes Mal andere Entscheidungen, bis sie schließlich ihr Ziel erreicht hat. So wurde AlphaGo, der KI-Champion in Go, trainiert. Ein Beispiel für einen Algorithmus, der mithilfe von verstärkendem Lernen trainiert wird, ist das Markov-Modell, das Sie weiter unten kennenlernen werden.

Der Verstand eines KI-Systems rührt von Algorithmen her

Ich werde nicht auf jeden Algorithmus eingehen, der beim maschinellen Lernen verwendet wird, aber diese acht sind die beliebtesten. Wenn Sie daran interessiert sind, mehr über die Vielfalt der Meinungen darüber zu erfahren, wie gut jeder dieser Algorithmen für verschiedene Anwendungen funktioniert, dann lesen Sie Pedro Domingos' *The Master Algorithm*.

- Die *lineare Regression* ist die einfachste und am weitesten verbreitete Methode. Sie schätzt die Werte von Dingen und Menschen auf der Grundlage eines anderen Wertes. Ich kann zum Beispiel abschätzen, dass Sie höchstwahrscheinlich mehr wiegen, wenn Sie größer sind, denn jedes Mal, wenn die Körpergröße zunimmt, steigt – unter sonst gleichen Bedingungen – auch das Gewicht.

- Die *logistische Regression* ist wie ein Magic-8-Ball-Spielzeug, dem man jede Frage stellen kann, die mit Ja, Nein oder Vielleicht beantwortet werden kann. Sie gibt die Wahrscheinlichkeit an, dass etwas passiert, nicht passiert oder vielleicht passiert. Zum Beispiel besteht eine 40-prozentige Wahrscheinlichkeit, dass es heute regnen wird.

- *Entscheidungsbäume* bilden Gruppierungen von Faktoren, die die Hauptvariable signifikant erklären können. Wenn ich zum Beispiel vorhersagen möchte, ob ein Kind draußen spielen wird, muss ich möglicherweise Faktoren wie die Wetterbedingungen (zum Beispiel ob es regnet oder sonnig ist) oder die Anwesenheit von Freunden (zum Beispiel genug für Videospiele drinnen oder für Fußball im Freien) berücksichtigen. Multiplizieren Sie nun diese Faktoren mit Millionen von Menschen und Entscheidungen, und Sie können verstehen, warum dies die Domäne des maschinellen Lernens ist.

Support Vector Machine
für die Klassifizierung von Gesichtsausdrücken

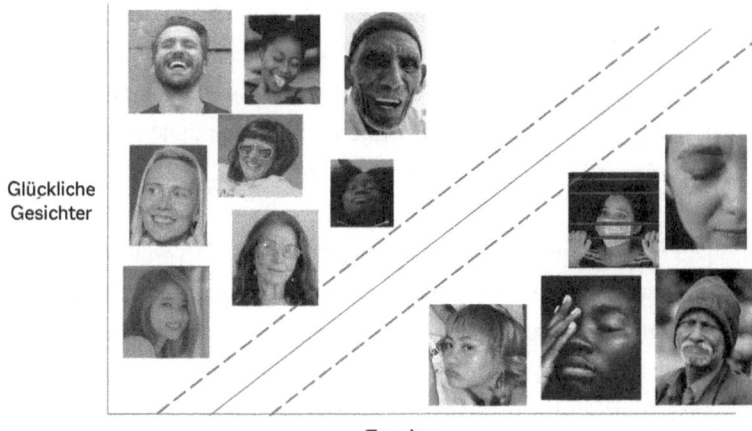

Glückliche
Gesichter

Traurige
Gesichter

- Eine *Support Vector Machine (SVM)* funktioniert wie „eine Linie in den Sand zu zeichnen", um den Bereich verschiedener Gruppen zu unterscheiden. Ein Beispiel ist die Einteilung von Gesichtsausdrücken in fröhliche und traurige Gruppen. Man würde alle Bilder, auf denen ein Super-Smiley mit Zähnen zu sehen ist, zuordnen, sowie diejenigen, auf denen kaum ein Grinsen zu sehen ist. Dasselbe gilt für traurige Bilder. Man würde eine Grenze ziehen zwischen denen, die glücklich sind, und denen, die traurig sind. Zum besseren Verständnis sehen Sie sich das Diagramm für die Support Vector Machine zur Klassifizierung des Gesichtsausdrucks an.

- *Naive Bayes* ist eine Familie von Algorithmen, die die bedingte Wahrscheinlichkeit eines Ereignisses auf der Grundlage von Vorwissen über das Ereignis berechnet. Es klassifiziert nach Wahrscheinlichkeiten, die dann in eine Rangfolge gebracht werden, sodass die Entitäten mit der höchsten Wahrscheinlichkeit an die Spitze gelangen.

- *K-nächster-Nachbar (K-nearest neighbor, KNN)* ist der Algorithmus der „Mehrheitsregeln". Ich habe ihn auch den „Schuld durch Assoziation"-Algorithmus genannt. Wenn Ihre Freunde von einer Brücke springen würden, würden Sie es auch tun? Wenn drei Ihrer fünf engsten Freunde gesprungen sind, würden Sie laut KNN als Springer eingestuft werden. Denken Sie daran, wenn Sie Freundschaftsanfragen auf Facebook annehmen.

- Der *K-Means-Algorithmus* clustert Dinge und Personen nach ihren definierenden Merkmalen. Er wird häufig zur Segmentierung von Kunden auf der Grundlage ihres Kaufverhaltens verwendet.

- *Markov-Modelle* werden für probabilistische Prognosen verwendet und gehen davon aus, dass ein zukünftiger Zustand nur von seinem aktuellen Zustand abhängt. Das funktioniert gut, wenn es wie bei einem Spiel bestimmte „Regeln" gibt. Teams, mit denen ich zusammengearbeitet habe, nutzten dies für KI-Systeme, die ich als „Ledger-Style" bezeichne. Wenn ich eine Reihe von Beschaffungsregeln habe, wie zum Beispiel dass *ich für einen Bleistift nur fünf Cent zahle und nicht mehr*, dann kann ich ein Markov-Modell verwenden, um die Rechnungen von Tausenden meiner Lieferanten zu prüfen, und es wird jeden Einzelposten nach Bleistiften und zwölf Millionen anderen Dingen durchsuchen, für die ich Höchstpreise festgelegt habe. Es stuft alle Bleistifte über fünf Cent als Dinge ein, die ich nicht bezahle, und empfiehlt diese Artikel als „Ausschussware", was in meinem größeren KI-System bedeutet: *Geh zurück und versuch es noch einmal, Verkäufer, du hast mir zu viel berechnet*, basierend auf meinen „Regeln", die in diesem Fall zufällig Kaufverträge zwischen mir und dem Verkäufer sind.

WAS KÖNNEN KI-SYSTEME, WAS ANDERE NICHT KÖNNEN?

Systeme der künstlichen Intelligenz können riesige Datenmengen analysieren. Stellen Sie sich zehn Jahre Steuern für Hunderte von Unternehmen oder Einzelpersonen auf einmal vor, Tausende Seiten von Rechtsvorschriften, Milliarden von Social-Media-Profilen, Milliarden von Internetsuchen, Millionen von Gesundheitsdiagnosen und Genomforschungsartikeln, und kombinieren Sie dann alles und suchen Sie nach Mustern für Abfragen.

Sie können unstrukturierte Daten aufnehmen, die bisher „dunkel" oder nicht analysiert waren, weil sie kontextabhängig sind, zum Beispiel *geschriebener oder getippter Text, gesprochene Worte, Videos und Bilder.* Haben Sie schon einmal versucht, zahlreiche Videos zu analysieren, um die Antwort auf eine Frage aus verschiedenen Blickwinkeln herauszufinden? Anstatt schnell zur Antwort zu kommen, haben Sie vielleicht ein ganzes Wochenende damit verbracht, die Videos für die eine Antwort, die Sie brauchten, anzusehen.

Seit über drei Jahrzehnten können wir Daten analysieren, die in strukturierten Zeilen und Spalten vorliegen – man denke nur an Tabellenkalkulationen und Datentabellen. Was wir jedoch nicht konnten, war die Analyse von Trends und Mustern zwischen gesprochenen Worten, Texten, Videos und Bildern. Denken Sie nur an all die Bücher, Handbücher, Versicherungspolicen, Arztbriefe, langatmigen Vorschriften, laufenden Social-Media-Feeds von Facebook und Twitter, Google-Suchen oder Bewertungen in Kommentarspalten. Stellen Sie sich vor, wie effizient Landwirte arbeiten könnten, wenn sie Bilder von verdorbenen Produkten verwenden könnten, um sie von Robotern aussortieren zu lassen, bevor sie in der Erntesaison in die Behälter mit den guten Tomaten oder Äpfeln gelangen.

Die Analyse von *kontinuierlich fließenden und sich ständig ändernden Daten* entfaltet die Kraft des *Jetzt* und der sofortigen Aktion oder Reaktion, die nur Systeme mit künstlicher Intelligenz bieten können. Beispiele für diese Art von Daten sind sich ständig ändernde Social-Media-Feeds, die den ganzen Tag übertragen werden, Online-Kaufverhalten, Daten von verbundenen Geräten wie das Geotracking Ihres Telefons, das sich ändert, wenn Sie im Laufe des Tages den Ort wechseln, oder Daten von Ihrem Auto, das Ihre Geschwindigkeit, Ihren Standort und Ihren Fahrstil (zum Beispiel abruptes Anhalten, schnelles Abbiegen) aufzeichnet. Diese Fähigkeit bedeutet, dass KI Entscheidungen und Handlungen kontinuierlich an neue oder veränderte Daten anpassen kann, im Gegensatz zu regelbasierten Systemen, die statisch sind und nicht auf neue Erkenntnisse reagieren. Je mehr Daten ein KI-System durchläuft, desto ausgefeilter werden seine Entscheidungsfähigkeiten.

KI-Systeme, die sich auf die Personalisierung konzentrieren, werden zum Beispiel immer besser in der Lage sein, Ihre Vorlieben für bestimmte Kleidungsstücke zu erkennen, je öfter Sie online einkaufen. Mit jedem Einkauf, jeder Internetsuche, jedem „Like" und jedem Outfit, über das Sie mit der Maus fahren, lernt die KI Ihre Einkaufsgewohnheiten. Wenn Sie sich auf einer Website etwas in einer bestimmten Farbe *ansehen*, es dann aber auf einer anderen Website *kaufen*, weil es in einer anderen Farbe abgebildet ist, lernt die KI Ihre Farbvorlieben und vielleicht sogar die visuellen Reize, die Sie zum Kauf verleiten. Wenn Sie dann eine bestimmte Sache lieber bei einem bestimmten Händler kaufen als bei einem anderen, lernt es Ihre Vorlieben für das Geschäft und sogar Ihre Zahlungspräferenzen kennen, wenn Sie den Artikel mit einer bestimmten Kreditkarte oder Zahlungsart kaufen.

All diese reichhaltigen und sich ständig ändernden Daten sind die Grundlage für das Lernen und die Entscheidungen des KI-Systems, die letztendlich zu der Kombination von Angeboten führen, die es Ihnen unterbreitet. Ein Beispiel: Auf der CloggyShoes-Website wird mir auf der Seite „Schuhe mit Outfit" ein „Bonusmeilen"-Angebot des Kreditkartenunternehmens X für Schuhe mit Glitzersteinen angezeigt. Wie ich mich kenne, würde ich sie wahrscheinlich so kaufen, anstatt Schuhe von einer Website zu kaufen, die mir nur die Schuhe allein zeigt. Ich habe eine Schwäche für gut zusammengestellte Kombiangebote, besonders wenn sie als Outfit präsentiert werden.

GIBT ES KI NICHT SCHON EWIG?
WARUM FEIERT SIE EIN COMEBACK?

Es stimmt, dass die erste KI-Forschung auf das Jahr 1954 zurückgeht und in den 1960er-Jahren aufgrund des Interesses des US-Verteidigungsministeriums stark gefördert wurde. Alle Technologien haben

Hype-Zyklen mit schwankendem Interesse und schwankender Finanzierung, und KI ist da nicht anders. Es gibt drei wesentliche Gründe, warum die KI in letzter Zeit ein Comeback erlebt hat. *Erstens gibt es jetzt sehr viel mehr zugängliche Daten in der Welt.* Wir leben unser Leben als digitale und soziale Medienwesen, und das hinterlässt als Nebenprodukt eine große Vielfalt an Daten. Sogar das etwas antiquierte Gesundheitssystem hat endlich den Übergang zum digitalen Zeitalter vollzogen, mit elektronischen Patientenakten und neuen kollektiven Arztdiagnosesystemen, die den von den Patienten genehmigten Datenaustausch zwischen Ärzten ermöglichen. Dank der Beliebtheit von Gentests zur Feststellung der Abstammung gibt es neue genomische Daten. Soziale Medien und Geotracking-Daten nehmen dank Google, Facebook, Youtube, Twitter, WhatsApp, LinkedIn, Instagram und Snapchat exponentiell zu. Das Internet der Dinge – Geräte, die mit dem Internet und somit mit anderen Geräten verbunden sind – erzeugt Milliarden von Daten, die von der Erkennung des Wartungsbedarfs auf Ölplattformen bis hin zur Gewährleistung einer sicheren und angenehmen Temperatur in Ihrem Haus reichen. Einzelhändler wie Starbucks, Amazon, Walmart und Target sammeln Daten zum Käuferverhalten aus Apps, die Sie aus Bequemlichkeit oder als Belohnung heruntergeladen haben. Es gibt eine ganze Reihe von Service-Apps, die wir nutzen und die ebenfalls Datenprofile erstellen, zum Beispiel für Bankgeschäfte, Partnervermittlung, Überwachung des Eisprungs, Wohnungs-/Haussuche/Bewertung, Finanzberatung und Spiele. Schauen Sie einfach mal auf Ihr Smartphone. Alle diese Apps sammeln Daten über Sie, entweder direkt oder durch Geotracking auf Ihrem Phone oder durch Bilder, die Sie aufgenommen haben, oder durch all diese Dinge.

Ganz zu schweigen davon, dass Unternehmen ihre vorhandenen Daten zu Geld machen oder ihre Daten erweitern, um Datensätze zu entwickeln, die speziell für die Verwendung mit den KI-Systemen potenzieller Geschäftspartner bestimmt sind. So kombinieren beispielsweise Fitnesstracker-Gruppen ihre Daten über Anwendungsprogrammierschnittstellen (APIs) mit anderen Gesundheitsdaten, um einen besseren Einblick in gesunde Gewohnheiten wie Training oder Ernährung zur Gewichtsreduzierung zu erhalten. Eine andere Gruppe markiert Bilder von bestimmten Pflanzen in verschiedenen Reifestadien, sodass Landwirte, die über spezielle Ernteroboter verfügen, direkt auf dem Feld feststellen können, welches Gemüse oder Obst verdorben und welches gut ist. In dieser neuen KI-Ära werden die Daten und das Training der Algorithmen den Unterschied ausmachen, nicht die Algorithmen selbst. Deshalb verbringe ich so viel Zeit damit, alle möglichen Datenquellen zu erläutern, damit Sie selbst sehen können, wie vielfältig und groß die Datenmöglichkeiten im Bereich der KI sind.

Zweitens ist die Rechenleistung exponentiell durch neue Quantenfähigkeiten gepaart mit Datenspeicherung, die effizienter und wirklich billig geworden ist. Zum ersten Mal in der Geschichte hält die Rechenleistung – die Fähigkeit, riesige Datenströme zu verarbeiten – tatsächlich mit den Ambitionen für KI-Systeme Schritt. Datenwissenschaftler, die KI-Algorithmen trainieren, werden sich darüber beschweren, dass dies immer noch Wochen statt Stunden dauert, aber die Rechenleistung entwickelt sich schnell weiter. Lustige Tatsache: Als Watson 2010 mit *Jeopardy!* zum ersten Mal auf der Bildfläche erschien, nahm die Computerhardware einen riesigen Raum ein und konnte gleichzeitig viel weniger Rechenleistung erbringen. Im Jahr 2017 hatte die gleiche Technologie die Größe von drei Pizzakartons, und mit der Einführung jedes neuen Chips wird sie noch kleiner.

Drittens beteiligen sich mehr Unternehmen als je zuvor, was nicht zuletzt an der Fülle der heute verfügbaren Daten liegt, die früher nicht verfügbar waren. Staatliche Streitkräfte und Geheimdienste haben sich schon immer für KI interessiert. Banken haben schon so lange Bedarf an Aspekten maschinellen Lernens der KI, wie es Hacker und Betrug gibt. Doch in jüngster Zeit haben Versicherungsunternehmen, Fertigungskonzerne, große Technologieunternehmen, Medien- und Unterhaltungsfirmen, Öl- und Gasunternehmen, Einzelhändler und Automobilhersteller raffinierte Wege gefunden, um KI in ihren Unternehmen zu nutzen. IBM hatte ein Protokoll mit über 150 verschiedenen Anwendungsfällen in fast jeder einzelnen Branche auf der Welt. Das bringt uns zur nächsten Frage.

WOZU NUTZEN UNTERNEHMEN KI?

Die größte Verlockung der künstlichen Intelligenz besteht darin, die Aufregung auszukosten, ein großer technologischer Umwälzer zu sein ... wie Google, Facebook, Uber, Amazon, Airbnb. Diese digitalen Plattformen nutzen KI-Innovationen, um Menschen miteinander und mit den Dingen, die sie brauchen, zu verbinden, egal ob es sich um eine Unterkunft, ein Taxi oder die Oma handelt. KI schafft auch Möglichkeiten zur Steigerung des Gewinns durch Kostensenkung und Effizienzsteigerung. Und natürlich werden einige CEOs und Führungskräfte immer auf dem neuesten Stand der Technik sein. Sie sind diejenigen, die immer auf der Suche nach den neuesten und besten Möglichkeiten sind, Dinge zu tun. Sie sind Innovatoren, Vorreiter. Natürlich werden diese Führungskräfte auf KI umsteigen und nach Möglichkeiten suchen, sie in ihrem Unternehmen zu nutzen, weil es die neueste, heißeste Technologie ist. Diese Führungspersönlichkeiten wollen, dass ihre Unternehmen eine Vorreiterrolle einnehmen und den „Early-mover"-Vorteil nutzen. Aber wir sind jetzt an einem Punkt in der KI-Ära angelangt, an dem es nicht mehr um eine frühe Übernahme geht. Die Anwendungsfälle (das heißt die Anwendung von KI in geschäftlichen Kontexten) sind etablierter, obwohl die Technologie und die Methoden noch recht experimentell sein können.

Viele CEOs, die sich jetzt mehr mit KI beschäftigen, tun dies, weil sie Angst vor der digitalen Disruption haben. Sie befürchten, dass andere die KI nutzen werden, um sofort auf den Markt zu reagieren, und wenn die Reaktion groß genug und schnell genug ist, könnten sie ins

Hintertreffen geraten. Natürlich gibt es viele Beispiele für digitale Umwälzungen, mit denen etablierte Unternehmen nicht gerechnet haben
und die sie entweder in den Ruin getrieben haben oder um ihr Leben
kämpfen, während sie nach Anpassung streben. Falls Ihnen diese Beispiele noch nicht begegnet sind: Netflix hat Blockbuster und verschiedene andere On-Demand-Entertainment-Modelle von Kabelnetzbe-
treibern und anderen Anbietern verdrängt. Mehr noch, das beliebtes-
te Geschäftsmodell im Unterhaltungsbereich beruht nicht einmal mehr
darauf, dass man eine DVD in die Hand bekommt, sondern dass sie
gestreamt wird. Sie sind dabei, auch die Filmindustrie zu übernehmen.
Interessanterweise wissen sie am besten, was wir von unseren Filmen
erwarten, weil sie mithilfe von KI die Sehgewohnheiten und Unterhal-
tungswünsche ihrer Abonnenten kennen (zum Beispiel Sci-Fi, Vorlieben für Ryan Gosling, Anime, Vampire, MINT-Programme für Kinder).
Sie nutzen diese Informationen, um Inhalte zu entwickeln, die uns
besser ansprechen als einige der größten Filmproduktionsunternehmen.

Ich erinnere mich noch gut an die Zeit, als die Harry-Potter-Filme
herauskamen; ich konnte es kaum erwarten, sie im Kino zu sehen. Als
Filmliebhaber war ich früher etwa jedes zweite Wochenende dort. Aber
irgendwann wurde die Handlung langweilig und die Preise für die
Filme im Kino stiegen immer weiter an. Jetzt reserviere ich meine
Kinobesuche fast ausschließlich für Marvel-Filme, weil ich sie unbedingt
auf der großen Leinwand sehen möchte. Aber zurück zum Modell von
Netflix. Sie bieten Unterhaltung auf eine Art und Weise, wie es Kino-
unternehmen nicht können – zu Hause, im Schlafanzug, für eine geringe monatliche Gebühr, mit mehreren weiteren Optionen, die direkt
danach serviert werden ... ein Doppel-, Dreifach- oder Unendlichkeits-
Feature (wie man es in der Kinosprache nennt), oder in der Strea-
mingsprache „Binge-Watching".

Bleiben wir bei diesen Beispielen, denn es ist interessant, auch die
digitalen Umwälzungen in anderen Branchen zu betrachten. Uber hat
das Taxigewerbe umgekrempelt, ohne ein einziges Fahrzeug zu besit-

zen – indem es uns dazu gebracht hat, für sie zu fahren! Ha! Wer hätte das kommen sehen können? KI hat es getan. Airbnb Inc. wurde zu einem der größten Anbieter von Unterkünften, besitzt aber keine Immobilien. Der bekannteste Medieninhaber ist Facebook, das keinerlei Inhalte erstellt, aber Eigentümer *Ihrer* Inhalte ist. Apple und Google gehören zu den größten Softwareanbietern der Welt, aber sie schreiben die Anwendungen nicht selbst. Die Liste ist lang und lässt sich beliebig fortsetzen.[6] Die meisten dieser digitalen Disruptoren nutzen KI, um ihre Konkurrenten auszustechen. Viele von ihnen nutzen KI-basierte Plattformen, die ihnen bei der Organisation von Ressourcen helfen, die sie nicht besitzen. Facebook zum Beispiel organisiert Ihre Inhalte so, dass sie leicht gefunden und gelikt werden können und mit den Inhalten anderer verbunden sind. Amazon organisiert den Einkauf und hilft dabei, andere Produkte zu empfehlen, verbindet Sie mit Bewertungen und ermöglicht es Ihnen, Ihr eigenes Feedback und Kommentare zu verschiedenen Anbietern und Produkten abzugeben. Apple und Google bieten Ihnen die Möglichkeit, Apps nach Interessen wie Produktivität, Lifestyle und vielem mehr auszuwählen. Dann können Sie diese Apps bewerten und die Kommentare anderer dazu lesen und regelmäßig Updates erhalten.

Viele werden sich nicht mehr an die Zeit erinnern, in der sie eine Schachtel mit ihren Software-Upgrades oder -Updates für das Jahr oder vielleicht sogar für die nächsten zwei bis vier Jahre erhielten. Jetzt ist der Aktualisierungszyklus bei einigen Anwendungen fast 24/7.

Viele alteingesessene Unternehmen werden argumentieren, dass diese Unternehmen digitale Disruptoren sind, weil sie digitale Babys waren, die auf diese Weise als Unternehmen aufwuchsen. Traditionelle Unternehmen, die herausfinden müssen, wie sie digitale Plattformen nutzen können, sind dagegen ganz andere Tiere. Ich denke, das ist eine völlig berechtigte Aussage. Lassen Sie mich Ihnen also zeigen, wo „traditionelle" Unternehmen der KI-Entwicklung Priorität einräumen. Ich habe gemeinsam mit dem IBM Institute for Business Value einen

Bericht verfasst. CEOs wurden befragt, um herauszufinden, worauf sie ihre KI-Bemühungen in ihren Unternehmen konzentrieren wollen.[7] Die fünf wichtigsten Bereiche waren, in dieser Reihenfolge, folgende: 1) Informationstechnologie (IT), 2) Vertrieb, 3) Informationssicherheit, 4) Innovation und 5) Lieferkette.

Informationstechnologie. Zu den Prioritäten der IT-Führungskräfte gehörten die Verwaltung der Finanzen, die Beschaffung und das Lieferantenmanagement sowie der Betrieb, die IT-Architektur und die Technik. Seien wir ehrlich, die Informationstechnologie kann ein großer Vorteil sein, wenn sie in Unternehmen gut eingesetzt wird, oder sie kann katastrophal sein, wenn sie schlecht ausgeführt wird. Die traurige Wahrheit ist, dass viele Unternehmen diese Funktion weniger als strategisches Mitglied der Führungsebene betrachten, sondern eher als eine Gruppe, die gern Geld ausgibt und zu lange braucht, um wichtige Geschäftsprojekte zu erledigen. Es ist keine Überraschung, dass diese Leute die ersten sind, die sich selbst aus dem Job kodieren, während sie nach Möglichkeiten suchen, die Kosten zu senken und eine manchmal unkontrollierbare Anzahl von Anbietern zu verwalten. Wenn Sie darüber nachdenken, wie verschiedene Führungskräfte innerhalb eines Unternehmens Technologielösungen kaufen, geht es oft um die beste, schnellste, coolste, einfachste oder beziehungsorientierteste Lösung für ihre Abteilung. Dies ist jedoch ein Albtraum für das Management von IT-Anbietern, die IT-Architektur und die Technik, die erforderlich ist, um all diese kleinen, isolierten Systeme so zusammenzustricken, dass das gesamte Unternehmen einen gewissen Nutzen daraus ziehen kann. Viele IT-Mitarbeiter, insbesondere Tester und Helpdesk-Mitarbeiter der Stufen 1 und 2, könnten feststellen, dass KI in Verbindung mit Automatisierung ihre Aufgaben vollständig ersetzt.

Verkäufe. Beim Einsatz von KI im Vertrieb geht es darum, die Wünsche der Kunden zu erkennen und diese reaktiv in die Lieferkettenabläufe einzubringen. Stellen Sie sich vor, ein Hersteller von Tennisschuhen möchte auf einen speziellen Marathon reagieren, der über Nacht in den sozialen Medien für Aufsehen sorgte. Er hat nur wenige Tage Zeit, um den Fans einen Schuh zur Erinnerung an dieses superaufregende Ereignis zu liefern, komplett mit dem Logo auf dem Schuh, um sich bei den Kunden zu verewigen, weil er so schnell auf die Nachfrage reagiert hat. KI ermöglicht in diesem Beispiel den perfekten Anwendungsfall für den Vertrieb.

Informationssicherheit. KI wird in diesem Bereich eingesetzt, um Sicherheitsverletzungen zu verhindern, zu erkennen und darauf zu reagieren. Die Vorbeugung und Eindämmung von Betrug, Hackerangriffen und Diebstahl von Identitäten und Waren ist eine der ältesten Anwendungen von Algorithmen des maschinellen Lernens.

Innovation. Dies ist der Geschäftszweck, an den ich am meisten denke, wenn ich an KI denke. KI kann auf einer Softwareplattform eingesetzt werden, die es den Mitarbeitern ermöglicht, alle Arten von neuen Ideen zu entwickeln. Die KI-gestützte Plattform kann dann mithilfe von Abgleichsalgorithmen prüfen, ob es bereits Patente für die Ideen gibt. Es kann den Mitarbeitern sogar dabei helfen, die richtigen Unternehmer innerhalb und außerhalb des Unternehmens zu finden, die sie für ihre Idee gewinnen können. Bei IBM drehte sich ein unternehmensweiter Wettbewerb um eine solche KI-Plattform. Die Plattform enthielt eine Reihe von unterhaltsamen Tools, die den Mitarbeitern helfen sollten, über den Tellerrand hinauszuschauen und ihre Ideen daraufhin zu überprüfen, ob sie schon einmal umgesetzt wurden. Sie konnten das Toolkit nutzen, um die ersten Ideen zu Papier zu bringen. Mehr als die Hälfte des Unternehmens nahm daran teil, weil es Spaß machte und auf einer neuen Technologie basierte, die alle näher kennenlernen wollten. Die Anwendungen, die sie in diesem dreimonatigen Zeitraum entwickelt haben, waren erstaunlich – von Apps gegen Mobbing bis hin zu Systemen, die Menschen dabei helfen, ein gesundes Gewicht zu halten, indem sie die Aufzeichnung von Lebensmitteln mithilfe von Bildern erleichtern, die in Lebensmittelbucheinträge umgewandelt werden können. Es ist schon erstaunlich, was

Unternehmen erreichen können, wenn sich ihre gesamte Belegschaft auf die Entwicklung neuer Lösungen konzentriert. Ganz zu schweigen von der Energie, die bei diesem Wettbewerb herrschte. *Lieferkette.* Alles hängt davon ab, ob Sie die Ware liefern können, wenn sie gewünscht wird und wie sie gewünscht wird. Der Betrieb der Lieferkette kann für Unternehmen am schwierigsten sein, weil es so viel Ungewissheit darüber gibt, was die Entwicklung der Rohwaren, die Verteilung der Rohwaren und der produzierten Waren und damit den Preis und die Beschaffenheit der Waren beeinflussen kann. Natürlich muss man wissen, wo sich die Waren befinden und ob es Änderungen gibt.

Trotz Regen, Hagel, Tornados, verrückten Autobahnsperrungen müssen die Verantwortlichen in der Lieferkette mit diesen ständig wechselnden Faktoren fertigwerden und trotzdem die Produkte ausliefern oder die Dinge beschaffen, die ihre Mitarbeiter benötigen, um das Unternehmen am Laufen zu halten. In Anbetracht dieser Faktoren gehören Bedarfsplanung und -prognose, Risiko- und Sicherheitsmanagement sowie Asset Management zu den Prioritäten der meisten Supply-Chain-Leiter.

DIE VIER HÄUFIGSTEN ARTEN VON KI-INITIATIVEN

Außerhalb dieser spezifischen Bereiche begann ich, Muster in den KI-Aufträgen, an denen ich arbeitete, zu erkennen. Unabhängig vom Funktions- oder Abteilungsbereich innerhalb des Unternehmens sind mir vier Hauptthemen aufgefallen. Auch hier gilt, dass die meisten dieser Unternehmen keine „digitalen Babys" sind, sondern große traditionelle Unternehmen.

a. *Personalisierung.* Wenn ich Ihnen all die Produkte und Dienstleistungen zeigen kann, die Sie wünschen, wann und wie Sie sie wünschen, werden Sie mehr, öfter und länger kaufen (Loyalität), weil ich eine Beziehung zu Ihnen aufgebaut habe. Ich habe gezeigt, dass ich Ihre Bedürfnisse verstehe und mein Unternehmen oder meine Produkte bei Ihnen beliebt sind. Ich habe aus Ihnen einen treuen Markenkunden gemacht.

b. *Bewahrung oder Erweiterung von Wissen oder Know-how.* Ein Beispiel dafür ist, dass die obersten Führungskräfte des Unternehmens, ob in der Finanzberatung, als Versicherungsmathematiker oder als erfahrene Ingenieure auf Bohrinseln, ausflippen, weil sie erkennen, dass sie entweder über unglaublich knappe Ressourcen verfügen oder einige ihrer klügsten Köpfe in den Ruhestand gehen werden. Sie müssen das Wissen dieser Arbeitnehmer (und zwar schnell) bewahren, um sicherzustellen, dass sie während der Übergangszeit zu neuen Mitarbeitern oder der vollständigen KI-Automatisierung dieser Arbeitsplätze keine Einnahmen verlieren.

c. *Fragen beantworten, Unterstützung bieten.* Kunden brauchen Antworten, und sie wollen anrufen oder einen schnellen Chat über Handy, Tablet oder Computer führen, wann immer ihnen danach ist, unabhängig davon, in welchem Teil der Welt sie sich befinden. KI ist gut darin, Unmengen von Text zu lesen. Sie könnten ihr beispielsweise digitale Bände von Garantiehandbüchern für Autos aus den 1990er-Jahren oder Versicherungsansprüche, Policen oder häufig gestellte Fragen zur Verfügung stellen und die Kunden Tag und Nacht Fragen stellen lassen. Sie wird nie müde. Noch besser ist, dass jede Kundeninteraktion, einschließlich der Art der Frage und ihrer Formulierung, der KI-Antwort und der unmittelbaren Kundenreaktion beziehungsweise des Kundenfeedbacks, dem maschinellen Lernalgorithmus hilft, mit der Zeit besser zu werden. Diese Frage-und-Antwort-Fähigkeit ist der Ursprung von Chatbots, und sie sind relativ einfach einzurichten.

d. *Vergleichen und Einhalten.* Diese Art von Einsätzen ähnelt im Prinzip den Ledger-Systemen, bei denen es auf der einen Seite eine Sache gibt, die die KI durchlesen muss, und auf der anderen Seite eine Art gleichwertige Aktion, die sie ausführt. Ein Beispiel hierfür wäre, wenn Sie Tausende von Rechnungen erhalten, die tonnenweise Text enthalten, in dem die geleistete Arbeit und der berechnete Preis erläutert werden. Auf der anderen Seite der Gleichung haben Sie Beträge ausgehandelt, die Sie für bestimmte Leistungen bezahlen. Wenn Ihnen für eine Dienstleistung zu viel berechnet wurde, wird die KI Ihre Rechnung beanstanden und sicherstellen, dass die Zahlung nicht erfolgt. Dies ist ein Beispiel dafür, dass man eine Sache mit einer anderen vergleicht und dann auf der Grundlage der Ergebnisse Maßnahmen ergreift.

2

Ist KI wirklich überall um mich herum?

Jetzt denken Sie wahrscheinlich: *Na ja, ich habe noch nicht so viele Roboter gesehen, die herumlaufen. Die Menschen scheinen nicht allzu besorgt zu sein. Es gibt ein paar coole Robotervideos auf Youtube, aber ich glaube nicht, dass ich in meinem Leben von KI betroffen sein könnte.* Erlauben Sie mir, Ihnen die Augen zu öffnen für all die Dinge, mit denen Sie täglich interagieren und in denen KI steckt. Diese KI-Systeme sind so gut darin, Sie anzuregen, Sie zu tracken und zu triggern, dass Sie sie vielleicht gar nicht bemerken.

SMARTPHONE – BENUTZEN SIE ES ODER BENUTZT ES SIE?

Sie benutzen das Smartphone, und die darin enthaltene KI benutzt Sie. Was ich meine, ist, dass Sie rund um die Uhr Daten generieren, während Sie mit Ihrem Telefon interagieren. Bei jeder Aktivität, die Sie ausführen, zum Beispiel wenn Sie eine Besorgung machen, ins Fitnessstudio gehen, Ihren Fitnesstracker einschalten, Einschlafklänge einstellen oder eine Musik-Wiedergabeliste erstellen, nutzt die KI in Ihrem Smartphone diese Intelligenz, um Ihre Vorlieben, Gewohnheiten und häufigen Aufenthaltsorte besser kennenzulernen. So könnte die KI beispielsweise Musik mit vielen Beats pro Minute empfehlen, wenn Sie in Ihrer Fitness-App „Laufen" als Trainingsroutine auswählen. Als Teil dieser Empfehlung hat sie Sie vielleicht gerade veranlasst, eine Musik-App zu verwenden, die während des Hörens Werbung auf Ihrem Bildschirm anzeigt. Hat es Sie gerade benutzt? Oder haben Sie es benutzt? Hier ein weiteres Beispiel. Die KI kann Ihre Karten-, Erinnerungs- und Kalender-Apps nutzen, um Sie zu benachrichtigen, dass Sie ein Rezept in einer Apotheke abholen sollen, die auf Ihrem Heimweg vom Fußballspiel Ihrer Tochter liegt. Sie haben den Standort des Fußballplatzes in Ihrer Kalender-App gespeichert, damit sie Ihnen die beste Abfahrtszeit mitteilen kann. Und jetzt – als Bonus – schickt Ihnen die Apotheken-App jedes Mal, wenn Sie zum Fußballplatz zurückkehren, auf dem Heimweg einen Coupon, damit Sie sie wieder besuchen. Aber KI ist eine Zwickmühle. Sie ist ein Vorteil, weil sie das Leben einfacher macht, und eine Bedrohung, weil sie dazu Ihre sensiblen, privaten Daten verwendet. Sie tauschen Ihre Daten mit den Entwicklern von Apps, die Sie auf Ihr Gerät heruntergeladen haben, und mit dem Hersteller des Smartphones selbst aus. Mit einem einzigen Kalendereintrag haben Sie nicht nur dem Telefonhersteller und seinen Geschäftspartnern, sondern auch der örtlichen Apotheke, deren App Sie über das Global Positioning System (GPS) Ihres Telefons orten kann, jeden Donnerstag den Standort von Ihnen und Ihrer Tochter mitgeteilt. Wie Sie in späteren Kapiteln sehen werden, können diese Daten zu Ihrem Nachteil verwendet werden.

SMARTPHONE-GESTÜTZTE PERSÖNLICHE ASSISTEN-TEN: SIRI, GOOGLE ASSISTANT, BIXBY, ALEXA

Wenn Sie einen künstlich intelligenten persönlichen Assistenten wie Siri oder Google Assistant verwenden, treten Sie mit vielen Apps Ihres Smartphones in Verbindung. Diese geben Ihre gesprochenen oder getippten Wörter in ein Programm ein, das Ihre menschlichen Wörter in Computerwörter umwandelt – dies nennt man natürlich-sprachliches Programmieren (Natural-Language Programming, NLP). Dann meldet es sich entweder mit Antworten auf Ihre Fragen, oder es führt aus, worum Sie es gebeten haben ... zum Beispiel wenn Sie sagen: „Siri, öffne Audible, spiele ‚Data und Goliath‘." Siri kann mit iOS-Nachrichten, Kalender, Musik, Erinnerungen, Karten, Mail, Wetter, Aktien, Uhr, Kontakten, Notizen und Safari zusammenarbeiten. Als witzige Nebenbemerkung: Wenn Sie ein iPhone haben, fragen Sie Siri einfach dreimal oder öfter: „Hast Du eine Freundin?", und sehen Sie, welche intelligenten Antworten Sie jedes Mal bekommen, obwohl die Frage dieselbe

bleibt. Sie können dies auch mit Google versuchen, das eine ähnliche Funktion auf Android-Geräten ausführen kann, aber mir wurde berichtet, dass die Antworten nicht so lustig sind.

EINZELHANDELS-APPS

Viele der Apps, die Sie installiert haben, verfolgen Ihren Standort über den GPS-Empfänger, der sich bereits auf Ihrem Telefon befindet. Einige Einzelhandels-Apps können Sie sogar per Geofencing ausfindig machen. Geofencing wird in vielerlei Hinsicht eingesetzt, aber im Falle eines Verbrauchers identifiziert eine App, die Sie auf Ihr Telefon heruntergeladen haben, Ihr Gerät als in der Nähe eines „virtuellen Umkreises" befindlich, der um einen bestimmten Ort herum eingerichtet wurde, zum Beispiel das Geschäft eines Konkurrenten oder einen bestimmten Einzelhandelsstandort. Dadurch wird eine vorprogrammierte Aktion ausgelöst, zum Beispiel die Zusendung eines Gutscheins per E-Mail oder einer Textnachricht auf Ihrem Bildschirm oder eine der vielen anderen Optionen, die per App oder über Ihr Telefon bereitgestellt werden können. Geofencing selbst ist keine KI, aber es arbeitet mit KI-Algorithmen in den Einzelhandels-Apps zusammen, um das richtige Angebot für Sie zu ermitteln, basierend auf dem Verhalten, das die KI der App bei Ihnen beobachtet, und darauf, wo Sie sich befinden. Dann entscheidet es, welches Angebot es Ihnen schickt, auch abhängig davon, welche Filialen in Ihrer Nähe sind.

FITNESS- UND ERNÄHRUNGS-APPS

Vi, der erste echte KI-Fitnesstrainer, hat die Form eines Kopfhörers.[1] Mithilfe von KI kann Vi einen Trainingsplan erstellen, der auf Ihrer

Physiologie basiert, und Sie dabei unterstützen, Ihre Ziele für das Training zu erreichen. FitGenie ist eine Ernährungs-App, die genetische Algorithmen verwendet, um die Ernährungsvorlieben und -bedürfnisse der Nutzer zu ermitteln. Es geht also nicht nur um das Zählen von Kalorien, sondern auch darum, dass Sie die richtigen Lebensmittel für Ihre bevorzugte Ernährungsweise erhalten – selbst wenn es sich um eine vegetarische oder Paleo-Ernährung handelt. Darüber hinaus hilft die KI dabei, Ihre Ernährungspläne sofort anzupassen, wenn Sie Ihr Gewicht und Ihre Tagesaktivität eingeben. Es kann sogar weitere Mahlzeiten für den Tag empfehlen, basierend auf dem, was Sie in Ihrer Vorratskammer haben, sodass Sie nicht zurück in den Laden fahren müssen, um den Rest Ihres Ernährungsbedarfs für den Tag zu decken.[2]

FOTOS UND KAMERA-GESICHTSERKENNUNG

Es gibt sogar maschinelles Lernen, das Ihnen dabei hilft, Ihre Fotos mithilfe von Gesichtserkennung zu ordnen, sodass Sie „Mama"-Fotos oder „Bowser, der Hund"-Fotos finden können. Jedes Mal, wenn Sie das Gesicht von jemandem kennzeichnen, egal ob mit oder ohne Fell, trainieren Sie das System, zu erkennen, wer in Ihrem bedeutsamen Umfeld wer ist. Es kann Ihnen auch helfen, Ihre Fotos weiter zu organisieren, indem Sie Gesichter nach Geschlecht, Alter und Emotionen bewerten. Die Computer-Vision-APIs (Anwendungsprogrammierschnittstellen, über die autorisierte Benutzer Daten von einem bestimmten Ort im Internet austauschen können) können auch erkennen, was sich auf Ihrem Bild befindet (zum Beispiel ein Hund), ohne dass Sie es beschriften müssen.[3] Die Google-Lens-Technologie kann Ihnen sogar die Hunderasse auf Ihrem Foto nennen und ein Emoji einblenden, das die Rasse darstellt. Sie können diese leistungsstarke Technologie auch nutzen, um herauszufinden, um welche schönen

Blumen es sich im Garten Ihres Nachbarn handelt. Die Google-Lens-App zeigt sogar an, wo man sie kaufen kann. „Now you can go buy some of your own."

GESUNDHEITSWESEN

Wenn man heutzutage zum Arzt geht, muss man als Erstes eine gefühlte Hundertschaft von Fragen beantworten. Einige davon sind für Ihre eigentliche Diagnose relevant, aber viele werden zur Vervollständigung eines Datenprofils verwendet. Sie speisen Ihre Informationen in größere Datensätze ein, die zur Unterstützung künftiger Diagnosen durch künstliche Intelligenz verwendet werden. Dieser Bereich wird als „klinische Dokumentation" bezeichnet, und ob Sie es glauben oder nicht, sie ist letztendlich sehr nützlich für Ihre gesamte Versorgung. Viele Unternehmen des Gesundheitswesens versuchen, uns eine bessere Patientenversorgung zu ermöglichen, indem sie durch Tests genomische Informationen sammeln und unsere elektronischen Gesundheitsakten (im Rahmen der Health Insurance Portability and Accountability Act-Richtlinien – HIPAA) zusammenführen. KI kommt in vielen Bereichen des Gesundheitswesens zum Einsatz, von Diagnoseinstrumenten bis hin zur Erkennung von Bildern. Eyes of Watson ist ein KI-basiertes medizinisches Bildgebungs- und Krankheitsdiagnosetool in einem. Es kann die Bilder eines Patienten analysieren und andere Zustände überlagern, um eine Diagnose zu stellen. Einige Anwendungen der KI dienen einfach dazu, die Abläufe in Arztpraxen zu verbessern, wie zum Beispiel die sofortige Überprüfung Ihrer Krankenversicherung durch einen Scan Ihrer Krankenversicherungskarte über eine App namens Zocdoc. Andere können erkennen, wie viele Tabletten die Senioren noch in ihren Medikamentenflaschen haben, um ihnen zu helfen, länger unabhängig und zu Hause zu bleiben, indem sie sich besser um sich selbst kümmern können.

SMARTHOMES (INTELLIGENTES ZUHAUSE)

In Smarthomes gibt es viele KI-fähige Geräte, die allein oder in Zusammenarbeit miteinander funktionieren können. Dazu gehören Thermostate, Staubsauger, Sicherheitskameras, Türklingeln, Unterhaltungssysteme, Kühlschränke, Kaffeemaschinen und sogar Matratzen, die Ihnen helfen wollen, besser zu schlafen. Praktisch alles in Ihrem Haus meldet Daten über seine Nutzung. Wie eine Reporterin feststellte, als sie eine Reihe verschiedener Smarthome-Geräte ausprobierte, senden viele von ihnen ständig Datenpakete, auch wenn sie nicht benutzt werden. Die Ursache dafür könnten KI-Systeme sein, die Daten mit intelligenten Geräten austauschen, um die Leistung eines Geräts zu optimieren, damit es effizienter arbeitet (Staubsauger), oder Nutzungsmuster vorherzusagen, um Energie zu sparen (Thermometer). In anderen Fällen kann das Gerät Maßnahmen ergreifen, zum Beispiel Ihre Lieblingslebensmittel bestellen, von denen die KI festgestellt hat, dass sie im Kühlschrank zur Neige gehen. Im Fall von Roomba kartiert er Ihr Zuhause und sammelt Daten, um sie mit anderen Wohnungen/Häusern zu vergleichen, während er lernt, wie er am besten um bestimmte Arten von Objekten herumkommt, um Staub aufzusaugen. Sogar Ihr Bett sammelt Daten darüber, wie oft Sie sich in der Nacht hin und her gewälzt haben, damit Sie wissen, warum Sie sich am nächsten Tag immer noch müde fühlen.

GAMING (COMPUTER-/VIDEOSPIELE)

Gaming könnte wohl eine der ältesten kommerziellen Anwendungen von KI sein. Sie wird häufig verwendet, um vorherzusagen, wie Menschen auf Szenarien in der Spielumgebung reagieren werden. Gaming ist der Bereich, aus dem viele Vorläufer der künstlichen allgemeinen Intelligenz stammen, denn in jedem Spiel geht es darum, zu versuchen, wie Menschen zu denken und sie dann zu überlisten. Demis Hassabis, Leiter des führenden AGI-Unternehmens DeepMind, einer Abteilung von Google, begann seine Karriere im Bereich der KI mit der Entwicklung von Videospielen. Ein Strategie- und Intuitionsspiel namens Go zu gewinnen war für das als AlphaGo bekannte AGI-System eine große Herausforderung. Aber schon vorher haben viele Gaming- und Filmunternehmen künstliche Intelligenz in Spielen eingesetzt, um alles Mögliche zu erreichen, von der natürlichen Bewegung von Haaren bis hin zu realistischen Reaktionen von Spielfiguren. Auch IBMs Watson begann seine Karriere mit einem Spiel mit Menschen namens *Jeopardy!*

Aber Vorsicht, viele Spielkonsolen haben jetzt Videokameras. Die meisten dieser Geräte dienen dazu, das Spielerlebnis zu verbessern, können aber auch überwachen, wenn sie nicht in Gebrauch sind. Als Microsoft zum ersten Mal ein Spiel namens Kinectimals herausbrachte, für das ein kamerabasierter Sensor erforderlich war, war es seltsam zu beobachten, wie das Tier genau das tat, was mein Kind tat. Aber da war auch das Gefühl: *Moment mal, wenn es die Aktionen meines Kindes im Raum nutzen und Fotos von uns beim Tanzen machen kann, was kann es dann noch tun, und wohin gehen diese Informationen?* Wenn Sie die Kameras nicht benutzen, sollten Sie sie abdecken oder auf eine Wand ausrichten.

INTELLIGENTE STÄDTE, ÜBERWACHUNG UND VORAUSSCHAUENDE POLIZEIARBEIT

Städte, die den Anspruch erheben, „intelligent" zu sein, setzen Sensoren und Kameras ein, die Daten von Bürgern, Geräten und Anlagen sammeln, um den Städten zu helfen, kostengünstiger und effizienter zu arbeiten und gleichzeitig die städtischen Dienstleistungen für die Bürger zu verbessern und zu erneuern. So hilft die KI beispielsweise intelligenten Städten, den Verkehr zu steuern und an besonders stauanfälligen Tagen durch intelligente Ampeln anzupassen. Mithilfe von Drucksensoren, GPS-Karten und einer Smartphone-App können freie Parkplätze in der Nähe des gewünschten Zieles gefunden und reserviert werden. Stadtverwaltungen nutzen KI zur Optimierung von Planung und Raumordnung. KI wird auch in Verkehrssystemen, Kraftwerken, Wasserversorgungsnetzen, in der Abfallwirtschaft, in Schulen und Bibliotheken eingesetzt.

Einer der umstrittensten Bereiche, in denen KI eingesetzt wird, ist die Strafverfolgung zur Eindämmung der Kriminalität. Immer mehr intelligente Städte haben Gesichtserkennung in ihre Überwachungskameras integriert, was bedeutet, dass Sie rund um die Uhr überwacht werden könnten.[4] Je nachdem, wer zuschaut und welche Ziele er verfolgt, könnte das ein echtes Problem darstellen. Darüber hinaus unterstützen viele Städte ihre Polizeikräfte durch Predictive Policing, bei dem Daten über frühere kriminelle Aktivitäten genutzt werden, um vorherzusagen, wo und welche Art von Straftaten in Zukunft auftreten könnten. Zu den Staaten, in denen die Verwendung bestätigt wurde, gehören Texas, Kalifornien, Washington, South Carolina, Arizona, Tennessee, Florida, Michigan und Illinois. Aber der Einsatz dieser Technologie und der Gesichtserkennung ist in Städten so weit verbreitet, dass ich davon ausgehe, dass jede Stadt mit einer hohen Kriminalitätsrate diese Technologie einsetzt. Die Hauptkritikpunkte an diesen KI-basierten Technologien sind 1) dass sie nur helfen, *polizeiliche Praktiken* vorherzusagen, nicht aber das Auftreten *potenzieller Straftaten*, und 2) dass Gesichtserkennungstechnologien zu fälschlichen Verhaftungen führen, weil die Technologie nicht erprobt ist und sich gegen Farbige richtet. Das Thema der vorausschauenden Polizeiarbeit und der Einsatz der Gesichtserkennung werden in Kapitel 10 ausführlicher behandelt.

GOOGLE

KI ist der Kern von allem, was Google tut. Es ist einer der wichtigsten Wegbereiter auf dem Gebiet der modernen KI. Google konzentriert sich seit Langem auf einzelne Verbraucher wie Sie und mich und versucht, mithilfe von KI bessere Ergebnisse bei unseren Onlinesuchen zu erzielen, die oft auf vielen Variablen basieren, die sich ständig ändern. Ihr Algorithmus zeigt nicht nur Suchbegriffe an, sondern auch Anzeigen, die für uns so relevant wie möglich sind. KI steckt in jedem Produkt, das Google anbietet, darunter Google Search, Youtube, Google Maps, das Pixel-Smartphone, der Google Assistant, der Chrome-Browser, Gmail, Android, Google Ads, Website-Analysen, Videokonferenzen und Google Home. Das sind nur einige wenige Beispiele; ob Sie es glauben oder nicht, es gibt noch so viele andere Dinge, die KI enthalten.

FACEBOOK

Facebook erwirtschaftet fast 100 Prozent seiner jährlichen Einnahmen in Höhe von 86 Milliarden US-Dollar, indem es Ihnen bei der Nutzung seiner Plattformen hochrelevante Anzeigen präsentiert. Je mehr sie Sie dazu bringen können, sich die Inhalte der Werbetreibenden auf Facebook, Instagram oder WhatsApp anzusehen und sich mit ihnen zu beschäftigen, desto mehr Geld verdienen sie. Es macht also Sinn, dass die KI-Systeme von Facebook Sie dazu verleiten, lange auf der Plattform zu bleiben, indem sie Ihnen Inhalte wie Nachrichtenartikel, politische Beiträge, lustige Memes und Gruppen empfehlen, die Ihnen gefallen könnten. Wenn Sie nicht aktiv auf Facebook oder Instagram sind, kann die KI-basierte Empfehlungsmaschine sogar versuchen, Sie mit einer Benachrichtigung auf Ihrem Telefon über einen interessanten Inhalt zurückzulocken, zum Beispiel dass *@CatLove gerade Bilder von ihrem neuen Kätzchen gepostet hat.* Die Inhaltsempfehlungen von

Facebook sind genau das, was das Unternehmen in den Fokus des Kongresses und der Öffentlichkeit gebracht hat. Dem Unternehmen wird regelmäßig vorgeworfen: Beihilfe zur Verbreitung von Fake News und Fehlinformationen, Einmischung in und Polarisierung von politischen Prozessen, Verletzung des Datenschutzes und der Sicherheit von Nutzern und Umgehung von Maßnahmen, die zur Eindämmung des Onlinehandels beitragen könnten. All diese Themen werden in den Kapiteln 7, 8 und 9 ausführlicher behandelt.

KUNDENSERVICE-CHATBOTS

Wenn Sie sich bei den meisten Unternehmen in die Kundendienstabteilung einwählen oder einen Web-Chat online oder über ein mobiles Gerät führen, sehen Sie vielleicht einen Chatbot in Form einer Texteingabeaufforderung auf Ihrem Bildschirm oder hören, wenn Sie am Telefon sind, eine Stimme – manchmal menschlich klingend, aber oft roboterhaft –, die Ihre grundlegenden Fragen beantworten kann. Chatbots sind eine Form der künstlichen Intelligenz und verwenden maschinelle Sprachverarbeitung und Spracherkennung, die wir in Kapitel 1 besprochen haben. Die Daten, die zur Beantwortung Ihrer Fragen herangezogen werden, stammen aus digitalen Inhalten wie dem Benutzerhandbuch, den Richtlinien für Kundenbeschwerden oder einer Liste mit häufig gestellten Fragen. Die Programmierer von Chatbots verwenden Text, um Frage-Antwort-Paare zu bilden, die fast wie WENN-DANN-Anweisungen funktionieren. Denken Sie an den Entscheidungsbaum-Algorithmus in Kapitel 1. Wenn der Kunde zum Beispiel sagt: „Die Bremsen meines Autos quietschen und machen ein seltsames stöhnendes Geräusch; was bedeutet das?" Die nächste Aktion des Computers, basierend auf den Begriffen „Bremsen" und „stöhnendes Geräusch", könnte darin bestehen, dass das System Ihnen eine weitere klärende Frage stellt: „Haben Sie Ihre Bremsen kürzlich mit Bremsbacken der Marke Y repariert?" WENN Sie Ja sagen, DANN leitet er Sie an die Reklamationsabteilung der Marke Y weiter. WENN Sie Nein sagen, DANN leitet er Sie möglicherweise an einen Mechaniker weiter, der Ihre Frage beantworten kann.[5] Die meisten Leute, die ich kenne, sind ziemlich frustriert von diesen Systemen. Mein Mann hatte eine 45-minütige Begegnung mit dem Chatbot eines Technologieunternehmens, nachdem er online einen Computer bestellt hatte und keine Antwort auf die Frage bekam, wann er ankommen würde. Unternehmen sind zwar sehr daran interessiert, mit Chatbots Geld zu sparen und ihren Kunden rund um die Uhr einfache Antworten zu geben, doch manchmal können sie für die Kunden eher frustrierend als hilfreich sein.

Manchmal sammeln und analysieren die KI-Systeme Informationen über Dinge, die Sie *nicht* sagen. So könnte die KI beispielsweise auf Umgebungsgeräusche wie Hundegebell, weinende Kinder oder Babys oder die Stimmen älterer Menschen „hören". Ein Bot für den Kundenservice einer Versicherung, der die Anwesenheit weinender Kinder im Hintergrund erkennt, könnte sich darauf auswirken, wie ein Kunde in der Warteschlange für Dienstleistungen eingestuft wird, oder sogar darauf, welche Ratschläge an Eltern im Vergleich zu Nicht-Eltern gegeben werden. Die Chatbot-KI kann Ihre Geolokalisierungsdaten erfassen, wenn Sie von einem Mobiltelefon aus anrufen – praktisch, wenn Sie in einen Autounfall verwickelt sind. Es geht auch darum, die *Art* der Worte, die Sie wählen, sowie den Tonfall und die Tonhöhe Ihrer Stimme zu bewerten, um festzustellen, wie verärgert oder glücklich Sie sind. Sie sagen zum Beispiel: „Ich bin so *genervt* von Ihren *verdammten* Bremsen, weil *ich gerade jemanden angefahren* habe, und jetzt will ich, dass Sie dafür bezahlen. Es ist alles Ihre *Schuld*." Anhand dieser Wortwahl, der Tonlage Ihrer Stimme und der Hintergrundgeräusche von Kindern und Sirenen kann der KI-„Agent" Ihren Anruf direkt an die Abteilung weiterleiten, die Ihre Beschwerde mit äußerster Dringlichkeit und Sensibilität bearbeiten wird. Diese Fähigkeiten sind nicht unbedingt bei jeder Interaktion mit dem Kundenservice im

Einsatz, aber bei komplizierteren und emotionalen Situationen wie Beschwerden (*Ich hasse Ihr Produkt*) oder Versicherungsfragen (*Ich habe alles verloren, weil jemand in mein Haus eingebrochen ist*) können diese zusätzlichen KI-Funktionen ein Unternehmen davor bewahren, Kunden zu verlieren, verklagt zu werden oder eine Krise der Unternehmensmarke zu erleben, wenn die Dinge falsch gehandhabt werden.

MOBILE DARLEHENSANTRÄGE

Selbst der Prozess der Kreditaufnahme hat sich durch die KI verändert. Für die meisten Menschen ist dies ein einfacheres Verfahren, aber es ist auch ein größerer Eingriff in die Privatsphäre. Nun könnte eine KI Ihre Bonität nicht anhand Ihrer Kreditwürdigkeit beurteilen, die hauptsächlich auf dem bisherigen Rückzahlungsverhalten beruht (weshalb es für junge Menschen so schwierig sein kann, einen Kredit ohne Mitunterzeichner zu bekommen), sondern einfach durch den Zugriff auf höchst private Informationen auf Ihrem Smartphone. Sie denken jetzt wahrscheinlich: *Das kann doch nicht sein! Wie könnte das überhaupt passieren?* Aber ja, wenn Sie einen Kreditantrag auf Ihrem Handy ausfüllen und auf „Ich stimme zu" klicken, hat die KI Zugriff auf alle Daten auf Ihrem Handy. Sie interessiert sich vor allem dafür, wo Sie wohnen, ob Sie verheiratet sind, Ihr Alter und Ihre ethnische Zugehörigkeit, Ihre Vorlieben, die Mitglieder Ihres sozialen Netzwerks, Ihre Texte und Ihre Beiträge in sozialen Medien.[6]

VERSICHERUNGS-TRACKING-GERÄTE

Sind Sie in Versuchung geraten, eines dieser Telematikgeräte für Ihr Auto anzuschaffen? Wenn Sie einen Tracker installieren, der Ihr (gutes und schlechtes) Fahrverhalten anzeigt, gibt die Versicherungsgesellschaft vor, Ihnen möglicherweise einen Rabatt zu gewähren (*wenn* Sie ein guter Fahrer sind). Diese Geräte lassen sich mit einer Smartphone-App koppeln, mit der Sie Ihr Fahrverhalten auf fast reportkartenähnliche Weise verfolgen können. Sie fragen sich, *was damit verfolgt wird?* Wie oft und wie lange Sie fahren, starkes Bremsen, starkes Beschleunigen, Geschwindigkeitsübertretungen, schnelle Kurvenfahrten, Tageszeit – vor allem bei Nacht –, Telefonnutzung während der Fahrt. Dann überlagert das KI-System all diese Informationen mit den Geolokalisierungsdaten Ihres Smartphones und mit Karten, anhand derer es analysieren kann, ob Sie bei Stoppschildern, in Wohngebieten, Schulzonen und so weiter zu schnell fahren. Sie sind auch ein großes Problem für den Datenschutz, da sie aufzeigen, wo Sie sich wann und wie lange aufgehalten haben. Dank der Spracherkennung kann es sogar Ihre Anwesenheit im Auto bestätigen. Die Polizei könnte darauf bestehen, von den Versicherungsgesellschaften Daten zu erhalten, um automatisch Bußgelder für zu schnelles Fahren in ihrer Stadt zu verhängen. Sie können bereits eine gerichtliche Anordnung zum Abruf der Daten für Fälle von Scheidung bis Mord erhalten. Abgesehen von der Polizei kann auch ein ganzes Versicherungs-Callcenter voller Kundendienstmitarbeiter Ihren Aufenthaltsort den ganzen Tag über verfolgen. Ich vermute, dass Ihre Akzeptanz dieser Geräte davon abhängt, wie sehr Sie darauf vertrauen, dass die Unternehmen mit Ihren Daten nichts Böses anstellen oder sie weitergeben.

VIRTUELLE PERSÖNLICHE ASSISTENTEN: ALEXA, SIRI

Persönliche Assistenten führen auf Ihren Sprachbefehl hin kleine Aufgaben für Sie aus, zum Beispiel das Eintragen eines Termins in den Kalender, das Bestellen von Lebensmitteln und sogar das Anrufen der Mutter – oder einer anderen Person in Ihrer Kontaktliste. Normalerweise interagieren wir mit ihnen über intelligente Lautsprecher wie

Amazons Echo oder unsere Smartphones, aber sie können auf jedes mit dem Internet verbundene Gerät heruntergeladen werden, zum Beispiel auf einen Kühlschrank – so kann er Lebensmittel bestellen und das Verfallsdatum überwachen. Genau wie die bereits erwähnten Chatbots für den Kundendienst verwenden persönliche Assistenten Spracherkennung und natürlich-sprachliche Programmierung, um Ihre Befehle in Computerprogramme zu übersetzen, die Ihre Anfragen beantworten sollen. Die meisten dieser natürlich-sprachlichen Programme und Computerprogramme laufen in der Cloud. „Cloud" ist nur ein schickes Wort für einen Haufen vernetzter Computer, auf die über das Internet zugegriffen wird. Stellen Sie sich die Cloud wie ein Zugdepot vor, in dem Sie ein Schließfach mit Dingen aufbewahren, die Sie benötigen, wenn Sie in verschiedene Städte reisen. Sie möchten nicht alles in jede Stadt mitnehmen, also lassen Sie die großen Sachen dort. Wann immer Sie es brauchen, können Sie zu Ihrem Schließfach zurückkehren, sich das Gewünschte holen und es dann mit zu Ihrem Ziel nehmen. In diesem Beispiel ist der Internetzugang der Zug, Ihr Schließfach ist die Cloud, und die Dinge, die Sie darin aufbewahren, sind Ihre Daten, wie Dokumente, Fotos, Videos und Musik.

Amazons Alexa

Da Amazon mit seinen Echo- und Dot-Geräten führend im Bereich der intelligenten Lautsprecher ist, konzentrieren wir uns zunächst auf das Alexa-Sprachprogramm, das in natürlicher Sprache geschriebene Programm, das Alexa, die interaktive Stimme, die Sie auf dem Echo-Gerät hören, steuert.[7] Alexa wurde im November 2014 zusammen mit dem Echo auf den Markt gebracht.[8] Das Echo-Gerät selbst ist eher eine Art „Dummy-Terminal" oder eine Ein- und Ausgabemaschine. Der Grund, warum das Gerät nicht „Alexa" heißt, ist, dass Amazon nicht wollte, dass sich die Kunden so sehr an das Gerät selbst binden, sondern an den persönlichen Assistenten, der mit jedem Gerät mit Mikrofon,

Lautsprecher und Internetzugang funktionieren kann.[9] Der Echo oder Dot kann als Lautsprecher für die Alexa-Stimme und auch für Lieder, Spielshows oder beliebige Alexa-„Skills" dienen, die Sie auf das Gerät laden. Es kann Ihre Sprachbefehle entgegennehmen und sie zur Interpretation und Interaktion an das Alexa-Sprachprogramm weiterleiten, und zwar so schnell, dass Sie kaum eine Zeitspanne zwischen Ihrer Frage und ihrer Antwort bemerken. Das Gerät wird aktiviert, wenn Sie das Weckwort „Alexa" sagen, und ein blinkendes Licht zeigt Ihnen an, dass es Sie „hört". Alexa funktioniert nicht, wenn Sie keinen Internetzugang haben.

Amazon hat seine Alexa-Programmierung in natürlicher Sprache zur Verfügung gestellt, damit auch Nicht-Amazon-Entwickler mehr „Skills" erstellen können. Stellen Sie sich Skills wie die Apps auf Smartphones vor, denn sie funktionieren im Grunde genommen genauso. Der Unterschied besteht darin, dass sie per Sprachbefehl aktiviert werden, anstatt dass Sie Ihr Smartphone suchen, durch die Apps blättern, die richtige öffnen und dann in der App selbst die erforderlichen Schritte ausführen müssen. Stattdessen sind die Fertigkeiten auf Benutzerfreundlichkeit ausgelegt. Unabhängig davon, wohin mein Kind mein Smartphone gelegt hat, kann ich einfach zu einem der intelligenten Lautsprecher bei mir zu Hause sagen: „Alexa, öffne Starbucks und bestelle mein letztes Lieblingsessen."

So erklärt Amazon diese „Fähigkeiten": *Ein robuster Satz von Aktionen oder Aufgaben, die von Alexa ausgeführt werden.*[10] Alexa bietet eine Reihe integrierter Fähigkeiten (zum Beispiel das Abspielen von Musik), und Entwickler können das Alexa Skills Kit verwenden, um Alexa neue Fähigkeiten zu verleihen. Ein Skill umfasst sowohl den Code (in Form eines cloudbasierten Dienstes) als auch die auf der Entwicklerkonsole bereitgestellte Konfiguration.

Fähigkeiten werden oft von – Sie ahnen es – Gruppen entwickelt, die Ihnen etwas verkaufen wollen. Höchstwahrscheinlich handelt es sich um Dinge, die Sie bereits kaufen. Domino's Pizza hat zum Beispiel einen Skill für Alexa entwickelt, mit dem das Gerät über die Domino's-App Pizza bestellen kann. Wenn Sie Kunde von Capital One sind, können Sie sogar Ihre Bankgeschäfte über Alexa erledigen, denn die Entwickler von Capital One haben eine mobile App entwickelt, die von Alexa aufgerufen werden kann.

Alexa hat in den USA über 80.000 Skills.[11] Aber wie sicher sind sie? Wenn ich meinen Capital-One-Skill auf Alexa habe und meine Tochter im Teenageralter gehört hat, dass ich mich schon einmal eingeloggt habe, könnte sie dem Gerät dann sagen, dass es Geld auf ihr Paypal-Konto hochladen soll? Es gab mehr als ein paar Geschichten, in denen Alexa über Fernsehsendungen wie die Nachrichten aufgerufen wurde. In einer besonderen Geschichte geht es darum, dass Alexa Puppenhäuser für zahlreiche Menschen in San Diego bestellt hat, weil ein Nachrichtensprecher einen Bericht brachte, in dem eine Tochter ein Puppenhaus und Kekse über Alexa bestellte. Er wiederholte arglos den von ihr verwendeten Satz, und Zuschauer in ganz San Diego beschwerten sich, dass ihre Geräte versuchten, das Puppenhaus zu bestellen.[12]

Alexa wird derzeit für den Einsatz als „Büroassistentin" für Polycom-Produkte in Betracht gezogen. Polycom ist der führende Anbieter von Konferenzprodukten für Unternehmen. Das bedeutet, dass Alexa in Unternehmen buchstäblich überall zu finden ist – in Konferenzräumen und an den Arbeitsplätzen der Mitarbeiter. Aber bedeutet das auch, dass sie Sie möglicherweise überall ausspionieren kann? Genauso wie Sie als Angestellter auf dem von Ihnen benutzten Computer am Arbeitsplatz, sei es ein Laptop, ein Desktop oder sogar ein Smartphone, auf Ihre Produktivität hin überprüft werden können, könnten Sie auch überall auf das, was Sie *sagen*, überwacht werden? Das gibt Anlass zur Sorge.

Amazon hat weitere Produktlinien entwickelt, damit Alexa überall dabei sein kann und Sie Alexa-Sprachbefehle aufrufen können, um mehr Dinge bei sich zu Hause, im Auto und Büro zu bedienen.[13] Hier ist ein Zitat aus einer Amazon-Pressemitteilung:

„Wir möchten, dass Sie überall Zugang zu Alexa haben –
in Ihrer Küche, in Ihrem Wohnzimmer, in Ihrem Büro und
jetzt auch in Ihrem Auto oder Lkw", sagt Tom Taylor,
Senior Vice President, Amazon Alexa. „Heute freuen wir
uns, die Anzahl der Möglichkeiten zu erweitern, mit denen
Kunden Alexa in ihr Zuhause und ihr Fahrzeug einbinden
können, damit sie Alexa nutzen können, um ihr Leben
bequemer und einfacher zu gestalten – sei es, um auf der
Heimfahrt nach dem Verkehr zu fragen, morgens die Mails
zu checken oder einfach ‚Alexa, gute Nacht' zu sagen, um
das Licht auszuschalten und die Tür abzuschließen."

Aber geht das nicht zu weit? Ist diese Bequemlichkeit es wert, dass
Amazon Zugang zu den Daten erhält, die bei all diesen Interaktionen
gesammelt werden? In dem Tempo, in dem Amazon Alexa überall in
unserem persönlichen Leben einsetzt, werden sie bald mehr sensible
persönliche Daten über uns und unsere Familienmitglieder haben als
Google – einschließlich der Fähigkeit, unsere Stimme aus der Menge
herauszufiltern. Alexa speichert Ihre Daten theoretisch unendlich
lange und schaltet sich nie wirklich aus – auch wenn es eine Ausschalt-
taste gibt. Viele Technikexperten haben Experimente durchgeführt,
um zu beweisen, dass Alexa lauscht, noch bevor Sie die Weckwörter
verwenden. Dies ist ein Eingriff in Ihre Privatsphäre, und Ihre Worte
können vor Gericht oder zu Werbezwecken gegen Sie verwendet oder
an Dritte verkauft werden. In Kapitel 7 finden Sie weitere Informationen über Alexa und den Datenschutz.

Apples Siri

Das Geschäftsmodell von Apple basiert auf dem Verkauf von Produkten und nicht auf dem Zugang zu den Daten der Menschen. Tim Cook,
der CEO von Apple, hat sich im Vergleich zu den anderen Tech-Giganten

aus dem Silicon Valley wie Facebook oder Google am deutlichsten zum Thema Datenschutz geäußert.[14] Darauf werden wir in Kapitel 7 näher eingehen. Beachten Sie, dass die Art und Weise, wie diese führenden KI-Unternehmen ihr Geld verdienen, darüber entscheidet, wie sehr sie die Daten der Verbraucher schützen. Für welche Unternehmen Sie sich für Ihr Zuhause, Ihr Auto und Ihren Arbeitsplatz entscheiden, hängt davon ab, wem Sie vertrauen und bei wem Sie der Überzeugung sind, dass sie Ihre Daten vor Dritten schützen, die Ihrem Streben nach Leben, Freiheit und Glück schaden könnten.

Siri ist einer der ersten modernen persönlichen Assistenten. Sie wurde 2011 mit dem iPhone 4 eingeführt. Siri erhielt ihren Namen, weil sie ursprünglich ein Projekt war, das vom Artificial Intelligence Center der Nonprofit-Organisation SRI International (Zentrum für künstliche Intelligenz der Nonprofit-Organisation SRI International) gestartet wurde. Sie ist in einer Reihe von Apple-Betriebssystemen enthalten: Apple iOS, das mobile Betriebssystem in iPhones und iPads; watchOS, in der Apple Watch; macOS, in Mac-Laptops und -Desktops; HomePod, Apples intelligenter Lautsprecher, der dem Amazon Echo entspricht; und tvOS, im Apple TV, das Roku und anderen digitalen Streaming-Plattformen ähnelt.

Aufgrund der breiten Palette von Produkten, in denen Siri bereits eingesetzt wird, insbesondere derjenigen, die sich von Alexa unterscheiden, wie zum Beispiel die Fähigkeit, Telefonanrufe zu tätigen, kann Siri ein breiteres Spektrum an nativen Benutzerbefehlen ausführen: Ausführen von Telefonaktionen, Abrufen grundlegender Informationen, Planen von Ereignissen und Erinnerungen, Bearbeiten von Geräteeinstellungen, Durchsuchen des Internets, Navigieren in Bereichen, Suchen von Informationen zu Unterhaltungsangeboten und Interaktion mit iOS-integrierten Apps. Sie kann auch mit Messaging-Apps von Drittanbietern kommunizieren, Zahlungen vornehmen, Mitfahrgelegenheiten anfordern und Internetanrufe tätigen. Es wird behauptet, dass Siri die Anzahl der verfügbaren Apps von Drittanbietern eingeschränkt hat, weil Apple wählerisch ist, mit wem es Geschäfte macht, um sicherzustellen, dass es Ihre persönlichen Daten besser schützen kann als seine Hauptkonkurrenten Amazon und Google, wohingegen Amazon nicht unbedingt so wählerisch ist – darüber sollte man nachdenken.

„EINER, DER ALLE REGIERT?"

Die Art und Weise, wie wir persönliche Assistenten in unserem Alltag nutzen (oder nicht nutzen), wird über die Gewinner entscheiden. Viele Tech-Bewertungsgruppen sehen den Markt so, als ob intelligente Lautsprecher das wichtigste Kriterium für virtuelle persönliche Assistenten seien. Aus diesem Grund konzentrieren sie sich bei ihren Bewertungen auf Kriterien wie zum Beispiel, wie gut die natürlich-sprachliche Programmierung Sie versteht, wie gut sie auf Sie reagiert und wie gut sie lautsprecherspezifische Funktionen wie die Musikwiedergabe ausführen kann. Aber das Format, in dem der persönliche Assistent zu Ihnen kommt, ist irrelevant, wenn Sie es nicht bequem finden, ihn zu benutzen. Ich würde sagen, dass es darauf ankommt, wie und wo wir einen persönlichen Assistenten am meisten brauchen.

Mein Mann vertritt die Ansicht, dass persönliche Assistenten am besten als eine fortschrittlichere Art von Google eingesetzt werden können. Er möchte Dinge nachschlagen und möchte, dass sein persönlicher Assistent ihn gut versteht. Ich plädiere dafür, dass sie mehr tun sollten, als nur nachzuschlagen. Ich würde zum Beispiel gern fragen können, wo die *Phantastischen Tierwesen: Grindelwalds Verbrechen* in der Nähe spielt, wie die Vorstellungszeiten sind, und dann auf meine Kino-Prämien-App zugreifen, um die Tickets zu buchen, damit ich auch die Prämien dafür bekomme. Da Alexa bei den App-Skills von Drittanbietern schon ziemlich weit ist, kann ich das mit Alexa jetzt vielleicht einfacher machen als mit Google. Ein Schüler der

Mittelstufe, der für den Geschichtsunterricht einen Aufsatz über den Alamo vorbereitet, wird Google Assistant jedoch wahrscheinlich mehr schätzen, weil er Google öffnen, die Recherche per Spracheingabe durchführen und die Ergebnisse gleichzeitig in Google Docs mit seinen Teamkollegen teilen kann. Falls Sie keine Kinder zu Hause haben, sollten Sie wissen, dass viele Schulen Google-Produkte verwenden.

Hier ist eine weitere Frage, die es wert ist, dass man über zukünftige Auswirkungen nachdenkt: Werden all diese individuellen digitalen Assistenten durch einen digitalen Assistenten ersetzt, der sie alle beherrscht? Lassen Sie uns an einem Beispiel erläutern, was ich meine. Bei der Arbeit verwende ich manchmal ein Gerät namens Sherlock, um in elektronischen Krankenakten nach Anzeichen für eine Sepsis zu suchen, und im Auto verwende ich es, um verbal durch meine anderen elektronischen Geräte zu navigieren, indem ich zum Beispiel sage: „Siri, überprüfe meine E-Mails und lies die ungelesenen E-Mails im VIP-Ordner vor." Wenn ich nach Hause komme, steuert Alexa meinen Roomba, meine Waschmaschine und meine Kaffeekanne. Ich werde auch eine auf meinem Heimtrainer haben, die überprüft, ob meine Schwester online ist, damit ich ihre Bestzeit in Echtzeit herausfordern kann.

Ich glaube, dass wir letztendlich einen digitalen Assistenten haben werden, der mit all unseren verschiedenen Produkten am Arbeitsplatz, in unserem Zuhause und in unserem Auto zusammenarbeitet. Da sie alle über die Cloud verwaltet werden, glaube ich, dass digitale Assistenten einen unglaublichen Einfluss darauf haben werden, wie wir uns im täglichen Leben zurechtfinden. Ich glaube auch, dass unser Leben in dem Maße, wie es vereinfacht wird, immer vernetzter wird, und dass wir Gefahr laufen, unsere Privatsphäre und die Rechte an unseren eigenen Daten zu verlieren. Ich glaube, dass alle Dritten, mit denen wir interagieren, einen gewissen Anspruch auf einzelne Blöcke unserer Daten haben werden, und es wird immer schwieriger werden, sich ohne größere Unannehmlichkeiten oder Beeinträchtigungen in unserem täglichen Leben dagegen zu entscheiden.

Wir müssen jetzt Maßnahmen ergreifen, um sicherzustellen, dass die sehr privaten, vernetzten Informationen, die wir erstellen werden, nicht gegen uns verwendet werden können. Dass wir nicht diskriminiert werden oder zur Zielscheibe von Mobbingkampagnen oder Fake News werden. Dass uns keine medizinische Versorgung, keine Versicherung und kein Wohnungsbaudarlehen verweigert wird, nur weil unser digitaler Assistent anhand der von ihm gesammelten Daten etwas über uns weiß. Wir sollten nicht käuflich sein – vor allem nicht, wenn wir für diese Dienstleistungen bezahlen. Jedes Technologieunternehmen, das das Vertrauen der Öffentlichkeit in die Datennormen missbraucht, sollte mit einer umfassenden Gegenreaktion und angemessenen rechtlichen Konsequenzen rechnen. Doch bevor wir rechtliche Konsequenzen ziehen können, brauchen wir konkrete Gesetze. Die Zeit, in der man von großen Unternehmen erwarten konnte, dass sie das Richtige für uns als Einzelpersonen tun, ist schon lange vorbei, und es kam noch nie vor, dass Unternehmen Dinge in unserem besten Interesse taten, ohne dass sie von einer großen öffentlichen Gegenreaktion unter Druck gesetzt wurden.

3

Könnte KI meine Jobchancen limitieren?

Die Einstellung oder Nichtauswahl von Arbeitnehmern ist nach wie vor einer der schwierigsten Punkte, gegen die eine Privatklage erhoben werden kann, da ein Bewerber wahrscheinlich nichts über die Auswirkungen von Einstellungstests oder Beurteilungen weiß und auch nicht über die Mittel verfügt, diese anzufechten.
– Jenny R. Yang,
Vorsitzende, US Equal Employment Opportunity Commission

KI-QUIZ: WAS WISSEN SIE ÜBER KI BEI DER EINSTELLUNG UND REKRUTIERUNG?

1. Welches der folgenden Unternehmen setzt KI ein, um Erstgespräche zu führen und Bewerbern eine Bewertung ihrer Beschäftigungsfähigkeit zuzuweisen? *(Bitte alles Zutreffende auswählen)*

    a. Hilton

    b. Unilever

    c. Ikea

    d. Dow Jones

    e. L'Oréal

2. In welcher Phase des Einstellungsverfahrens könnte KI Sie eliminieren? *(Bitte alles Zutreffende auswählen)*

    a. Beim Sehen der Stellenanzeige

    b. Bewerbung um die Stelle

    c. Überprüfung Ihres Lebenslaufs und Ihrer Bewerbung

    d. Interview

    e. Gehaltsverhandlungen

3. KI-basierte Einstellungsinstrumente … *(Bitte alles Zutreffende auswählen)*

    a. werden vor allem von multinationalen Unternehmen mit Zehn- oder Hunderttausenden von Mitarbeitern genutzt.

    b. können so programmiert werden, dass sie bei der Prüfung von Bewerbern unvoreingenommen sind.

    c. sind nicht in der Lage, den Kontext der Beiträge von Bewerbern in den sozialen Medien, den Inhalt der Bilder von Bewerbern auf Instagram oder Memes, die Bewerbern auf Facebook gefallen, zu verstehen.

    d. sind bei Einstellungsentscheidungen besser als Menschen, weil KI ihre Entscheidungen auf die aktuellsten Informationen stützt.

e. sind nicht in der Lage, die emotionalen Reaktionen von Menschen mit dunklerer Hautfarbe oder Behinderungen zu interpretieren.

4. Basierend auf Ihrem Tonfall, Ihrer Wortwahl und Ihrer Mimik behauptet das landesweit größte KI-Einstellungsunternehmen, dass seine KI-basierte Bewertungssoftware Sie in den folgenden Bereichen bewerten und einstufen kann: *(Bitte alles Zutreffende auswählen)*

a. persönliche Stabilität

b. Lernbereitschaft

c. emotionale Intelligenz

d. psychologische Merkmale

e. Fähigkeit zur Teamarbeit

5. Wenn Sie es bis zum Vorstellungsgespräch schaffen, ist das einstellende Unternehmen gesetzlich verpflichtet, Ihnen mitzuteilen, warum Sie das KI-gestützte Gespräch bestanden haben oder nicht. Richtig oder falsch?

6. Ein Unternehmen, das KI-gestützte Vorstellungsgespräche durchführt, ist verpflichtet, Ihnen Ihre Daten zu übermitteln und das Gespräch aus seinem System zu löschen, damit Sie nicht weiter benachteiligt werden, wenn ein anderer Arbeitgeber die gleiche Software verwendet. Richtig oder falsch?

Siehe Antworten auf der nächsten Seite.

ANTWORTEN AUF DAS KI-QUIZ: WAS WISSEN SIE ÜBER KI BEI DER EINSTELLUNG UND REKRUTIERUNG?

1. Alle der oben genannten Unternehmen.

2. Alle außer e.

3. c. und e.

4. Alle der oben genannten Punkte.

5. Falsch.

6. Falsch.

WETTLAUF GEGEN DIE MASCHINE

Ich war wütend, nachdem ich einen Artikel über ein KI-Einstellungs-unternehmen gelesen hatte, das heimlich in den Social-Media-Posts von Menschen herumschnüffelt, um potenziellen Arbeitgebern eine Verhaltensbeurteilung über sie zu liefern. Sie würden es nie merken, denn Sie werden nicht auf Stellensuche gewesen sein, als die Analyse Ihrer sozialen Medien stattfand. Das ist richtig! Die Analyse hat bereits stattgefunden, wurde gespeichert und ist für das einstellende Unternehmen zugänglich. Sie werden für eine Stelle übergangen (hoffentlich nicht), ohne die Möglichkeit zu haben, sich von Ihrer besten Seite zu zeigen. Ich fing an, darüber nachzudenken, was für dummes Zeug selbst die kultiviertesten Leute in den sozialen Medien posten und wie selbst gut gemeinte Beiträge falsch aufgefasst werden können, wenn sie aus dem ursprünglichen Kontext gerissen werden. Dies bedeutet das Aus für die Beschäftigungschancen vieler Menschen. Trotz meiner rechtschaffenen Empörung las ich weiter. Die Autorin des Artikels beginnt damit, dass die KI ihr „Stabilitätspotenzial" als gering einschätzt und einen „ominösen" roten Balken danebensetzt.[1] Offensichtlich bedeutet „Stabilitätspotenzial" die „Bereitschaft einer Person, alles zu geben, bevor sie aufgibt". Welchen Grund könnte es für die Existenz dieser Metrik geben? Und was bedeutet ein roter Balken daneben? Dass sie sich für diesen Teil ihrer Persönlichkeit schämen sollten, oder dass der Arbeitgeber diese Person nicht einstellen sollte?

Dann begann mein Auge vor Wut zu zucken, als ich sah, dass das Unternehmen Bewertungen für „Lernfähigkeit", „Autonomiebedürfnis" und eine „Persönlichkeitsbewertung" abgibt. Ja, offenbar hat eine *Maschine* entschieden, dass sie optimistisch ist, ein sonniges Gemüt hat und eine gute Zuhörerin ist. Die KI hat das alles aus einem Twitter-Feed? *Ernsthaft?* Leider handelt es sich dabei um einen Haufen Unsinn und Pseudowissenschaft, die von Personalverantwortlichen (HR), die es nicht besser wissen, als diesen KI-Anbietern zu vertrauen, leider ernst genommen werden würden. Aber es war die nächste Zeile, bei der ich wie ein Stier in einem Zeichentrickfilm, der zum Angriff übergeht, aus meiner Haut fuhr. Die Journalistin fuhr fort: „Das erste Profil, das sie mir zur Verfügung stellten und das (alte) Informationen aus meinem Twitter-Account enthielt, analysierte Aspekte wie Angstzustände und Depressionen."[2] Erstens ist es höchst unwahrscheinlich, dass irgendjemand, geschweige denn eine Maschine, anhand des Twitter-Feeds einer Person feststellen kann, dass diese depressiv ist. Ich meine, es scheint, dass die meisten Leute Twitter nutzen, um sich über etwas zu beschweren oder jemanden zu trollen.

Zweitens: Selbst wenn Sie den Angst- oder Depressionszustand einer Person anhand von Beiträgen in den sozialen Medien feststellen könnten, ist das nicht legal! Depressionen gelten als eine Behinderung, nach der ein Arbeitgeber nach den Richtlinien der US Equal Employment Opportunity Commission (EEOC) nicht fragen darf.[3] Aber im Falle der KI hat wohl nicht der „Arbeitgeber" gefragt, sondern die KI selbst. Und technisch gesehen hat sie nicht gefragt, sondern einfach selbst entschieden, ob *sie* Sie für depressiv hält oder nicht. Kein Wunder, dass zehn Senatoren im Dezember 2020 eine förmliche Aufforderung an die EEOC schrieben, die Aufsicht über KI-Einstellungstechnologien auszuweiten.[4] Bei KI-Einstellungssystemen wurde schon viel zu oft ein Auge zugedrückt, eben weil sie dazu neigen, Menschen heimlich zu beschnüffeln, wie es dieses System tat. Wenn Sie nicht wissen, dass Ihre Rechte bei der Einstellung verletzt wurden, wie können Sie dies der EEOC melden?

Ein weiterer Punkt, der zu bedenken ist, ist die Frage, wie lange das KI-verleihende Unternehmen und der Arbeitgeber diese Daten und die daraus resultierende Verhaltensbeurteilung aufbewahren dürfen. Es wäre entmutigend, wenn eine einzige Verhaltensbeurteilung, die auf einem Social-Media-Feed im Alter von 20 Jahren beruht, sich auf die Fähigkeit eines Menschen auswirken könnte, bis weit in die 50er hinein einen Arbeitsplatz zu finden. Ganz zu schweigen davon, dass eine Bewertung oder Daten, sobald sie in die Cloud übertragen wurden, oft auch mit anderen Unternehmen ausgetauscht werden. Das bedeutet, dass eine Verhaltensbeurteilung, die von einem KI-Einstellungsunternehmen durchgeführt wurde, auch von anderen Firmenkunden genutzt werden kann. Daher ist es nicht unvernünftig anzunehmen, dass eine ohne Ihr Wissen durchgeführte Verhaltensbeurteilung Sie davon abhalten könnte, eine Stelle bei vielen Unternehmen zu bekommen, die dieselbe KI-Einstellungsgruppe verwenden. Dies alles würde ohne Ihr Wissen geschehen. Alles, was Sie wüssten, wäre, dass Sie nirgendwo einen Job finden würden.

WILLKOMMEN IN DER HIDDEN-JOB-ÄRA, IN DER KI ENTSCHEIDET, WER ANGESTELLT WIRD

Vergessen Sie alles, was Sie über die Stellensuche zu wissen glaubten. Die meisten Stellen werden nicht mehr ausgeschrieben, was bedeutet, dass Sie Ihren Traumjob verpassen könnten, nur weil Sie nicht wussten, dass es ihn gibt. Stattdessen nutzen Arbeitgeber KI, um proaktiv nach begehrten Bewerbern zu suchen, bevor Sie wissen, dass eine Stelle zu besetzen ist. Hier sind einige beunruhigende Fakten über den heutigen KI-gestützten Arbeitsmarkt:

1. 80 Prozent der Stellen werden nie online ausgeschrieben[5], dies hat folgende Gründe:

2. 86 Prozent der Personalvermittler konzentrieren sich darauf, Menschen einzustellen, die nicht auf der Suche nach einem Job sind und derzeit anderweitig beschäftigt sind; KI hilft ihnen, diese Menschen online zu finden[6]. Deshalb …

3. glauben 96 Prozent der Personalvermittler, dass KI die Akquise und Bindung von Bewerbern erheblich verbessern kann.[7] Tatsächlich …

4. werden 72 Prozent der Lebensläufe werden aussortiert, bevor ein Mensch sie überhaupt zu Gesicht bekommt.[8] So viel dazu, den Arbeitgeber mit Ihrer positiven Persönlichkeit und Ihren brillanten Ideen zu überzeugen.

Angesichts dieser Zahlen scheint es das einzige Ziel von Personalverantwortlichen zu sein, nie mit Ihnen zu sprechen. Die Stellen sind verborgen, weil die Personalvermittler bereits wissen, wen sie ansprechen wollen. Wahnsinn, nicht wahr? Sie durchforsten das Internet nach offenen Stellen oder warten verzweifelt auf einen Rückruf oder eine Bestätigung Ihrer Bewerbung, während Personalverantwortliche mithilfe von KI in den sozialen Medien Bewerbern hinterherjagen, die sich in einem anderen Job wohlfühlen. Das hat eine Logik, die Sie sicher hassen werden, aber zumindest wissen Sie Bescheid. Die meisten Personalverantwortlichen haben das Gefühl, dass mit Ihnen etwas nicht stimmt, wenn Sie Ihren Arbeitsplatz verlassen haben oder entlassen wurden. Sie sind der Meinung, dass die besten und schnellsten Einstellungen (offensichtlich lassen sich nur 15 Prozent der Mitarbeiter nicht mit mehr Geld abwerben) durch Abwerbung von Mitarbeitern in gleichwertigen Positionen bei den Konkurrenten eines Unternehmens erfolgen.[9] Das ist eigentlich nichts Neues, aber es hilft Ihnen zu verstehen, warum Personalvermittler glauben, dass KI so hilfreich ist, um diese Leute online zu finden.

Personalverantwortliche in großen Unternehmen werden Ihnen sagen, dass sie 1.000 Stellen zu besetzen und 10.000 Bewerber für jede Stelle zu sichten haben. Sie müssen nur die besten Kandidaten finden, prüfen und empfehlen, und zwar schneller, kosteneffizienter und mit einer größeren Mitarbeitervielfalt als je zuvor – insbesondere in einer Zeit nach der Pandemie, in der Neueinstellungen in noch nie da gewesenem Ausmaß zu erwarten sind. Während Personalfachleute darauf setzen, dass KI die Dinge besser macht, sind es ihre Wissenslücken über KI, die systemische Vorurteile vertiefen und größere Gräben in der Gesellschaft verursachen könnten. Täuschen Sie sich nicht: Auch wenn KI-Anbieter behaupten, dass ihre Technologie „im Zusammenspiel mit Menschen" eingesetzt werden soll, ist dies ein Irrtum. Sie wissen es, und die Personalverantwortlichen, die sie verwenden, wissen es. In Interviews der *Washington Post* mit Arbeitgebern zu diesem Thema gaben die meisten zu, dass sie sich nur auf die Bewerber konzentrieren, die das Computersystem am besten einstuft.[10] Die Fähigkeit dieser Technologien, Tausende von Bewerbern zu sichten und einzustufen, ist genau der Grund, warum Arbeitgeber Millionen dafür ausgeben und an sie glauben. Sie haben weder Zeit noch Ressourcen, um sie zu hinterfragen oder ihre Ergebnisse zu überprüfen. Die KI-Einstellungssysteme, die den Personalverantwortlichen dabei helfen sollen, Bewerber schnell ausfindig zu machen, können alles Mögliche tun – von der Verletzung Ihrer Privatsphäre bis hin zu Ihrem potenziellen Ausschluss von Stellenangeboten ganzer Branchen.

Wenn Sie gehofft haben, dass KI-gestützte Personalbeschaffung nur in einigen wenigen Nischentechnologie-Start-ups zum Einsatz kommt, irren Sie sich. Diese Technik ist überall. Es wird von einigen der größten Unternehmen der Welt genutzt – wir sprechen von Hilton, Unilever, AT&T, JPMorgan Chase, PepsiCo und Tausenden mehr[11] – sowie von mittelständischen und kleinen Unternehmen. Es gibt kein Entrinnen. Die größten Unternehmen, die KI einsetzen, haben es auf bestimmte Funktionen abgesehen (zum Beispiel Bankangestellte) und sind bereits überwiegend im Gastgewerbe und im Bankensektor tätig. Wenn man bedenkt, was ihr Ehrgeiz mit den Aussichten eines Arbeitssuchenden anstellen könnte, ist das eigentlich ziemlich beängstigend. Aufgrund der weiten Verbreitung von KI-Screenings und des Datenaustauschs zwischen Arbeitgebern, die KI einsetzen, ist es möglich, dass Sie von einer ganzen Branche oder einem Beruf ausgeschlossen werden. Wer sagt denn, dass die KI-Softwarefirma Ihre Daten und Ergebnisse nicht speichert, sobald Sie sich bei einer Bank vorgestellt haben, und diese für ein KI-Interview bei einer anderen Bank abruft?

Auch der Prozess der Stellensuche ist von der KI nicht ausgenommen. Selbst Ihr erstes Vorstellungsgespräch wird wahrscheinlich von einer KI per Videokonferenz und nicht von einem Menschen geführt. Es ist eine seltsame, entmenschlichende Erfahrung. Sie sitzen unbeholfen vor Ihrer Webcam, während die KI Ihnen Befehle erteilt und Fragen stellt, mithilfe von Gesichtserkennungstechnologie Ihre Mimik bewertet und Ihre Augenbewegungen verfolgt, Ihre emotionalen Reaktionen registriert und den Tonfall Ihrer Stimme und die Sprache, die Sie verwenden, analysiert. Stellen Sie sich vor, Sie müssten nach jeder

Frage etwa zehn Sekunden warten, während die KI Ihre Antworten auswertet. Dann erhalten Sie Ihre nächste Frage von einer seltsamen, monotonen Stimme – oder schlimmer noch, Sie lesen sie einfach schnell, während sie über den Bildschirm läuft. Am Ende wird Ihnen die KI eine Bewertung Ihrer Beschäftigungsfähigkeit zuweisen, die Sie übrigens nie sehen werden. Diese Punktzahl entscheidet darüber, ob Sie im Einstellungsverfahren voranschreiten oder digital abgelehnt werden. All diese Entscheidungen sind für Sie komplett unsichtbar. Willkommen in der neuen Ära des KI-Arbeitsmarktes, in der das Schicksal Ihres Lebens und Ihres Lebensunterhalts nicht mehr in den Händen einer *einzigen Person* liegt. Sie beruht vielmehr auf dem kalten Kalkül eines unpersönlichen Algorithmus.

Zurück zur Frage: Könnte KI meine beruflichen Möglichkeiten einschränken? Und ob das geht! Sie könnte sie so sehr einschränken, dass Anwälte für Arbeitsrecht sich auf Sammelklagen wegen voreingenommener KI-Einstellungs- und Rekrutierungsmethoden vorbereiten werden.[12] Um jedoch besser einschätzen zu können, inwieweit KI Sie davon abhalten könnte, Ihren nächsten Auftrag zu bekommen, müssen Sie wissen, wie und wo sie im Einstellungsprozess eine Rolle spielt und welche Gefahrenzonen Sie vermeiden sollten.

DIE FÜNF ARTEN DER EINSTELLUNG VON KI

Job-to-Candidate-Matching AI (Arbeitsstelle-Bewerber-Übereinstimmungs-KI)
Gedanken lesen und Worte sorgfältig wählen

Stellen Sie sich den KI-Einstellungsprozess so vor, wie Sie sich Dating-Apps und die Suche nach dem perfekten Partner vorstellen. Der Arbeitgeber wird alles in das KI-System eingeben, was er sich von einem Bewerber erhofft und erträumt, der seiner Stellenbeschreibung entspricht (die, wie Sie wissen, nicht veröffentlicht wird, sondern zum Trainieren der KI verwendet wird). Genau wie bei der Partnersuche erhalten sie realistischerweise nur etwa ein Drittel der Fähigkeiten, der Persönlichkeit, der Erfahrung oder der Ausbildung, die sie bei potenziellen Bewerbern suchen. Aber wenn sie Glück haben, bekommen sie die Dinge, die sie als besonders wichtig erachtet haben. Die eigentliche Frage für Sie lautet nun: *Wonach suchen sie genau?* Und was noch wichtiger ist: *Mit welchen Worten haben sie das beschrieben?* Ziel ist es, Ihren Lebenslauf, Ihr Onlineprofil oder Ihre Bewerbung so gut mit der Stellenbeschreibung abzustimmen, dass Sie auf dem Radar der Stellenanbieter erscheinen.

Das ist der schwierige Teil, denn die Menschen – sowohl die Arbeitgeber, die die Stellenbeschreibungen verfassen, als auch die Arbeitsuchenden, die ihren beruflichen Werdegang beschreiben müssen – verwenden ein Vokabular, das ihnen sehr vertraut ist. Ob Sie es glauben oder nicht, es sind diese Wortwahlen, die Probleme mit systematischen Verzerrungen verursachen. Diese sehr menschlichen Wortwahlen werden in einen Algorithmus einprogrammiert, der dann soziale Medien und Bewerber- und Einstellungsdatenbanken wie CareerBuilder, Monster und Indeed durchsucht. Die Herausforderung besteht darin, dass Sie die tatsächliche Stellenbeschreibung nicht zu Gesicht bekommen und nicht wissen, welche Art von Person sie schreibt, bevor die Überprüfung Ihrer Person stattgefunden hat.

Ich kann Ihnen angesichts der Marktdynamik einige Hinweise geben. Je höher eine Stelle angesiedelt ist, desto wahrscheinlicher ist es, dass ihre Beschreibung aus der Perspektive eines Mannes und nicht der einer Frau sowie von einer weißen Person und nicht von einer Person mit einem anderen ethnischen Hintergrund geschrieben wird. MINT-Berufe wie Software-Engineering und Informatik werden immer noch überwiegend von weißen Männern ausgeübt, und in den fünf größten Technologieunternehmen (Facebook, Amazon, Apple, Google und Microsoft) sind weniger als 35 Prozent der Belegschaft Frauen.[13] Seit die Pandemie viele Frauen dazu gezwungen hat, zu Hause zu bleiben und sich um die Kinder zu kümmern, hat sich das Verhältnis wahrscheinlich nur noch verschlechtert. Auch in den Führungsetagen dominieren in allen Bereichen die weißen Männer. Überlegen Sie nun, was passiert, wenn die dominierende Gruppe, in diesem Fall weiße Männer, die Mehrheit der Stellenbeschreibungen schreibt. Voreingenommenheit kann sich einschleichen, weil die Lebenserfahrungen und die Kultur weißer Männer sie ganz natürlich dazu bringen, andere beschreibende Begriffe zu verwenden als Menschen mit einem anderen Hintergrund – Begriffe, die für den Verfasser und andere wie ihn sinnvoll sind, aber nicht unbedingt in den Lebensläufen oder Onlineprofilen von Bewerbern verwendet werden, die nicht wie er sind.

Schauen wir uns ein hypothetisches Beispiel an. Ein Personalverantwortlicher versucht, einen Einstiegsjob in der Softwareprogrammierung als supercool darzustellen, indem er sagt, er suche einen „Programmier-Ninja". Zufälligerweise ist dieser Begriff in einem bestimmten Gebiet der Vereinigten Staaten (der Westküste), an einer bestimmten Schule (Stanford) und bei weißen Männern im Alter von 18 bis 22 Jahren besonders beliebt. Da der Begriff „Programmier-Ninja" sehr spezifisch für einen bestimmten geografischen Ort, eine bestimmte Altersgruppe, eine bestimmte ethnische Zugehörigkeit und ein bestimmtes Geschlecht ist, ist die Stellenbeschreibung von *vornherein voreingenommen*, auch wenn der Verfasser dies nicht beabsichtigt hat. Wenn man nun eine KI einsetzt, die nur nach Übereinstimmungen mit der vorhandenen Stellenbeschreibung suchen kann, besteht die Gefahr von Verzerrungen in großem Umfang. Es ist leicht einzusehen, warum: Die KI wird höchstwahrscheinlich alle Bewerber übergehen, die keine weißen Männer Anfang 20 sind, die kürzlich ihren Abschluss in Stanford gemacht haben, weil die Qualifikationen dieser Bewerber nicht den Bedingungen dieser eingeschränkten Stellenbeschreibung entsprechen. Wie viele Menschen schreiben „Coding Ninja" (Programmier-Ninja) in ihren offiziellen Lebenslauf oder ihr

Onlineprofil? Nicht viele! (Und wenn doch, dann sind es eher junge, weiße Männer von der Westküste.) Die KI wird dann losgeschickt, um Tausende von Lebensläufen und Profilen zu analysieren, die in öffentlichen Datenbanken wie LinkedIn und Indeed zu finden sind, wo sie auf der Grundlage von Übereinstimmungen zwischen bestimmten Wörtern und Ausdrücken in der Stellenbeschreibung und den Profilen der Kandidaten wünschenswerte Kandidaten identifiziert.

Cloning AI (Klon-KI)
Das Bestreben der Arbeitgeber, ihre „Besten" zu klonen, bedeutet, dass KI Sie möglicherweise ausschließen wird

Vorhersagen darüber, was einen Bewerber in einem Job erfolgreich macht, sind schwierig und facettenreich, und es gibt viele Theorien. Arbeitspsychologen sind der Meinung, dass Persönlichkeitsmerkmale den Erfolg im Beruf besser vorhersagen als Fähigkeiten, Ausbildung oder Erfahrung. Die Personalabteilungen verlassen sich jedoch traditionell auf die Angaben im Lebenslauf und die Art der Universität, die ein Bewerber besucht hat, sowie die Art und das Niveau des Abschlusses, den er erreicht hat. Datenwissenschaftler versuchen, Muster in den Daten „erfolgreicher" Mitarbeiter zu erkennen und sie mit den Lebensläufen der Bewerber abzugleichen. Der Weg der Datenwissenschaft scheint der Heilige Gral für die Definition erfolgreicher Bewerber zu sein. Aber was ist die Datenversion von „erfolgreich", und stimmt sie mit dem wirklichen Leben überein? Datenwissenschaftler werden nach quantifizierbaren Informationen suchen, anhand derer sie ihre KI-Algorithmen trainieren können. Sie werden in den Mitarbeiterakten nach Dingen wie Beförderungen, Auszeichnungen, Betriebszugehörigkeit und hohen Mitarbeiterbewertungen suchen. Ich habe dazu zwei Dinge zu sagen.

Erstens: Was ist, wenn die wichtigsten Indikatoren für Ihren Erfolg nicht in den Daten auftauchen? Was ist, wenn es zum Beispiel Ihr Durchhaltevermögen und Ihre Ausdauer sind, die Sie zu einem guten Mitarbeiter machen, oder Ihre Vielseitigkeit? Diese sind nicht in Daten quantifiziert. Ihre Teamkollegen und Chefs haben Sie vielleicht öffentlich für diese Qualitäten gelobt, und Ihr beruflicher Ruf mag auf ihnen beruhen, aber Datenwissenschaftler interessieren sich für nichts, das nicht anhand von Daten nachvollzogen werden kann. Daten sind ihr Werkzeug, und sie trainieren auch die KI, um die besten Kandidaten für die Stelle zu finden.

Zweitens können auch „Erfolgsindikatoren" wie Beförderungen, Auszeichnungen und gute Beurteilungen aufgrund einer Einstellungsgeschichte, die keine Vielfalt zulässt, verzerrt sein. Wenn ich erst in den letzten zwei Jahren mit der Einstellung von Frauen, farbigen Menschen und Rentnern begonnen habe, ich aber historische Mitarbeiterdaten der letzten zehn Jahre heranziehe, um mehr statistische Signifikanz zu erhalten, dann werden die letzten zwei Jahre gegenüber den Mustern der letzten acht Jahre in den Hintergrund treten. Die letzten beiden Jahre, in denen ich verschiedene Bewerber eingestellt habe, werden einfach als statistische „Ausreißer" weggelassen, wenn ich meine KI in Betrieb nehme. Hinzu kommt, dass Beförderungen, Auszeichnungen und hohe Bewertungen oft systematisch an die Mehrheit gehen, weil die Menschen dazu neigen, ihresgleichen zu bevorzugen. Die Verwendung dieser Erfolgsindikatoren als Beispiele dafür, wonach KI bei einem künftigen Stellenbewerber suchen sollte, führt wiederum nur dazu, dass Vorurteile und das Potenzial für Diskriminierung fortbestehen.

In einem kürzlich erschienenen Podcast der American Bar Association zum Thema KI wurde ich gefragt: „Aber was ist, wenn ehemalige Footballspieler wirklich die besten Verkäufer sind? Wenn ich als Vice President of Sales [VP] bereits ein Team voller Footballspieler habe, die ihre Verkaufsquoten übertreffen, warum sollte ich dann nicht wollen, dass die KI weitere Footballspieler findet?" Erstens kenne ich nicht viele Frauen, die Footballspieler sind, also wird das diskriminierend sein und Ihnen Ärger mit der EEOC einbringen. Zweitens ist die Vielfalt für die Unternehmen wichtig. Sie ermöglicht den Unternehmen die größte Flexibilität bei Marktveränderungen, bewahrt sie vor Gruppendenken, das die Innovation stagnieren lassen kann, und hilft ihnen, Schmelztiegel-Gesellschaften zu bedienen. Drittens: Wenn Sie in Ihrem Team nur Footballspieler haben, dann sind die einzigen, die die Chance haben, die Verkaufsquoten zu übertreffen, Footballspieler. Der Vizepräsident wusste nicht, dass er andere Sportler, Geschlechter, Ethnien oder Generationen als „Verkäufer" mochte, bis er sie in seine Gruppe aufnahm und ihnen die Chance gab, die Verkaufsquoten zu übertreffen. Dann könnte er seine Meinung darüber ändern, wer der beste Kandidat ist.

Job Ad-Placing AI (Stellenanzeigen-KI)
Wenn Sie die Stelle nicht sehen, können Sie sich nicht darauf bewerben

„Studie zeigt, dass Frauen seltener Anzeigen für hoch bezahlte Jobs bei Google angezeigt werden."[14] Diese Schlagzeile erregte meine Aufmerksamkeit und brachte mich dazu, über den Einsatz von KI bei der Ausrichtung von Stellenanzeigen auf Bewerber bei Google nachzudenken. Die Forscher erstellten mehr als 17.000 gefälschte Profile, deren einzige Funktion darin bestand, Websites für Arbeitssuchende zu besuchen. Sie verhielten sich genau gleich und unterschieden sich nur im Geschlecht. Im Verlauf von etwa 600.000 Anzeigen stellten die Forscher fest, dass Männer weitaus häufiger als Frauen mit Anzeigen konfrontiert wurden, die sie ermutigten, sich für hoch bezahlte Jobs coachen zu lassen. Wie viel mehr? Männern wurden 1.852-mal Anzeigen für Coachings für Jobs mit mehr als 200.000 US-Dollar angezeigt, während Frauen dieselben Anzeigen – trotz des exakt gleichen Online-verhaltens – nur 318-mal zu sehen bekamen.[15] Diese Art der verdeck-ten Anzeigenschaltung kann Ihre Jobchancen als Frau definitiv beein-trächtigen.

Es gibt viele Gründe für diese Art der geschlechtsspezifischen Dis-kriminierung. Das von KI gesteuerte automatisierte System wird versuchen, herauszufinden, wo es online Übereinstimmungen mit seiner Stellenbeschreibung finden kann. Wenn der KI-Algorithmus zum Beispiel auf einen Datensatz trainiert wurde, der im Wesentlichen besagt: „Erfolgreich = junger weißer männlicher Stanford-Absolvent = Programmier-Ninja", dann wird er das Internet nach Orten durch-suchen, an denen die enge Gruppe von Kriterien, die auf die Daten passen, zu finden ist, und dann die Anzeige für einen Software-Programmierer auf diesen Seiten anzeigen. Wenn ich als KI einen jungen, alleinstehenden weißen Programmierer suche, könnte ich mich in Online-Gaming-Communities umsehen, um meinen nächsten er-folgreichen Mitarbeiter zu finden, und dort meine Anzeige aufgeben. Auf der Suche nach einer Frau mit einer ehrgeizigen, aufgeschlossenen Persönlichkeit würde ich in den sozialen Medien vielleicht nach Mann-schaftskapitänen weiblicher Sportligen oder nach Leitern von Sheryl Sandbergs Lean-In-Zirkeln auf Facebook suchen. Wenn die KI nur Stellenanzeigen in den Onlineräumen schaltet, in denen sich diese eng definierten Gemeinschaften aufhalten, entgeht ihr jeder Bewerber, der nicht in das Profil passt. Mit anderen Worten: Wer nicht in dieses Profil passt, bekommt die Anzeige nicht zu sehen, weil er sich einfach nicht in den Onlinebereichen aufhält, die der Algorithmus für die Anzeigenschaltung ausgewählt hat.

Für Sie, den Arbeitsuchenden, bedeutet das: Wenn Sie eine Stelle nicht sehen, können Sie sich auch nicht darauf bewerben. Dies ist eine weitere Möglichkeit, wie KI Ihre Beschäftigungsmöglichkeiten ein-schränken könnte.

Social Media-Snooping AI (Social-Media-Spionage-KI)
Die subjektiven Warnsignale – Schicken Sie dies an Freunde,
die Arbeit suchen

Hier sind einige der Dinge, nach denen die KI sucht, und die Hauptgründe, warum Arbeitgeber jemanden aufgrund der Aktivitäten des Bewerbers in den sozialen Medien nicht eingestellt haben:

a. Der Stellenbewerber hat provokative oder unangemessene Fotos, Videos oder Informationen veröffentlicht: 40 Prozent

b. Der Stellenbewerber hat Informationen über seinen Alkohol- oder Drogenkonsum veröffentlicht: 36 Prozent

c. Der Stellenbewerber machte diskriminierende Bemerkungen in Bezug auf Rasse, Geschlecht, Religion und so weiter: 31 Prozent

d. Der Stellenbewerber wurde mit kriminellem Verhalten in Verbindung gebracht: 30 Prozent

e. Der Stellenbewerber hat bei seinen Qualifikationen gelogen: 27 Prozent

f. Der Stellenbewerber hatte schlechte Kommunikationsfähigkeiten: 27 Prozent

g. Der Stellenbewerber hat sein früheres Unternehmen oder seine Kollegen schlecht gemacht: 25 Prozent

h. Der Bildschirmname des Stellenbewerbers war unprofessionell: 22 Prozent

i. Der Stellenbewerber hat vertrauliche Informationen von früheren Arbeitgebern weitergegeben: 20 Prozent

j. Der Stellenbewerber hat über eine Abwesenheit gelogen: 16 Prozent

k. Der Stellenbewerber hat zu häufig gepostet: 12 Prozent[16]

KI gibt Arbeitgebern die Möglichkeit, Sie auf Dinge hin zu überprüfen, die sie während eines Vorstellungsgesprächs aus rechtlichen Gründen nicht über Sie erfragen dürfen. Die KI kann alle persönlichen Informationen auswerten, die sie finden kann, einschließlich aller Dateien in sozialen Medien und alles, was jemals von Ihren Freunden, Ihrer Familie, früheren Arbeitgebern und anderen gepostet wurde. Fragen zu Ihrer Herkunft, Ihrer Nationalität, Ihrem Alter, Ihrem Geschlecht, Ihren Behinderungen, Ihrem Familienstand, Ihren Ehepartnern, Ihren Kindern und deren Betreuung, Ihrem Strafregister oder Ihrer Kreditwürdigkeit würden normalerweise dazu führen, dass ein Unternehmen wegen Diskriminierung angeklagt wird.[17] Aber KI-Einstellungssysteme können sie unter dem Schleier der Geheimhaltung in ihre Entscheidungen einbeziehen. Bei der künstlichen Intelligenz hat kein *Mensch* Sie anhand dieser Kriterien geprüft, sondern eine Software, die soziale Medien durchsucht und Empfehlungen ausspricht, wodurch Arbeitgeber einige rechtliche Schlupflöcher ausnutzen können – zumindest im Moment.

Die Kriterien müssen nicht *explizit* so festgelegt werden, dass zum Beispiel jüngere Bewerber, die weniger verdienen, oder gesunde Nichtraucher, die weniger Pausen machen und eine geringere Belastung für die Gesundheit darstellen, gesucht werden. Alles, was ein KI-Einstellungs-Unternehmen tun muss, ist, Menschen mit unerwünschten Eigenschaften einfach aus den Daten, die sie zum Trainieren der KI verwenden, zu eliminieren. Dann wird das Modell keine Merkmale erfassen, die normalerweise als unerwünscht gelten.

Wenn beispielsweise in der Liste der Social-Media-Profile, auf die die KI trainiert wurde, nur wenige oder gar keine behinderten Menschen zu finden sind, dann wird die KI bei der Suche nach Bewerbern nicht nach deren besonderen Merkmalen suchen. Es handelt sich um eine Lücke, die die US-Gesetze derzeit nicht direkt schließen. Darüber hinaus wäre es unglaublich schwierig, eine Diskriminierung durch KI nachzuweisen, weil die Menschen, die die Algorithmen für das maschinelle Lernen entwickeln, oft nicht verstehen können, warum die KI das ausgewählt hat, was sie ausgewählt hat. Viele KI-Firmen speichern die Daten, die zum Trainieren ihrer KI verwendet wurden, ohnehin nur wahllos. Nicht, weil sie per se subversiv sind (auch wenn einige KI-Einstellungsfirmen das sein könnten), sondern weil sie unerfahren, schlampig, faul oder zu schnell arbeiten, um sich die zusätzliche Zeit und Mühe zu nehmen, solche Voreingenommenheit zu vermeiden. In jedem Fall gibt es keinen Beweis dafür, dass Gruppen, die nach dem Equal Employment Opportunity Act geschützt sind, *absichtlich* aus dem Trainingsdatensatz der KI ausgeschlossen wurden. Sollte es jemals zu einem Gerichtsverfahren wegen diskriminierender Einstellungspraktiken kommen, können KI-Einstellungsfirmen behaupten, dass der Algorithmus über seine ursprüngliche Trainingsmenge hinaus schlechte Informationen aufgenommen haben muss.

Wenn Arbeitgeber KI einsetzen, um Beiträge in sozialen Medien auszuspionieren, könnte dies zu fehlerhaften und irreführenden Ergebnissen führen, die dazu dienen könnten, Sie von der Stelle auszuschließen, die Sie eigentlich haben wollten. Die KI kann den Kontext und den Grad der Beleidigung nur schlecht beurteilen. Das ist bedauerlich, denn mehr als 50 Prozent der Arbeitgeber haben in den sozialen Medien Inhalte gefunden, die sie dazu veranlasst haben, einen Bewerber *nicht* einzustellen.[18] Da Arbeitgeber zunehmend auf KI zurückgreifen, die das Social-Media-Screening übernimmt, ist es für Sie wichtig, die Arten von „Verstößen" zu kennen, die Arbeitgeber dazu veranlassen, Bewerber in die Kategorie „Abgelehnt" einzustufen (siehe obige Liste). Denken Sie auch daran, dass sich die Suche mit KI nicht nur auf Sie, den Bewerber, beschränkt. Sie sehen sich die Personen in Ihrem Netzwerk an und was diese posten, um daraus Rückschlüsse auf Sie zu ziehen. Die KI kann aus den von Ihnen bevorzugten Inhalten und der Art der Personen, mit denen Sie am häufigsten kommunizieren, Erkenntnisse ableiten. „Schuld durch Assoziation" ist in der Tat eine der Spezialitäten von KI.

Denken Sie an Ihren verrückten Ex-Freund, der ein Waffennarr ist, an Ihre Freunde aus der Schulzeit, die einen Müllcontainer angezündet haben, oder an Ihre Partyfreunde vom Studium, die immer einen Drink in der Hand haben. Sie verstehen, was ich meine. Es kann sehr schnell sehr unangenehm werden. Vor allem, wenn man bedenkt, dass Bilder und Beiträge in sozialen Medien von Menschen – und erst recht von KI –, die den Kontext nicht verstehen, leicht falsch interpretiert werden können. Eine KI, die auf Bilderkennung und Etiketten trainiert ist, könnte zum Beispiel Ihren Namen auf einem Etikett finden und dann nach alkoholischen Getränken in Ihrer Hand oder in Ihrer Nähe „suchen". Dann ist man raus, weil man in die Kategorie „Getränke" eingestuft wird und später alle mit dieser Kennzeichnung herausgefiltert werden, weil es vom Arbeitgeber als unerwünscht angesehen wird. Die künstliche Intelligenz wird nicht kontextualisieren, dass es sich vielleicht um ein einmaliges Ereignis handelt, bei dem auf einer Junggesellinnenparty getrunken wurde. Dadurch wird Ihre Punktzahl oder Ihre Bewertung herabgesetzt oder Sie werden ganz aus dem Bewerberpool gestrichen.

Dies sind die Fauxpas in den sozialen Medien, die dazu führen können, dass Sie aussortiert werden. 40 Prozent der Personalverantwortlichen lehnten einen Bewerber ab, weil sie der Meinung waren, dass der Bewerber provokative oder unangemessene Fotos, Videos oder Informationen gepostet hatte.[19] „Unangemessen" ist ein sehr subjektiver Begriff. Ich hatte einmal einen Chef im Marketing, der es für „unangemessen" hielt, dass einer unserer Social-Media-Influencer jeden Morgen Bilder von seinem Frühstück postete. Der Influencer sah darin eine weitere Möglichkeit, mit seinen Followern in Kontakt zu treten. 36 Prozent der Personalchefs wollen keinen Bewerber, der etwas über Alkohol- oder Drogenkonsum gepostet hat.[20] Sie denken vielleicht, dass Sie auf der sicheren Seite sind, weil Sie nicht regelmäßig trinken oder Drogen nehmen. Um sich jedoch abzusichern, sollten Sie sich selbst auf allen wichtigen Websites sozialer Medien suchen. Vergewissern Sie sich, dass dort keine alten Fotos vom Studium oder von Junggesellenabschieden zu sehen sind. Wenn dies der Fall ist, sollten Sie darüber nachdenken, Ihre Markierung zu entfernen. Andernfalls könnte eine KI Sie in die Kategorie „Nein" einsortieren.

31 Prozent der Arbeitgeber lehnten einen Bewerber aufgrund von diskriminierenden Bemerkungen in Bezug auf Rasse, Geschlecht oder Religion ab.[21] Das ist zwar ein legitimer Grund, einen Kandidaten abzulehnen, aber die KI ist noch nicht in der Lage, echte diskriminierende oder hasserfüllte Äußerungen und Formulierungen, die als solche missverstanden werden können, zuverlässig herauszufiltern. (Wenn sie das könnte, würden Twitter und Facebook sie verwenden, als würde sie bald aus der Mode kommen!) Stattdessen ist die Wahrscheinlichkeit groß, dass die KI Ihre Kommentare aus dem Zusammenhang reißt und Sie als diskriminierend einstuft. Prüfen Sie also Ihre Kommentare und Beiträge in den sozialen Medien auf alles, was missverstanden oder falsch interpretiert werden könnte.

Interview-KI
„Bereitet Ihnen Gänsehaut" und bewertet dann Ihre Beschäftigungsfähigkeit

Arbeitssuchende haben Vorstellungsgespräche mit KI als „entfremdend", „entmenschlichend", „erschöpfend", „entmutigend", „angstauslösend" und „quälend" beschrieben. Vor einer Webkamera auftreten zu müssen, während die KI unerklärliche Forderungen und Fragen stellt, „hat mir eine Gänsehaut bereitet", so ein Interviewpartner der *Washington Post*.

Andere fanden es traurig, ihre gesamten Lebenserfahrungen in einem kurzen Satz zusammenzufassen und von einem Computerprogramm statt von einem Menschen beurteilen zu lassen.[22] **Und so funktioniert es.** Sie ziehen sich an, suchen sich den ruhigsten Platz bei sich zu Hause aus, stellen die Beleuchtung ein und starren dann in Ihre Webcam, während eine KI Sie begrüßt und Ihnen vorgefertigte Fragen stellt. Was Sie auf dem Bildschirm sehen, kann nur eine Reihe von Wörtern sein, aber auch ein unheimlich lebensecht sprechender Avatar oder sogar ein körperloser Kopf.[23] Unabhängig davon, welche Form die KI annimmt, wird sie Ihre Mimik, Ihre Wortwahl und Ihre Stimmlage genau beobachten, während Sie methodisch jede Frage beantworten, ohne dass Sie ein unmittelbares Feedback erhalten. Vergessen Sie es, Ihre eigenen Fragen beantwortet zu bekommen oder den Ort, an dem Sie arbeiten könnten, zu besichtigen und die Unternehmenskultur zu beobachten. Wenn Interviews ausschließlich über KI geführt werden, gibt es wirklich keine zusätzlichen Möglichkeiten für Verbindungen oder Dialoge. Es ist eine einseitige Informationsgabe.

Wie unangenehm und einschränkend ist das? Als ob Vorstellungsgespräche nicht schon beängstigend genug wären, wenn Sie Augenkontakt herstellen und die Reaktionen Ihres Gegenübers lesen können! Mit einem Menschen könnten Sie zumindest Ihre Absichten oder Bedeutungen klären, wenn Sie eine negative Reaktion auf Ihre Antworten wahrnehmen. Bei einem KI-Interview ist das auch unmöglich. Die KI wird Sie nach „Lernbereitschaft", „persönlicher Stabilität" und natürlich „Beschäftigungsfähigkeit" einstufen, ohne dass Sie eine Ahnung davon haben oder erfahren, wie Sie abgeschnitten haben. Es kann sein, dass Sie eine automatische KI-Nachricht erhalten, die Ihnen mitteilt, dass Sie das erste Vorstellungsgespräch bestanden haben – ha! Diese Schlitzohren! In der guten alten Zeit wurde man durchleuchtet und konnte dann endlich zu einer Person vordringen. Gott sei Dank. Sie konnten die unpersönliche Atmosphäre hinter sich lassen und ein echtes Gespräch führen, in dem Sie Ihre wirklichen Leidenschaften und Ambitionen, Ihr Charisma und Ihren Sinn für Humor zum Ausdruck brachten – Dinge, die nicht in einem Lebenslauf stehen. Aber selbst das ist nicht mehr der Fall. Es ist buchstäblich ein unmenschlicher Prozess! Und vielleicht fragen Sie sich wie ich, woher eine KI weiß, welche Gesichtsausdrücke und Sprachmuster ideal sind. Das Stichwort lautet „Unternehmensklone": Sie stammen von derzeitigen Mitarbeitern, die ebenfalls die Vorstellungsgespräche und Beurteilungen als Vergleichspersonen durchlaufen haben. Die KI-Einstellungsfirma wird sich die Muster und Trends ansehen, die sich aus den Aussagen und dem Verhalten der „erfolgreichen" Mitarbeiter ergeben, und diese mit den Aussagen und dem Verhalten des Bewerbers vergleichen. Je besser Sie aussehen, reagieren und sprechen wie die „erfolgreichen" Mitarbeiter, desto besser ist Ihr Ergebnis. Schade, dass sie nicht einfach Roboterklone von „erfolgreichen" Mitarbeitern herstellen können – oder doch? Mehr dazu im nächsten Kapitel über Automatisierung.

Es gibt auch Bedenken in Bezug auf Datenschutz, Sicherheit, Transparenz, Fairness und betrügerische Forderungen. Eine prominente Gruppe für Datenschutzrechte, das Electronic Privacy Information Center, reichte im November 2019 bei der Federal Trade Commission eine Beschwerde gegen das führende Unternehmen für KI-Interviews, HireVue, wegen „unfairer und irreführender" Praktiken ein. Sie bezeichneten die Technologie als „eine große Bedrohung für die Privatsphäre und den Lebensunterhalt amerikanischer Arbeitnehmer" und behaupteten, die Systeme seien „voreingenommen, unbeweisbar und nicht reproduzierbar".[24] KI-Forscher und führende Neurowissenschaftler bezeichnen die KI-Technologie für Vorstellungsgespräche als „digitales Schlangenöl", „Pseudowissenschaft", „ungenau", „eine Lizenz zur Diskriminierung" und „eine Blackbox", die den Arbeitssuchenden keine faire Chance gibt, sich einzubringen.[25]

Bei KI-Befragungen wird die Gesichtserkennungstechnologie eingesetzt, die nachweislich aus einer Reihe von Gründen verzerrt ist, die alle mit der mangelnden Vielfalt des Datensatzes zu tun haben, auf dem die KI trainiert wird. In einer Studie wurde beispielsweise festgestellt, dass der Datensatz überwiegend aus hellhäutigen Probanden bestand und daher Menschen mit dunklerem Teint benachteiligt wurden.[26] Das Gleiche gilt für Menschen mit Behinderungen, für Menschen mit Gesichtsanomalien und im Grunde für alle, die aus Kulturen stammen, die sich von denen der meisten Arbeitnehmer unterscheiden. Wenn Sie einer Minderheitengruppe angehören, die im Datensatz nicht vertreten ist, wird die KI Sie ausschließen.

Der Gesetzgeber ist besorgt über die mangelnde Transparenz bei der Funktionsweise von KI-Einstellungssystemen und darüber, ob Personen, die einen KI-Test ablehnen, trotzdem eine faire Chance auf eine Stelle erhalten. Sie sind auch besorgt über die gesammelten Daten und das Filmmaterial. In einem einzigen 30-minütigen KI-Interview werden über 500.000 Datenpunkte gesammelt – einschließlich biometrischer Daten über Ihr Gesicht. Ihr Gesicht – Sie wissen schon, das Passwort Ihres Körpers, das Sie nie ändern können – kann Ihr Mobiltelefon, Ihre digitale Geldbörse und Ihre Cloud-Konten entsperren. Stellensuchende sind noch keine Arbeitnehmer und fallen daher auch nicht unter die Richtlinien zum Schutz von Arbeitnehmerdaten. Es wird zwar viel über Datenschutzgesetze gesprochen, aber der einzige Staat, der sie hat, ist Kalifornien. Eine Ironie des Schicksals, denn die meisten Technologien, die die Privatsphäre verletzen, kommen von dort.

Während auf Bundesebene viele Gesetzesentwürfe zur Frage der KI-Einstellungstechnologien eingebracht wurden, gibt es nur in Illinois ein Gesetz, das derzeit in Kraft ist. Der Gouverneur von Illinois, J. B. Pritzker, unterzeichnete das erste Gesetz, das Arbeitgeber verpflichtet, Bewerber über die Funktionsweise ihrer KI-Systeme zu informieren und vor der Durchführung von Tests ihre Zustimmung einzuholen. Dies ist ein lobenswerter Schritt in die richtige Richtung. Es handelt sich jedoch nur dann um eine echte Wahlmöglichkeit, wenn Sie auch dann noch für die Stelle infrage kommen, falls Sie Ihre Zustimmung verweigern. Die Arbeitgeber müssen nicht nachweisen, dass sie andere

Optionen als die KI angeboten haben oder dass sie den Bewerber trotzdem in Betracht gezogen haben. Wir haben noch einen langen Weg vor uns, bis die Einstellung durch KI vollständig transparent, sicher und fair ist.

FOLGENDES KÖNNEN SIE TUN, UM DIE KONTROLLE ZURÜCKZUGEWINNEN

Damit KI-gestützte Einstellungen zu unserem Nutzen funktionieren, müssen sie 1) auf der Grundlage guter Daten trainiert werden, was bedeutet, dass der Datenpool groß und sehr vielfältig sein muss; 2) vollständig transparent sein, mit erklärbaren Ergebnissen, die von allen Parteien überprüft, verantwortet und, wenn sie falsch sind, korrigiert werden können; und 3) Vorschriften und Schutzmaßnahmen unterliegen, die die Rechte und Freiheiten der Menschen schützen, denen sie dienen sollen. So weit sind wir noch nicht. Das bedeutet, dass Sie als Arbeitssuchender – oder ein Arbeitssuchender, den Sie lieben: Ihre Kinder, Enkel, Ihr Ehepartner, Ihre Freunde – aller Wahrscheinlichkeit nach einem KI-Screening unterzogen werden, wenn Sie ins Berufsleben eintreten, selbst in der hektischen Zeit nach der Pandemie. Was können Sie dagegen tun? Lesen Sie weiter.

Seien Sie so sichtbar, dass man Sie online nicht ignorieren kann

- Pflegen Sie eine aktuelle Version Ihres Online-Lebenslaufs und Ihrer Arbeitsmappe auf LinkedIn, beruflichen Websites, Stellenvermittlungsplattformen wie Indeed und auf Ihrer eigenen Website, wenn Sie eine haben. Vergewissern Sie sich, dass Sie die neuesten Schlüsselwörter verwenden, die in den LinkedIn-Profilen führender Unternehmen Ihrer Branche verwendet werden, und dass die Worte, mit denen Sie Ihre Fähigkeiten und Qualifikationen beschreiben, mit denen der Stellen übereinstimmen, an denen Sie besonders interessiert sind (falls Sie irgendwo eine Stellenbeschreibung finden).

- Überlegen Sie sich, ob Sie eine URL auf Ihren Namen einrichten wollen, unter der Sie alle Ihre neuesten und größten Erfolge veröffentlichen können. Vergewissern Sie sich, dass Ihre Wortwahl den neuesten Begriffen in Ihrem Fachgebiet entspricht und dass Ihre Fähigkeiten ständig aktualisiert werden, damit Personalverantwortliche, sowohl KI als auch Menschen, Sie online finden können.

- Bleiben Sie auf LinkedIn und in Berufsverbänden sichtbar und aktiv. Pflegen Sie Ihre Mitgliedschaften und nehmen Sie aktiv an Projekten teil oder leiten Sie diese.

- Posten Sie regelmäßig Thought-Leadership-Artikel (Beiträge zur Meinungsführerschaft) auf LinkedIn und anderen Social-Media-Seiten.

- Wenn Sie eine bestimmte Berufsbezeichnung ins Auge gefasst haben, beginnen Sie damit, diese Bezeichnung auf LinkedIn, Google, Facebook und Twitter zu suchen, damit die Algorithmen der Suchmaschinenoptimierung beginnen, die Bezeichnung mit Ihrem Namen zu verknüpfen. Speichern Sie die Stellenbezeichnung in Ihren Suchbenachrichtigungen auf diesen Websites.

- Treten Sie Berufsgruppen bei, die mit den von Ihnen angestrebten Stellen in Verbindung stehen – vor allem auf LinkedIn, aber auch auf Twitter und Facebook.

- Setzen Sie einen Hashtag für den Job, den Sie wollen, nicht für den Job, den Sie haben. Mein Twitter-Handle (Benutzername) ist Cortnie_CDO, und ich habe #CDO und #ChiefDataOfficer in meiner Beschreibung. Sie sollten das Gleiche auf all Ihren Social-Media-Seiten tun, damit Sie mit dem Titel versehen werden, den Sie eines Tages tragen möchten.

- Bewerben Sie sich auf die gewünschte Stelle, auch wenn Sie vermuten, dass Sie vielleicht nicht alle „Anforderungen" erfüllen. Stimmen Sie Ihren Lebenslauf auf die Keywords (Schlüsselwörter) und Anforderungen der Stellenbeschreibung ab.

Bewerten Sie Ihr digitales Selbst

- Aktualisieren Sie die Datenschutzeinstellungen auf Facebook, Google, Twitter, LinkedIn und anderen Plattformen. Schalten Sie die Personen aus, die Ihre Beiträge sehen können, während Sie auf Stellensuche sind. Nur so kann sichergestellt werden, dass nichts von KI falsch interpretiert oder missverstanden wird.

- Überprüfen Sie Ihre Beiträge, insbesondere Bilder, auf potenziell sensible Inhalte. Im Zweifelsfall sollte man sie löschen.

- Führen Sie regelmäßig Internetrecherchen nach Ihrem Namen und in Ihrem Fachgebiet durch, um sicherzustellen, dass Sie gut bekannt sind und Ihre Onlinepräsenz gefunden werden kann. Entfernen Sie die Markierung von Inhalten, die Sie mit etwas Negativem in Verbindung bringen.

- Seien Sie vorsichtig im Hinblick darauf, was Sie liken, upvoten und teilen.

- Seien Sie vorsichtig, mit wem Sie sich zum Beispiel auf Facebook „anfreunden" oder mit wem Sie sich auf LinkedIn „verbinden". Vergessen Sie nicht, dass die KI Schuld durch Assoziation zuweisen wird. Sie können die Methoden „alles" oder „nichts" verwenden, um Algorithmen auszuschalten. Wenn Sie so viele Verbindungen zu so vielen verschiedenen Typen von Menschen haben, kann der Algorithmus Sie nicht anhand Ihrer Verbindungen einem bestimmten „Typ" zuordnen. Wenn Sie sich für die Methode „nichts" entscheiden, dann müssen Sie sehr klug auswählen, wen Sie in Ihr Netzwerk aufnehmen, denn je weniger es sind, desto mehr Bedeutung wird ihnen zugeschrieben. Ich persönlich habe mich für die „Alles"-Methode entschieden – vor allem auf LinkedIn.

- Überlegen Sie, ob Sie bestimmte soziale Medien nutzen müssen, und löschen Sie entweder das Konto oder bleiben Sie inaktiv. Ich habe ein Facebook-Konto, aber ich habe mich schon ewig nicht mehr eingeloggt. Menschen interagieren im Allgemeinen nicht mit inaktiven Personen und markieren sie nicht.

Nehmen Sie den direkten Weg, umgehen Sie die KI

- Bleiben Sie auf dem Laufenden über wichtige Themen und einflussreiche Personen in Ihrem Fachgebiet und erhöhen Sie Ihren persönlichen Bekanntheitsgrad, indem Sie an wichtigen Fachveranstaltungen teilnehmen und dort Vorträge halten.

- Richten Sie in Ihrem Kalender Benachrichtigungen ein, die Sie regelmäßig daran erinnern, auf den Websites der Unternehmen, bei denen Sie gern arbeiten würden, nach Stellenangeboten zu suchen. Sie müssen nicht darauf warten, dass ein Algorithmus Sie findet – Sie können das gesamte automatisierte System umgehen, indem Sie sich direkt an der Quelle über offene Stellen informieren.

Veränderung der Nachfrage

- Wenn das Unternehmen, für das Sie arbeiten möchten, einen KI-Anbieter einsetzt, müssen Sie leider zustimmen, von der KI befragt zu werden. Um dies zu ändern, sind politische Maßnahmen erforderlich. Setzen Sie sich bei Ihren Kongressabgeordneten für bessere Gesetze und einen besseren Datenschutz bei KI-Screenings und -Interviews ein.

- Verlangen Sie die Ihrem Profil zugewiesenen Scores und Labels zu sehen. Bitten Sie den Arbeitgeber um eine Erklärung, warum der Algorithmus Sie so bewertet hat, wie er es getan hat. Sie können in Erwägung ziehen, eine Beschwerde bei der EEOC einzureichen, wenn man Ihnen keine Erklärung geben kann.

- Verlangen Sie vom Arbeitgeber Transparenz darüber, was mit Ihren Daten, insbesondere mit Ihren „Scores" und „Labels", geschehen soll. Erkundigen Sie sich, ob diese von den KI-Einstellungsfirmen für andere Arbeitgeber in derselben Branche wiederverwendet werden können. Wenn dies der Fall ist, könnte sich dies erheblich auf Ihre Beschäftigungschancen in einer ganzen Branche auswirken.

- Wenn Sie von einem KI-Interviewer abgelehnt werden, fragen Sie den Personalverantwortlichen, was Sie beim nächsten Gespräch besser machen können. Dies wird die *Personen*, die die Einstellungen vornehmen, zwingen, Nachforschungen anzustellen.

- Wenn möglich, vermeiden Sie Vorstellungsgespräche ganz, indem Sie Ihr eigenes Netzwerk oder das von guten Freunden und Verwandten nutzen, die Ihnen helfen können, direkt mit einem Personalverantwortlichen in Kontakt zu treten, um eine Stelle zu finden.

4

Könnte ich durch KI ersetzt oder entlassen werden?

KI-Tools werden Entscheidungen darüber treffen, wer befördert und wer entlassen werden sollte. Wenn Algorithmen Entscheidungen treffen, die sich auf Menschen in einer der wichtigsten Lebensfunktionen auswirken - und das ist ihre Arbeit -, wird es Fragen der Fairness und Transparenz und rechtliche Anfechtungen geben, und ich denke, dass diese rechtlichen Anfechtungen sehr bald beginnen werden.

- Bradford Newman,
Vorstandsvorsitzender, Trade Secrets Practice, Baker McKenzie

WIE ALTERSDISKRIMINIERUNG UND KULTURELLES UNVERSTÄNDNIS IM ZEITALTER AUTOMATISIERTER ENTSCHEIDUNGEN ZUR ENTLASSUNG FÜHREN KÖNNEN

Sie waren der Stolz des Finanzunternehmens, bei dem Sie 30 Jahre lang gearbeitet haben. Sie kamen direkt von der Universität und traten direkt in die Firma ein. Als eine der ersten Latina-Frauen, die dort eingestellt wurden, gewannen Sie eine Auszeichnung nach der anderen und zogen mehr als die Hälfte der größten Kunden des Unternehmens an Land. Sie haben dreimal härter gekämpft als jeder Mann oder jede weiße Frau, um sich zu beweisen. Sie haben nachts und an den Wochenenden gearbeitet und geweint, wenn Sie die ersten Schritte Ihrer Tochter, Musikaufführungen und Quinceañera-Vorbereitungen verpasst haben. Aber Sie glaubten, dass sich das Opfer lohnen würde, weil Sie

Ihren Kindern die wichtigste Lektion von allen beibringen würden – dass man seine Träume realisieren kann, wenn man hart arbeitet. Sie sind zum ultimativen Symbol für beruflichen Erfolg aufgestiegen: Partner. Doch dann hat sich Ihr Schicksal zum Schlechten gewendet, und Sie konnten nicht verstehen, warum oder was der Grund dafür war. Plötzlich bedeutete all die harte Arbeit nichts mehr. Ein neuer Algorithmus für das Leistungsmanagement, den die Personalabteilung des Unternehmens gerade ausprobiert, hat Sie als „Fluchtrisiko" eingestuft. Dies löste ein KI-System aus, das Ihre Tastatureingaben, den von Ihrer Krankenversicherung zur Verfügung gestellten Fitnesstracker und Ihr Telefon überwacht – einschließlich Ihrer Kalendertermine, Apps für die Arbeitssuche, Internetsuchen, aber vor allem die GPS-Daten, die jederzeit zeigen, wo Sie sich aufhalten.

Nach intensiver Prüfung entschied die KI schließlich, dass Sie nicht zu einem Konkurrenten wechseln wollten. Der Algorithmus für das Leistungsmanagement hat entschieden, dass die Konkurrenz Sie mit 50 Jahren nicht einstellen würde. Da Sie jedoch in letzter Zeit Kunden zu Hause statt im Büro besucht haben, kam der Algorithmus zu dem Schluss, dass Sie versuchen, die Kunden der Firma zu stehlen, um ein eigenes Unternehmen zu gründen. Als zusätzlicher Beweis wurde angeführt, dass Sie vor Kurzem auf einer Social-Media-Website die Gruppe „50-plus-Unternehmer" abonniert und aktiv gepostet hatten. Niemand hat Ihnen gesagt, was der Algorithmus gefunden hat oder warum er Sie überhaupt als fluchtgefährdet eingestuft hat. Dazu ist das Unternehmen rechtlich nicht verpflichtet. Da Sie aber in einem Land arbeiten, in dem jederzeit fristlos gekündigt werden kann, werden Sie gekündigt.

Sie würden nicht nur keine Abschiedsfeier und keine Anerkennung für eine fantastische Karriere seitens des Unternehmens und Ihrer Kollegen erhalten, sondern Ihre Karriere würde nun ein abruptes und unrühmliches Ende finden. Anstelle einer großen Feier werden Sie gezwungen, alles, was Sie in Ihren 30 Dienstjahren von der Firma erhalten hatten, abzugeben, und werden von Wachen hinausbegleitet. Da Daten von Ihrem Fitnesstracker, Ihrem Auto, Ihrem Telefon und Ihrem Laptop gesammelt werden konnten, würden diese nun von der Firma als Beweismittel im Falle einer Klage wegen unrechtmäßiger Kündigung verwendet.

Sie haben sich machtlos gefühlt und eingeengt in der Mitfahrgelegenheit, zu der Sie gezwungen waren, weil Sie keinen Firmenwagen mehr haben. Auf der Heimfahrt dachten Sie nur: *Wie konnte das nur so furchtbar schiefgehen?* Dann wurde aus Trauer Panik, als Sie sich fragten, wie Sie Ihre erwachsenen Kinder und Ihre Mutter, die bei Ihnen leben, weiterhin unterstützen sollten. Sie waren nicht auf einen Vorruhestand vorbereitet. All Ihre Ersparnisse waren in die Finanzierung des Studiums Ihrer Kinder und die ständige Pflege Ihrer demenzkranken Mutter geflossen. Wie konnte das passieren?

Als Sie die Hand Ihrer Mutter hielten, liefen Ihnen die Tränen über das Gesicht, und Sie ließen im Geiste alles noch einmal Revue passieren, was Sie im letzten Monat seit der Einführung des Algorithmus getan hatten. Sie hatten tiefe und bedeutungsvolle Beziehungen innerhalb der mexikanischen Geschäftswelt aufgebaut, indem Sie bei den Quinceañeras ihrer Töchter und in jüngster Zeit beim Día de los Muertos („Tag der Toten" – in der mexikanischen Kultur versammeln sich Freunde und Familie an diesem Tag, um für verstorbene Angehörige zu beten und ihrer zu gedenken) anwesend waren. Während Sie mit ihnen zu Hause feierten, entdeckten Sie, dass viele von ihnen eine neue Gruppe namens „50-plus-Unternehmer" abonniert hatten, also traten Sie ebenfalls bei. Aber Sie konnten sich nicht vorstellen, dass irgendetwas davon für Ihre derzeitige Situation von Bedeutung war. Sie taten es ab. Es blieb keine Zeit, zurückzublicken; Sie hatten ohnehin weder die Zeit noch das Geld, einen Anwalt zu engagieren. Sie mussten weitermachen. Das bedeutete, einen neuen Job in einem Alter zu bekommen, in dem man eigentlich so langsam an den Ruhestand denken konnte. Dieses Mal würden Sie Geld für den Ruhestand zurücklegen. Sie würden jeden Job annehmen, der es Ihnen ermöglicht, die Rechnungen zu bezahlen.

Fragen, über die Sie nachdenken sollten:
(Machen Sie das Quiz online unter www.AITruth.org)

- Hätte der Algorithmus zur Mitarbeiterüberwachung ungewöhnliche Aktivitäten rund um den „Tag der Toten" angezeigt, wenn jemand mit mexikanischer Herkunft an seiner Entwicklung beteiligt gewesen wäre?

- Gibt es Datenquellen, die zur Kennzeichnung dieses Feiertags im Algorithmus hätten verwendet werden können?

- Ist es die übliche Praxis von Datenwissenschaftlern, nach solchen Dingen zu suchen, bevor sie einen Algorithmus zur Verwendung freigeben?

- Gibt es eine *rechtliche Verpflichtung* für Datenwissenschaftler, nach solchen Dingen zu suchen, bevor sie einen Algorithmus zur Verwendung freigeben?

- Haben Datenwissenschaftler ein Standardarbeitsmodell für die Algorithmenentwicklung?

- Wird der Algorithmus jemals von selbst mit diesen Informationen aktualisiert werden, ohne dass eine von der Datenwissenschaft initiierte Feedbackschleife entsteht?

- Auf welche Weise kann das Data-Science-Team erfahren, dass der Algorithmus neu trainiert werden muss?

- Ist es wahrscheinlich, dass das Unternehmen ein internes Berufungsverfahren für die Entlassung durch einen Algorithmus hat?

- Hätte das Unternehmen bei der Umsetzung der Algorithmen für das Leistungsmanagement und die Mitarbeiterbeobachtung etwas anders machen können?

- Glauben Sie, dass es vor seiner Veröffentlichung an verschiedenen Gruppen getestet wurde?

- Wenn das Finanzunternehmen die Algorithmen weiterhin so einsetzt, welche Probleme sehen Sie dann in der Zukunft auf das Unternehmen zukommen, wenn immer mehr Minderheiten entlassen werden müssen?

Diese Geschichte wurde durch die folgenden Schlagzeilen inspiriert: „IBM kann mit 95-prozentiger Genauigkeit vorhersagen, welche Mitarbeiter kurz davor sind, ihren Job zu kündigen"[1]; „Arbeitnehmer haben ein großes Geheimnis: ihr Alter"[2]; „Chefs können jeden Ihrer Schritte überwachen – und möglicherweise noch mehr".[3] Weitere Informationen finden Sie in der Rubrik Anmerkungen.

EINE BEWERTUNGSLEKTION VON EINEM LEHRER AUS HOUSTON, DER SONDERSCHULLEHRER IST

KI-basierte Bewertungssysteme sollten mit „Trainingsdaten" gefüttert werden, um daraus zu lernen. Theoretisch kann das Lernmodell dann anhand dieser Daten Muster dafür finden, was einen „guten" Lehrer ausmacht. Oft gibt es jedoch nicht genügend Datenmerkmale, damit das Modell zu genauen Ergebnissen kommt. Lehrer X hat zum Beispiel

35 Schüler, von denen 20 Prozent auf der Bestenliste stehen und 20 Prozent in der Sonderschule sind. Die Sonderschüler konnten ihre Testergebnisse um ein Prozent steigern, was im Vergleich zu den Leistungen der Sonderschüler im Bundesstaat erstaunlich ist. Von den Schülern mit Auszeichnung, die von diesem Lehrer unterrichtet wurden, konnten zehn Prozent ihre Noten verbessern, was ein durchschnittlicher Wert ist, da die Noten der Schüler mit Auszeichnung oft schon zu den besten Noten gehören. Die anderen 60 Prozent der Klasse steigerten ihre Testergebnisse im Durchschnitt um 30 Prozent, was zehn Prozent über dem Landesdurchschnitt liegt. Diese Datenmenge würde ausreichen, um eine echte Bewertung vorzunehmen.

Glauben Sie, dass frühere Algorithmen mit diesem Informationsstand „trainiert" worden sind? Nein. Stattdessen wurde beispielsweise in Houston ein Lehrer danach benotet, wie gut seine Schüler in einem Value-Added-Modell abgeschnitten haben, das aufgrund der Ungenauigkeit der Daten eine starke Überanpassung aufwies.[4] Was ich mit der Ungenauigkeit der Daten meine, ist Folgendes: Die Lehrer mit Schülern aus dem Mittelfeld hatten mehr Spielraum für Verbesserungen bei den Testergebnissen. Auf diejenigen, die entweder Sonderschüler oder Schüler mit Auszeichnung unterrichteten, traf dies nicht zu, da diese Schüler entweder Lerndefizite hatten oder bereits sehr gute Ergebnisse erzielten, was bedeutete, dass sie nur noch wenig Verbesserungspotenzial hatten.

So oder so ging es bei der Bewertung der Mitarbeiter eher darum, wie viel Raum für Verbesserungen vorhanden war, als um die Fähigkeit des Lehrers, diese Verbesserungen zu erreichen. Lehrer, die Kinder mit besonderen Leistungen hatten, schienen also schlechter abzuschneiden als die Lehrer, die Kinder im mittleren oder durchschnittlichen Bereich hatten. Dies waren ungerechte Methoden, um die Effizienz von Lehrern zu messen. Ein weiteres Problem bei KI-basierten Bewertungssystemen ist, dass es oft nicht genügend Daten gibt, aus denen man lernen kann. In diesem Fall kann die Anzahl der Schüler, die ein Lehrer hat, nur 35 betragen. KI-basierte Methoden benötigen mindestens 100 Datensätze oder mehr, um eine wirklich repräsentative Stichprobe zu erhalten, aus der man lernen kann. Auch wenn man alle Schüler aller Lehrer über einen Kamm scheren könnte, sind die Lernverteilung und das Verbesserungspotenzial der einzelnen Schüler aufgrund zahlreicher Faktoren, die oft nichts mit dem Engagement, der Kreativität oder der Effizienz des Lehrers im Unterricht zu tun haben, sehr unterschiedlich.

Und schließlich, und das ist das Wichtigste, muss festgelegt werden, was „am besten" oder „am effektivsten" ist oder welches spezielle Kriterium auch immer zur Bewertung des Mitarbeiters herangezogen wird. Das Gefährliche am Einsatz von KI-basierten Bewertungssystemen ist, dass man versuchen wird, dies in großem Umfang und mit so wenig menschlichen Eingriffen wie möglich zu tun, da der Sinn des Systems darin besteht, Geld zu sparen oder effizientere Bewertungen als Menschen vornehmen zu können. Es gibt einige Möglichkeiten, wie ich das Training des Modells daraufhin, wer der „beste Mitarbeiter" oder, in unserem Beispiel, der „beste Lehrer" ist, vermasseln kann. Zunächst kann ich alle Mitarbeiter, die in der Vergangenheit die besten Bewertungen erhalten haben, zusammenfassen und nach Tendenzen unter ihnen suchen. Diese Bewertungsmethode wäre jedoch mit Problemen behaftet, da die von mir in der Vergangenheit abgegebenen Bewertungen 1) möglicherweise nicht auf logischen Kriterien beruhten, 2) sehr subjektiv und inkonsistent gewesen sein könnten und 3) möglicherweise nicht mit den Kriterien übereinstimmen, die heute für die Erstellung von Ranglisten verwendet werden. Diese Inkongruenz der Daten zwischen den Kriterien der Vergangenheit und der Gegenwart ist wahrscheinlich eine der größten Herausforderungen bei der Festlegung idealer Trainingsdaten für das Modell, aus denen es lernen soll. Vor allem, wenn ich in der Vergangenheit eine besondere Art von Kontextdaten, wie Empfehlungskarten oder Elternbriefe oder nicht mehr existierende Daten, digitalisiert und berücksichtigt habe. Dann gibt es noch das Problem der fehlenden Daten, die dazu führen, dass die Ergebnisse nicht mehr exakt sind. Sie werden nicht mit Sicherheit wissen, ob es sich dabei tatsächlich um die Art von Werten handelt, die die Schule oder Organisation damals fördern wollte, verglichen mit den Kriterien von heute. Mit anderen Worten, es ist möglicherweise nicht einmal möglich, die alten Daten, die für frühere Bewertungen verwendet wurden, auf ein neues Bewertungssystem anzuwenden.

Stattdessen werden viele Datenwissenschaftler versuchen, Ersatz für diese Daten zu finden, anstatt entweder zuzugeben, dass sie ein völlig neues Bewertungssystem entwickeln müssen, oder sie werden zusätzliche Zeit in die Digitalisierung alter Daten, wie zum Beispiel Briefe oder Empfehlungskarten, investieren müssen, um sicherzustellen, dass das neue Bewertungssystem dieselben Informationen erfassen kann. Darüber hinaus müssen neue Methoden der Datenerfassung entwickelt werden, um eine kontinuierliche Aktualisierung des Modells zu gewährleisten. Schließlich müssen Feedbackschleifen geschaffen werden. Warum sind Feedbackschleifen wichtig, und was bewirken sie? Feedbackschleifen sorgen für eine Kontrolle und ein Gleichgewicht des Systems, sodass der Ersteller des Algorithmus nachvollziehen kann, wie das System funktioniert. Alle Korrekturen oder Optimierungen können vorgenommen werden, damit das System so unvoreingenommen wie möglich bleibt und die Wahrscheinlichkeit verringert wird, dass etwas Größeres schiefgeht, was letztendlich dazu führen könnte, dass jemand seinen Arbeitsplatz verliert, das Unternehmen wegen unlauterer Praktiken verklagt wird, der Ruf der Marke beschädigt wird und vieles mehr.

Feedbackschleifen ermöglichen es den Menschen, die von diesen Bewertungen betroffen sind, zu sehen und zu verstehen, wie sie bewertet wurden, und Einspruch zu erheben, wenn sie die Bewertung für ungerecht halten. Stellt sich heraus, dass die Bewertung ungerecht ist, kann der Algorithmus nicht nur für den betroffenen Mitarbeiter korrigiert werden, sondern auch für alle Bereiche, die zu einer ungerechten Bewertung geführt haben. Doch damit all dies möglich ist, müsste ein formelles Verfahren zur Überprüfung von Algorithmen eingeführt werden. Dies erfordert in der Regel einige Experten für den Bewertungsprozess aus der Schulverwaltung, Lehrer und auch eine Gruppe von Datenwissenschaftlern, um sicherzustellen, dass das Feedback ordnungsgemäß in den Algorithmus einfließt. Sobald die Bewertungskriterien und Datenquellen festgelegt sind und die Schulleitung, die Eltern und die Lehrer zugestimmt haben, muss in einem letzten Schritt sichergestellt werden, dass die Technologie ordnungsgemäß mit anderen Informationssystemen der Schule zusammenarbeitet und dass sie in der Lage ist, auftretende Änderungen zu übernehmen. Wie gesagt, ohne ein regelmäßiges, formelles Überprüfungsverfahren werden diese Änderungen nicht umgesetzt und können daher auch weiterhin zu Katastrophen führen, wenn sie nicht vor dem nächsten Einsatz oder Mitarbeiterbeurteilungszyklus behoben werden.

Viele Unternehmen verfügen bereits über formelle Verfahren für die Einreichung von Einsprüchen gegen Mitarbeiterbewertungen oder -beurteilungen. Erkundigen Sie sich bei Ihrer Personalabteilung, um mehr über dieses Verfahren zu erfahren. Wenn Sie das Gefühl haben, durch ein Mitarbeiterbewertungssystem benachteiligt worden zu sein, und Sie Ihre internen Beschwerdemöglichkeiten erfolglos ausgeschöpft haben, dann versuchen Sie, den Namen der Gruppe herauszufinden, die den KI-basierten Algorithmus entwickelt hat. Sie sollten eine aktive Rolle bei der Verbesserung ihres Systems übernehmen wollen. Wenn das nicht funktioniert, lassen Sie alle Parteien, die nicht zuhören wollen, wissen, dass Sie die Geschichte an die Presse weitergeben werden. Sie können mir auch jederzeit eine Nachricht zukommen lassen.

VON KI BEI DER ARBEIT ÜBERWACHT WERDEN

Wir alle haben im Hinterkopf, dass wir höchstwahrscheinlich in irgendeiner Form bei der Arbeit durch unsere Computer oder Kameras am Arbeitsplatz überwacht werden. Ich stellte mir einen IT-Typen vor,

der irgendwo in einem dunklen Kämmerchen mit einem Turm von
Red-Bull-Dosen meine ganze Abteilung beobachtete und nur darauf
wartete, den Ersten von uns zu erwischen, der etwas Gewagtes oder
eine Website aufsuchte, die darauf hindeuten könnte, dass wir uns
nach einem anderen Job umsahen, oder, Gott bewahre, die endlosen
Einkaufsseiten, die in der Weihnachtszeit durchstöbert wurden; daher
die rapide zunehmende Nachlässigkeit. Ich wusste nur, dass einer von
uns irgendwann den Marsch der Schande zum Büro unseres Vizeprä-
sidenten antreten und für unsere IT-Fehltritte an den Pranger gestellt
würde. Diese Gedanken und Bilder gingen mir vor allem durch den
Kopf, als ich in meinen 20ern eine entbehrliche Nachwuchskraft war,
die viel zu beweisen hatte. Aber die Angst war real. Ich war in der Lage,
vieles schnell zu erledigen – zumindest dachte ich das, und meine
Theorie schien richtig zu sein, denn ich wurde immer gut bewertet.
Aber dadurch blieb mir oft viel Zeit für andere Projekte. Natürlich bot
ich an, zusätzliche Projekte zu übernehmen, aber manchmal gab es
keine, und so schlug ich die Zeit damit tot, mich über die Angebote
der Konkurrenz zu informieren oder Geschenke zu kaufen.

Mit großem Einfühlungsvermögen und Verständnis schaudere ich
daher, wenn ich an die KI-Überwachung am Arbeitsplatz denke. Es
gibt viele Gründe, die Arbeitgeber anführen, wenn sie den Einsatz von
KI zur Überwachung ihrer Mitarbeiter rechtfertigen. Einige Banken
und Investmentgesellschaften werden Ihnen erklären, dass damit
festgestellt werden soll, ob ihre Mitarbeiter kriminelle Handlungen
begehen. In Anbetracht einiger pikanter Schlagzeilen über Firmen wie
Goldman Sachs und JPMorgan Chase in der Vergangenheit neige ich
dazu, die Überwachung der Mitarbeiter für gerechtfertigt zu halten.
Aber einige Unternehmen haben es auf ein extremes Niveau gebracht.
Zwei davon sind Amazon und Three Square Market, ein 80-köpfiges
Technologieunternehmen mit Sitz in Wisconsin.[5]

Bei einer „Chips- und Salsa-Party" konnten sich die Mitarbeiter von
Three Square Market freiwillig Mikrochips von der Größe eines Reis-

korns zwischen Zeigefinger und Daumen implantieren lassen, die ihnen schnellen Zugang zum Kauf von Snacks im Laden, zum morgendlichen Einloggen und zum Zugang zu verschlossenen Türen gewähren. 50 der 80 Angestellten meldeten sich aus Bequemlichkeit freiwillig, darunter der Geschäftsführer und seine Familienangehörigen. Den Mitarbeitern, die noch unschlüssig waren, versicherte der CEO, dass die Daten nicht nachverfolgt würden und dass die Chips nicht GPS-fähig seien, sondern nur per Funk übertragen würden. 29 der Angestellten gaben an, Bedenken hinsichtlich der Privatsphäre zu haben, und ein Angestellter nannte die Angst vor Ansteckung, nicht die Angst, verfolgt zu werden.

Im Januar 2018 meldete Amazon ein Patent für ein elektronisches Armband an, das die Aufgaben der Mitarbeiter überwachen kann. Amazon hat es so konzipiert, dass es Ultraschallimpulse aussendet, um den Träger über den Standort des Inventars zu informieren und den Bedarf an Inventarscannern zu verringern. Amazon sagt, dass sie versuchen, den Abwicklungsprozess zu vereinfachen, indem sie die Hände der Abwicklungsmitarbeiter entlasten und die Belastung der Augen reduzieren. Inventarscanner sind Geräte, die die Mitarbeiter ohnehin tragen – das Armband würde dieses veraltete Gerät lediglich ersetzen. Paula Brantner von Workplace Fairness, einer gemeinnützigen Organisation, die sich für faire Arbeitsplätze einsetzt, äußerte sich skeptisch über die Absichten von Amazon. Amazon hat bestritten, dass es seine Mitarbeiter überwachen will, und hält an seiner Behauptung fest, die Ergonomie und Sicherheit der Mitarbeiter in der Auftragsabwicklung zu verbessern.

Da Arbeitgeber in der Lage sind, ihre Mitarbeiter über Videokameras, Post, E-Mails, Smartphones, Computernutzung und GPS-Tracking zu überwachen, war es noch nie so einfach wie mit dem maschinellen Lernen, personenbezogene Daten oder sensible private Informationen zu sammeln.

Die große Frage ist: Was geschieht mit Arbeitnehmern, die sich nicht an der Technologie beteiligen wollen? Viele Unternehmen behaupten zwar, die Technologie sei optional, aber ist sie das wirklich? Wird Ihre Weigerung Ihrer Karriere im Unternehmen schaden? Werden Ihre Vorgesetzten Ihre Vertrauenswürdigkeit infrage stellen? Werden andere, die den Chip oder das Armband haben, Sie von geselligen Zusammenkünften ausschließen? Wird es Arbeitgebern erschwert, im Büro zu arbeiten, wenn man keinen Chip hat? Ab wann steht man einfach auf der schwarzen Liste oder wird als nicht teamfähig angesehen, wenn man sich nicht an solchen Dingen beteiligt? Ganz zu schweigen von der Privatsphäre des Einzelnen am Arbeitsplatz, da immer mehr Daten über Toilettenpausen (deren Länge auf Krankheiten hinweisen könnte, die die Gesundheit oder Produktivität am Arbeitsplatz beeinträchtigen) und die Nähe zu anderen Arbeitnehmern verfügbar sind. Der Arbeitgeber weiß nun, wer Zeit miteinander verbringt, was zu Verdächtigungen führen könnte, wenn einer von ihnen kündigt, entlassen wird oder sich als Verdächtiger illegaler Aktivitäten erweist; oder schlimmer noch, jemand könnte behaupten, dass es eine verbotene Romanze am Arbeitsplatz gibt. Es gibt viele Möglichkeiten, sich chippen zu lassen, damit Unternehmen kriminelle Aktivitäten oder die Produktivität und den Betrieb am Arbeitsplatz überwachen können.

KI-ÜBERWACHUNG GEGEN INSIDERBEDROHUNGEN

Es gibt viele Gründe, warum Unternehmen ihre Mitarbeiter überwachen wollen. Kleinere Unternehmen versuchen in der Regel, ihre Produktivität zu maximieren und sicherzustellen, dass ihre geschützten Daten (einschließlich geistigen Eigentums und Kundenlisten mit deren Kontaktinformationen) nicht mit einem diebischen Vertriebs- oder Betriebsleiter aus der Tür gehen. Einige Unternehmen sind in die Schlagzeilen geraten, weil ihre eigenen Führungskräfte am Insiderhandel beteiligt waren; viele Unternehmen kämpfen darum, ihre Geschäftsgeheimnisse vor ausländischen Konkurrenten zu schützen, die ihre Reihen infiltrieren würden, indem sie Unternehmensspione aussenden, um ihnen sensible Informationen zukommen zu lassen. Was auch immer die Gründe sein mögen, 86 Prozent der Unternehmen setzen irgendeine Methode zur Überwachung der Benutzer ein.[6] Im Jahr 2021 bestätigten 61 Prozent der Unternehmen, dass es in den vergangenen zwölf Monaten zu Insiderangriffen auf ihre Organisation gekommen war, wobei 68 Prozent angaben, dass Insiderangriffe zugenommen hatten.[7]

Eine Insiderbedrohung ist eine böswillige Bedrohung für eine Organisation, die von Personen innerhalb der Organisation ausgeht, zum Beispiel von Mitarbeitern, ehemaligen Mitarbeitern, Auftragnehmern oder Geschäftspartnern, die über Insiderinformationen zu den Sicherheitspraktiken, Daten und Computersystemen der Organisation verfügen.

Zu diesem Zweck haben Goldman Sachs und Credit Suisse in Digital Reasoning Systems (DRS) investiert, das mithilfe von maschinellem Lernen Millionen von E-Mails, Anrufen, Videos und Kommunikationen aller Art zwischen Mitarbeitern und Kunden durchforstet, um untypische Kommunikationsmuster zu erkennen, die auf eine Insiderbedrohung oder einen Verstoß hinweisen könnten. Bei Verdacht auf einen Verstoß wird eine Warnmeldung an die für die Einhaltung der Vorschriften zuständigen Mitarbeiter des Unternehmens gesendet, damit diese weitere Untersuchungen durchführen können.[8] Unternehmen, bei denen es in der Vergangenheit zu schwerwiegenden Verstößen gekommen ist, suchen nach Möglichkeiten, ihren Kunden durch Investitionen in Software wie DRS ein positives Signal zu senden, um das Vertrauen der Kunden und – was noch wichtiger ist – ihre Investitionen zurückzugewinnen.

Wenn Sie also ein Angestellter einer Bank oder eines Finanzdienstleistungskonzerns sind, können Sie verstehen, dass die Kunden sich darüber freuen, dass Sie überwacht werden. Man verzeiht gewissermaßen, dass das, was man bei der Arbeit tut, unter die Lupe genommen wird, denn 1) man weiß, dass es unter den Kollegen allgemein üblich ist und man nicht herausgegriffen wird, und 2) man würde sich wünschen, dass jemand beim Schutz seiner Geldanlagen die gleiche Sorgfalt walten lässt.

Doch wann hört die Überwachung auf und wo beginnt die Privatsphäre der Mitarbeiter? Ist am Arbeitsplatz nichts tabu? Sind alle Gründe für ein derartiges Eindringen akzeptabel? Wo verläuft die Grenze in den Köpfen der Arbeitnehmer? Ab welchem Punkt suchen sie Rache oder entlarven jemanden, weil sie übermäßig überwacht werden und keine Handlungsmöglichkeiten haben? Ab welchem Punkt betrachten Arbeitgeber diese Lücke als zu groß? Ab welchem Punkt tun es die Mitarbeiter? Gibt es eine große Kluft zwischen den beiden Wahrnehmungen? Wenn eine große Lücke entsteht, wie wirkt sich das auf die Kultur der Organisation aus?

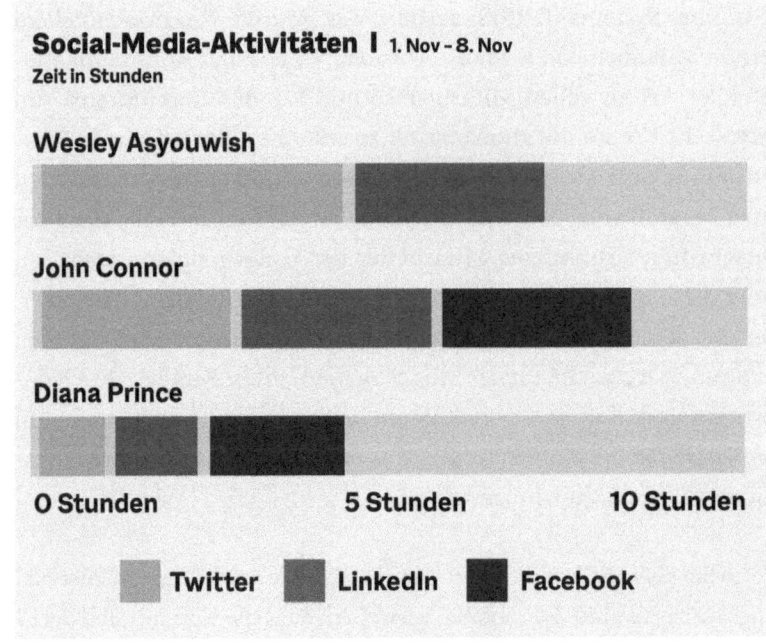

Social-Media-Aktivitäten I 1. Nov – 8. Nov
Zeit in Stunden

Wesley Asyouwish

John Connor

Diana Prince

0 Stunden   5 Stunden   10 Stunden

■ Twitter ■ LinkedIn ■ Facebook

Veriato ist eine Software, die Mitarbeiter überwacht und sogar eine Videowiedergabe aller Aktivitäten auf dem Bildschirm sowie Produktivitätsberichte und Warnmeldungen liefern kann. Die Software für Insiderbedrohungen bietet KI-gesteuerte Analysen des Nutzerverhaltens. Auf der Website des Unternehmens heißt es: „Arbeitgeber können alles aufzeichnen und überprüfen, was ihre Mitarbeiter auf ihren PCs, Macs und Android-Geräten tun. 1) Stellen Sie fest, welche Mitarbeiter den halben Tag auf Facebook, Amazon oder beim Fantasy Football verbringen. 2) Erhalten Sie regelmäßige Produktivitätsberichte über Ihre Mitarbeiter (täglich, wöchentlich, monatlich). 3) Ermitteln Sie präzise, wie lange die Mitarbeiter ‚aktiv‘ arbeiten. 4) Bereiten Sie der riskanten und unangemessenen Nutzung des Internets ein Ende. 5) Überwachen Sie die Produktivität von Fernarbeitern. 6) Untersuchen Sie verdächtige Aktivitäten. 7) Schutz vor Datendiebstahl." Der Screenshot der Website von Veriatos „Social Media Activity"-Diagramm, in dem Namen mit farbigen Balken dargestellt sind, zeigt, welche sozialen Medien jeder Mitarbeiter wie lange genutzt hat.

Sollte es eine Erwartung an die Privatsphäre am Arbeitsplatz geben? Gehört alles, was Sie tun, dem Unternehmen, einschließlich Ihrer Kontakte oder Netzwerkmitglieder? Was ist mit Arbeiten, die Sie in Ihrer Freizeit erledigen?

MITARBEITERÜBERWACHUNG SENKT MORAL UND PRODUKTIVITÄT

Die KI-gestützte Überwachung der Mitarbeiter zu Produktivitätszwecken ist für die Mitarbeiter ein Stimmungskiller. Die Überwachung kann zu einer vorübergehenden Steigerung der Produktivität und zu angemessenem Verhaltens führen, aber sie schafft auch ein feindseliges Umfeld für die Mitarbeiter und vermittelt die Botschaft: „Wir trauen euch nicht." Der Einsatz von Webcams, die ständig eingeschaltet sind, Tastendruckdetektoren und die Überwachung sozialer Medien haben zum Burn-out von Mitarbeitern beigetragen. Besonders stressig kann es sein, wenn die Kollegen die Maßstäbe für die Effizienz vorgeben und damit einen Gruppendruck erzeugen, auf dem gleichen Niveau zu arbeiten. Die Arbeitnehmer der unteren Ebenen, die am meisten Stress haben, verdienen oft am wenigsten und haben am meisten zu verlieren, wenn sie ihren Arbeitsplatz verlieren. Diese Arbeitnehmer dürfen 15-Minuten-Pausen und 30 Minuten Mittagspause machen. Die Arbeitszeit der Arbeitnehmer ist jedoch von acht Stunden im Büro auf elf Stunden pro Tag bei der Heimarbeit während der Pandemie gestiegen.[9] Gartner, ein führendes Technologieforschungs- und -dienstleistungsunternehmen, hat herausgefunden, dass Arbeitgeber, die das Leben ihrer Mitarbeiter in Pandemiezeiten unterstützen, die Zahl der Leistungsträger um 21 Prozent erhöht haben und dass 20 Prozent mehr Mitarbeiter über eine bessere geistige und körperliche Gesundheit berichten, was laut Gartner die Produktivität steigert.[10]

WAS SIND IHRE RECHTE?

Die Überwachung von Arbeitnehmern gibt Arbeitgebern die Möglichkeit, Mitarbeiter zu entlassen, und Sie haben keine rechtliche Handhabe, wenn Ihre vermeintlichen Rechte verletzt werden, ganz gleich, ob Sie zu Hause Ihr persönliches Social-Media-Konto oder am Arbeitsplatz einen Bürocomputer nutzen.

Bislang gibt es keine Bundesgesetze, die regeln, wie weit ein Arbeitgeber bei der Überwachung gehen darf. Und was passiert, wenn Sie sich nicht an der Überwachung beteiligen? Was passiert, wenn Sie sich weigern, eine App auf Ihr persönliches Telefon herunterzuladen, die Ihren Aufenthaltsort per GPS überwacht? Eine Frau wurde entlassen, weil sie sich dagegen wehrte, nachdem sie herausgefunden hatte, dass ihr Aufenthaltsort überwacht wurde, selbst nachdem sie den Arbeitsort verlassen hatte. Sie löschte die Xora-App (jetzt StreetSmart) von ihrem Telefon und wurde deshalb gekündigt.[11]

Das Schlimmste an der Mitarbeiterüberwachung ist vielleicht, dass Menschen aufgrund punktueller digitaler Informationen ihren Arbeitsplatz verlieren können. Oft suchen Arbeitgeber nach Anzeichen dafür, dass Sie während der Arbeitszeit im Internet einen anderen Job suchen, die Produktivität durch Shoppen oder Müßiggang auf Social-Media-Konten verringern, über das Unternehmen tratschen, mit Kunden sprechen, Geschäftsgeheimnisse weitergeben, sensible Kundendaten zum Zwecke des Identitätsdiebstahls herunterladen oder andere Straftaten begehen, zum Beispiel falsche Konten erstellen, um Quoten zu erfüllen.

Aber könnte es sein, dass sie einfach nur große Stücke auf Sie halten oder Ihre persönlichen Daten für ihre Zwecke nutzen wollen? Sollen wir glauben, dass Menschen, die jede Sekunde des Tages wissen könnten, wo wir uns aufhalten, nur unser Bestes im Sinn haben? Die Frau, die die Xora-App gelöscht hat, wurde entlassen, aber ihr wurde auch von ihrem Vertriebsleiter eröffnet, dass er sogar wusste, wie schnell sie fuhr.[12] Es tut mir leid, aber nein! Auf welchem Planeten ist das nicht unheimlich? Und warum sollte es keine Oversight- oder Compliance-Maßnahmen für den Fall geben, dass Chefs oder andere Mitarbeiter das KI-Tracking auf ein unheimliches Niveau heben? Doch die Arbeitnehmer, die keine andere Möglichkeit sehen, als zu kündigen und zu klagen, hören selten von Compliance-Maßnahmen. Auch das Ausmaß, in dem diese Richtlinien innerhalb von Organisationen existieren, ist ein gutes Thema, das es zu untersuchen lohnt.

KÖNNTE KI ARBEITNEHMER IDENTIFIZIEREN, DIE KÜNDIGEN MÖCHTEN?

IBM gab im April 2019 bekannt, dass es mit 95-prozentiger Genauigkeit vorhersagen kann, welche Arbeitnehmer kurz davor sind, ihren Job zu kündigen.[13] Sie nannten es ein „vorausschauendes Fluktuationsprogramm". Als ich diese Schlagzeile sah, war IBM gerade dabei, mehr als 20.000 Arbeitnehmer über 40 Jahren zu kündigen und zu entlassen.[14] Es dauert nicht lange, um herauszufinden, wen sie mit diesem „prädiktiven Fluktuationsprogramm" ansprechen könnten. Während sie Tausende von älteren Arbeitnehmern entlassen, die höhere Gehälter als Berufsanfänger verdienen, können sie vor Gericht geltend machen, dass die Arbeitnehmer wahrscheinlich ohnehin gekündigt hätten. „[Die ehemalige IBM-CEO] Ginny Rometty wollte die ‚Geheimzutat' nicht verraten, die es der KI ermöglichte, Arbeitnehmer, die kurz vor der Kündigung waren, zielsicher zu erkennen. Rometty verriet nur so viel, dass ihr Erfolg auf der Analyse vieler Datenpunkte beruht."[15]

IBM könnte auch behaupten, sein Algorithmus sei ein Geschäftsgeheimnis, sodass das Unternehmen nicht genau angeben müsste, welche Faktoren (wie Alter, Betriebszugehörigkeit oder Gehaltsniveau) der Algorithmus bei seiner Entscheidung gewichtet hat. IBM-Führungskräfte haben gegenüber den Medien erklärt, dass sie froh sind, wenn sie ihre Mitarbeiter besser halten können. Sie gingen sogar so weit, dass sie vor Kurzem die Beschreibung des Programms änderten und versuchten, dem KI-Produkt einen anderen Anstrich zu geben, indem sie es als „proaktives Retentionstool" bezeichneten.[16]

KÖNNTE KI DEN MENSCHEN
BEI DER ARBEIT ERSETZEN?

Eine Umfrage von ZipRecruiter unter 11.000 Arbeitnehmern ergab, dass 58 Prozent der Arbeitssuchenden glauben, dass KI mehr Arbeitsplätze vernichtet als schafft wird.[17] Allerdings ist es nicht annähernd so einfach, uns zu ersetzen, wie man derzeit denkt. Die KI kann vorerst nur die sich wiederholenden *Aufgaben* eines Arbeitsplatzes übernehmen, nicht aber den gesamten Arbeitsplatz. Wie schnell Sie ersetzt werden könnten, hängt davon ab, was Sie tun, wie viel elektrische Energie es kostet, ein Computerprogramm laufen zu lassen, das das Äquivalent zu Ihrer Arbeit leistet, und wie viel Lesen, Denken und Überlegungen in Ihre Arbeit einfließen. KI, die in der Lage ist, Arbeitnehmer zu ersetzen, wird als „Automatisierung" bezeichnet. Unter Automatisierung versteht man die Technik, ein Gerät, einen Prozess oder ein System automatisch arbeiten zu lassen. Einfachere Versionen der Automatisierung werden als robotische Prozessautomatisierung bezeichnet. Es gibt aber auch andere Beispiele für Automatisierung, wie fahrerlose Fahrzeuge, Roboter und Softwarecodes, die zwischen großen Unternehmenssystemen (zum Beispiel Oracle, SAP, Salesforce) ausgetauscht werden.

Die Automatisierung wird durch die Codierung einer Reihe statischer Anweisungen in Systemen erreicht, oder sie kann auf KI basieren, die ständig lernt und sich ständig verändert. Derzeit ist es schwierig, KI zwischen Unternehmenssystemen (wie den SAP-Systemen dieser Welt) einzusetzen, da diese Systeme in den meisten Unternehmen aus den 1980er-Jahren stammen. Es sind umfangreiche Upgrades erforderlich, und es kostet viel Geld, um die Systeme so weit zu bringen, dass sie mit den sich ständig ändernden Regeln, die die KI einprogrammieren würde, vollständig automatisiert werden können. Viele Unternehmen sind also noch nicht bereit, sich auf diese Ebene der KI einzulassen, weil sie verdammt teuer ist! Juhu! Sie können Ihren Job noch ein wenig länger behalten, zumindest so lange, bis es billiger ist, Sie zu ersetzen –

und dann ist Vorsicht geboten. Aber wenn Sie jetzt damit anfangen, können Sie auf jeden Fall einige andere, weniger ersetzbare Fähigkeiten erlernen. Welche sind das genau? Nun, ich bin nur ein bisschen bissig, wenn ich sage, dass nicht einmal die Experten wissen, was KI noch *nicht* kann. Ja, das stimmt. Das ist richtig. Aber darüber sollten wir uns keine Sorgen machen.

IBM definiert drei Stufen der Prozessautomatisierung: einfach, fortgeschritten und intelligent. „Bei der *grundlegenden Prozessautomatisierung* wird dem Roboter beigebracht, einfache Anwendungsaufgaben auszuführen und vorgegebenen Bahnen zu folgen. Bei der *fortgeschrittenen Prozessautomatisierung* folgt der Roboter vorgegebenen Pfaden durch Systeme, führt komplexe Berechnungen durch und löst nachgelagerte Aktivitäten aus. Bei der *intelligenten Prozessautomatisierung* verfügt der Roboter über autonome Entscheidungsfähigkeiten und kann durch eine Kombination aus fortschrittlichen Algorithmen und verschiedenen Arten von KI mit dem Menschen interagieren."[18] Dies sind allgemein akzeptierte Konzepte der Prozessautomatisierung in der Automatisierungsbranche.

Der Punkt ist, dass es einen Unterschied zwischen einer KI-gesteuerten Version der Automatisierung (oben als „intelligente Prozessautomatisierung" bezeichnet) und der guten alten Basisautomatisierung gibt. Die Basisautomatisierung besteht aus einer Reihe von kleinen Softwareprogrammen, den sogenannten Bots. Für alle, die mit dem Begriff „Makro", wie er in Microsoft Excel verwendet wird, vertraut sind, sind Bots wie kleine Makros, die normalerweise nur eine Aufgabe ausführen. Dabei handelt es sich nicht um winzige physische Roboter, wie Sie sie vielleicht im Disney-Pixar-Film *WALL-E* gesehen haben. Sie sind buchstäblich kleine Code-Bits, die mit einer ganz bestimmten Aufgabe verbunden sind. Zum Beispiel: „Öffne CRM-System", „Starte Programm Y", „Beende Programm Y". Sie werden zu wirksamen Aktionen, wenn sie aneinandergereiht und einer Befehlszeile und einem System zugeordnet werden.

Der erste Schritt auf dem Weg eines Unternehmens zur Operationalisierung der Automatisierung besteht darin, Aufgaben abzubilden, die sich wiederholen und auf Regeln basieren. Bevor eine große Investition getätigt wird, führt ein Berater, der Geschäftsprozessautomatisierung oder -optimierung (kurz BPA oder BPO) anbietet, eine Bewertung durch, wie viele Vollzeitbeschäftigte (FTEs) für die Durchführung der Arbeit erforderlich wären. Dann wird in der Regel aus Gründen der Kostensenkung und Effizienzsteigerung die Zahl der Vollzeitbeschäftigten reduziert, die durch Bots ersetzt werden. (Siehe das folgende Beispiel des BPO-Anbieters AntWorks.) Ganz unten in der Grafik sehen Sie, dass die sich wiederholenden Arbeiten, die die Mitarbeiter in diesem Versicherungsmaklerbüro früher erledigt haben, durch den Einsatz von Bots von einer Viertelstunde auf zwei Minuten reduziert wurden. Dies könnte dazu führen, dass eine erhebliche Anzahl von Arbeitnehmern verdrängt wird. Es ist sehr wahrscheinlich, dass dies nur ein Teil der Arbeit war und nicht die gesamte Tätigkeit des Arbeitnehmers. Bei uns Arbeitnehmern mischen sich oft strategische Aufgaben mit sich wiederholenden und offen gesagt langweiligen Aufgaben. Zwar können die langweiligen Aufgaben von den Bots erledigt werden, aber die Menschen werden trotzdem entlassen, weil sich ihre Aufgaben auf die strategisch wichtigsten Elemente beschränken werden. Diese Arbeitsplätze werden neu definiert und möglicherweise besser bezahlt. Sie können auch ein höheres Qualifikationsniveau erfordern.

Stellen Sie sich nun vor, es wären überhaupt *keine* Menschen an der Grafik beteiligt. Dann hätten Sie eine wirklich „intelligente Automatisierung". Das ist der Traum der Leute von der Geschäftsprozessautomatisierung. Je weniger der Mensch jedoch involviert ist, desto weniger können wir kontrollieren, ob die intelligenten Automatisierungen nicht fehlerhaft funktionieren oder falsche Informationen lernen. Die Automatisierung macht es dem Menschen schwer, zu wissen, wann er eingreifen muss. Deshalb wird die Fähigkeit, diese intelligenten Automatisierungssysteme zu überwachen und ihnen laufend Rückmeldungen zu geben, in Zukunft so wichtig sein.

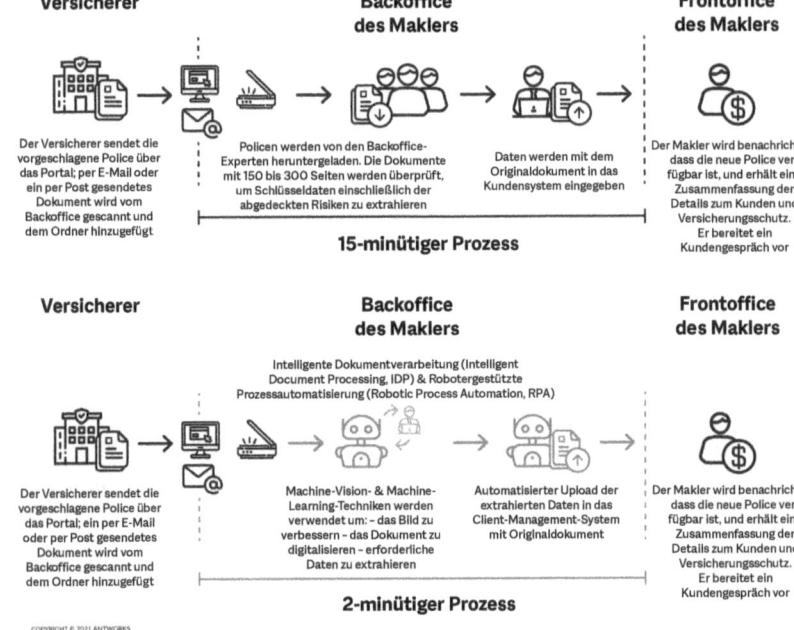

Intelligente Automatisierung im Backoffice des Versicherungsmaklers Global Commercial

Versicherer — **Backoffice des Maklers** — **Frontoffice des Maklers**

Der Versicherer sendet die vorgeschlagene Police über das Portal; per E-Mail oder ein per Post gesendetes Dokument wird vom Backoffice gescannt und dem Ordner hinzugefügt

Policen werden von den Backoffice-Experten heruntergeladen. Die Dokumente mit 150 bis 300 Seiten werden überprüft, um Schlüsseldaten einschließlich der abgedeckten Risiken zu extrahieren

Daten werden mit dem Originaldokument in das Kundensystem eingegeben

Der Makler wird benachrichtigt, dass die neue Police verfügbar ist, und erhält eine Zusammenfassung der Details zum Kunden und Versicherungsschutz. Er bereitet ein Kundengespräch vor

15-minütiger Prozess

Versicherer — **Backoffice des Maklers** — **Frontoffice des Maklers**

Intelligente Dokumentverarbeitung (Intelligent Document Processing, IDP) & Robotergestützte Prozessautomatisierung (Robotic Process Automation, RPA)

Der Versicherer sendet die vorgeschlagene Police über das Portal; ein per E-Mail oder per Post gesendetes Dokument wird vom Backoffice gescannt und dem Ordner hinzugefügt

Machine-Vision- & Machine-Learning-Techniken werden verwendet um: – das Bild zu verbessern – das Dokument zu digitalisieren – erforderliche Daten zu extrahieren

Automatisierter Upload der extrahierten Daten in das Client-Management-System mit Originaldokument

Der Makler wird benachrichtigt, dass die neue Police verfügbar ist, und erhält eine Zusammenfassung der Details zum Kunden und Versicherungsschutz. Er bereitet ein Kundengespräch vor

2-minütiger Prozess

Ich habe mit einer Chief Data Officer einer führenden Bank über ihre Fähigkeit gesprochen, die Arbeit eines Menschen vollständig zu automatisieren, und sie sagte, dass man in Wirklichkeit nur Bits und Bytes der Arbeit eines Menschen automatisieren kann, aber nicht die gesamte Arbeit, weil normalerweise nicht jeder Aspekt der Arbeit eines Menschen sehr repetitiv ist. Für Unternehmen, die versuchen, durch den Wegfall von Vollzeitbeschäftigten Kosteneinsparungen zu erzielen, ist dies unrealistisch. Stattdessen können Sie die Produktivität steigern, indem Sie diese Mitarbeiter davon entbinden, sich auf repetitive Aufgaben zu konzentrieren, und ihre Zeit stattdessen mit wertvolleren

Arbeiten verbringen, die Kenntnisse über menschliches Verhalten, Intuition und Strategie erfordern.

Dennoch haben KI-basierte Chatbots das Potenzial, die Kosten und die Ineffizienz von Callcentern aufgrund der Arbeitsweise von Callcentern erheblich zu senken. In der Regel bestehen Callcenter aus weniger qualifizierten Mitarbeitern, die bei jedem Szenario ein Skript ablesen. Sie werden immer wieder dieselben Arten von Anrufen erhalten, für die es Wissensdatenbanken gibt. Betrachten Sie diese als Datenbanken mit „häufig gestellten Fragen", wie bei support.apple.com. Große Unternehmen verfügen in der Regel über Wissensdatenbanken für alle möglichen Dinge, zum Beispiel für Fragen zu Garantien, Kundendienst und Vertrieb.

GIBT ES IRGENDWELCHE JOBS, DIE SICHER SIND?

Wenn es um die Fähigkeit der KI geht, bestimmte Arbeitsplätze von *wichtigen Aufgaben* zu befreien, bin ich der Meinung, dass KI wahllos vorgeht. Es gibt jedoch einige, die versucht haben, eine Vermutung darüber anzustellen, welche Arbeitsplätze ersetzt werden und welche nicht. Kai-Fu Lee, ein führender chinesischer KI-Experte, hat in einem *CNN*-Interview eine Liste mit potenziell sicheren Arbeitsplätzen aufgestellt. Nachfolgend finden Sie die Liste der von ihm vorhergesagten „sicheren" Arbeitsplätze sowie meine Gedanken zu diesen Vorhersagen.

   a. *Kreative Berufe – Wissenschaftler, Künstler, Romanautor*

• Wie Sie im nächsten Kapitel sehen werden, wurde ein KI-generiertes Kunstwerk bereits für 432.500 US-Dollar bei Christie's verkauft, was mich zu der Annahme veranlasst, dass diese Vorhersage von Lee möglicherweise nicht zutrifft. Wer weiß, ob eine KI nicht ihren eigenen Roman generiert, indem sie

Teile der Handlung und Figuren aus Büchern verwendet, die hervorragende Kritiken erhalten haben? Außerdem werden die Wissenschaftler bereits von der KI verdrängt – und doch *helfen* sie der KI, sie zu verdrängen. Auch der Autor von *„Aufstieg der Roboter"*, Martin Ford, sagte voraus, dass kreative Berufe vor der KI sicher sein würden.

b. *Komplexe und strategische Berufe –*
   Führungskräfte, Diplomaten, Wirtschaftswissenschaftler

• Meiner Meinung nach ist auch keiner dieser Berufe völlig sicher. Vielleicht ist der Diplomat sicher. Teile der Arbeit von Wirtschaftswissenschaftlern wurden schon vor langer Zeit durch KI erledigt.

c. *Empathische, mitfühlende, vertrauensbasierte Berufe*
   – Lehrer, Kindermädchen, Arzt

• Ich stimme Lee in diesem Punkt zu, auch wenn es in der Bildung über Lernplattformen und bei bestimmten Aspekten der ärztlichen Tätigkeit wie Diagnostik und Chirurgie erhebliche Fortschritte bei der KI gegeben hat. „Niemand möchte von einem Chatbot hören, dass er Krebs hat", so Lee. Aber ehrlich gesagt, wenn man nicht einmal mehr ein Vorstellungsgespräch mit einem echten Menschen führen kann, bin ich mir nicht sicher, ob wir wirklich so ablehnend gegenüber dieser Idee eingestellt sind – auch wenn es schrecklich wäre, schlechte Nachrichten auf diese Weise zu erhalten. KI wird bereits auf vielfältige Weise zur Unterstützung von Ärzten eingesetzt, von der Diagnose von Krebsarten und anderen genomischen Störungen über robotergestützte Operationen bis hin zur Empfehlung des richtigen Medikamentencocktails zur Optimierung der Chemotherapie für einen Krebspatienten. Überraschenderweise würde mehr als die Hälfte der Studienteilnehmer einem KI-Arzt mehr vertrauen als einem menschlichen Arzt.[19] Ich denke, das ist eher eine Aussage über Ärzte und darüber, wie schnell sie einen aus ihrer Praxis hinauskomplimentieren, als darüber, wie großartig die Menschen KI wirklich finden, aber da bin ich den Menschen gegenüber voreingenommen.

d. *Unvorhersehbare KI-basierte Berufe –*
Berufe, die KI tatsächlich erschaffen wird [20]

- Ich glaube, dass dies eine gute Vorhersage von Lee ist. Elon Musk gab einmal ein Beispiel dafür, dass statt der Lkw-Fahrer eines Tages Menschen die Rolle von Flottenbetreibern für selbstfahrende Lkw übernehmen könnten. In einem Artikel in *Fast Company* wurde behauptet, dass durch KI im Jahr 2018 dreimal mehr Arbeitsplätze geschaffen als ersetzt wurden.[21] Laut der in dem Artikel erwähnten Studie bieten auch immer mehr Unternehmen Schulungen an, um mit den erforderlichen KI-Fähigkeiten Schritt zu halten. Da KI in immer mehr Branchen Vertrauen genießt, werden Mitarbeiter benötigt, die den KI-Betrieb und die tägliche Pflege von Modellen und Daten überwachen können. Wir werden auch Menschen brauchen, die die Aktivitäten von KI-Systemen überprüfen können, um sicherzustellen, dass sie immer noch das tun, was sie tun sollen. Im Beispiel des selbstfahrenden Lkw könnte ein menschlicher Flottenbetreiber sicherstellen, dass die Lkw nicht nur ihre Lieferungen korrekt und pünktlich ausführen, sondern auch kein für Menschen unsicheres Fahrverhalten an den Tag legen – wie etwa beim Abbiegen das Schneiden von Straßenrändern, wo sich Fußgänger aufhalten könnten, das Überfahren roter Ampeln oder Geschwindigkeitsüberschreitungen.

WELCHE ARBEITSPLÄTZE WERDEN DERZEIT ERSETZT?

Wie schnell die KI ganze Berufe (im Gegensatz zu einigen Aufgaben) übernehmen kann, wird davon abhängen, wie sehr wir ihr zutrauen, diese Aufgaben so zu erledigen, dass sie uns nicht schadet oder die gesellschaftlichen Auswirkungen verschlimmert. Die anderen Abhängigkeiten sind physischer Natur, zum Beispiel unsere Fähigkeit, den Energiebedarf von KI-Systemen zu decken (der beträchtlich ist), die Verfügbarkeit von komplexen High-End-Rechenkapazitäten (zum Beispiel Quantencomputer) sowie die Verfügbarkeit von Wi-Fi und 5G (selbstfahrende Autos benötigen beispielsweise überall Breitband).

Einige Arbeitsplätze sind noch nicht so wirtschaftlich, dass sie durch KI ersetzt werden können, während andere unter Effizienzgesichtspunkten von uns in den Blick genommen werden müssen (Roboter auf den Etagen von Auslieferungslagern, die bei 38 Grad Hitze arbeiten, werden zum Beispiel keine Trinkpausen brauchen).

Während meiner Zeit bei IBM haben wir Hunderte von einzigartigen Anwendungen von KI aufgezeichnet, und sie waren für jede Branche unterschiedlich. Um Ihnen einen Eindruck von der Vielfalt zu vermitteln, finden Sie hier eine Liste einiger Aufgaben, die KI bereits erledigt.[22]

- Lkw-Fahrten und -Lieferungen

- Buchhaltung

- Testen von Anwendungen

- Prävention von Cyberkriminalität und Aufdeckung von Betrug

- Fahrzeugmontage

- Regulierung von Versicherungsansprüchen

- Persönliche Assistenz („Alexa, füge grüne Bohnen zu meiner Einkaufsliste hinzu und verschiebe mein Meeting um neun Uhr morgens.")

- Präzisionslandwirtschaft

- Erkennung, Diagnose und Verschreibung von Behandlungen für Krebs und andere Krankheiten

- Analyse und Entscheidungsfindung zur Bekämpfung der Geldwäsche mit Überwachung durch die Behörden

- Durchsetzung der Vergaberegeln und Beschaffung

- Vertragsverletzungen

- Überwachung und Beaufsichtigung der Mitarbeiter

- Ingenieur auf einer Bohrinsel

- Versicherungsmathematiker

- Kassierer

- Telemarketing

- Callcenteragent – Verkauf, Support, Garantien, Policen, Schadensfälle

- Fast-Food-Koch

- Chefkoch (schlagen Sie Chefkoch Watson nach, wenn Sie mir nicht glauben)

- Reisebüromitarbeiter

- Scharfschütze (via Drohne)

- Spielshow-Teilnehmer (Okay, das ist kein Job, aber es macht trotzdem Spaß, ihn aufzulisten, seit IBMs KI, Watson, bei *Jeopardy!* gewonnen hat.)

Sie verstehen, was ich meine. Diese Liste ließe sich beliebig fortsetzen.

EMPFEHLUNGEN

Verzichten Sie darauf, für einen KI-Chef zu arbeiten, sondern programmieren Sie sie selbst. Nehmen Sie an jeder Schulung in maschinellem Lernen oder Data Science teil, die Sie bekommen können – vor allem, wenn sie von Ihrem Arbeitgeber kostenlos angeboten wird. Diese Fähigkeiten werden in den nächsten 20 Jahren nur noch weiter zunehmen. Wenn Sie einen Job suchen, stellen Sie sicher, dass Sie keinen KI-Chef haben, der Ihre Produktivität pusht. Wenn Sie einen KI-Vorgesetzten haben, ist dies ein ziemlich guter Indikator dafür, dass Sie KI-„Kollegen" haben werden, an deren Produktivität Sie sich messen lassen müssen.

Versuchen Sie stattdessen, im strategischeren Bereich von Karrieren zu bleiben, wo Kreativität, Kontext, Vertrauen und Beziehungen gefragt sind. Anstatt einem Job nachzujagen, der stark von den neuesten „Fähigkeiten" abhängt, sollten Sie lernen, kritisch über Probleme nachzudenken und sie zu lösen. Wählen Sie einen Beruf, bei dem die Fähigkeit,

Probleme zu lösen, wichtiger ist als der neueste Softwarecode oder die neuesten Lagertechniken. Man kann jederzeit im Leben Fähigkeiten erlernen, aber die richtige Persönlichkeit, um sich in die Materie einzuarbeiten, Dinge herauszufinden und Lösungen zu finden, wird immer geschätzt werden.

5

Könnte KI mir den Lebensinhalt nehmen?

Künstliche Intelligenz ist ein Werkzeug, keine Bedrohung.

– Rodney Brooks, Robotik-Unternehmer

Es ist eine Sache, wenn KI eine Aufgabe übernimmt, die jeder Mensch auf der Welt erledigen kann – ich denke, jeder von uns kann einen Burger wenden, und vielleicht haben wir das auch schon getan oder tun es beruflich –, aber es ist eine ganz andere Sache, wenn man ein Weltmeister in etwas ist und dann von KI darin geschlagen wird. Oder Sie verbringen Ihr ganzes Leben damit, von Ihrem Fachgebiet fasziniert zu sein und Ihre Fähigkeiten und Ihr Netzwerk zu verfeinern, um der Beste in Ihrem Fachgebiet zu werden, wenn plötzlich eine Gruppe von Datenwissenschaftlern erklärt, dass ihre KI-Programme besser sind als die besten Experten auf Ihrem Gebiet. *Das* ist demoralisierend. Aber es kommt vor, und zwar in Bereichen, die strategisches Denken erfordern, wie das Go-Spiel und bestimmte wissenschaftliche Disziplinen. Moment mal ... waren das nicht laut Kai-Fu Lee kreative Berufe, in denen KI keinen Fuß auf den Boden bekommt? Und doch diskutieren wir hier über eine ganz andere Realität.

DER GO-WELTMEISTER UND DIE WESTLICHE KI, DIE IHN SCHLUG UND EINE NEUE KI-ÄRA IN CHINA EINLÄUTETE

Das Strategiespiel Go ist uralt und in China heilig. Wer dieses Spiel beherrscht, wird verehrt, ähnlich wie Schachmeister im Rest der Welt. Lee Sedol, der ehemalige Go-Weltmeister, war oft schockiert über die Züge der KI AlphaGo, als er gegen sie spielte.[1] Um die Reaktionen des AlphaGo-Teams und der Kommentatoren zu sehen, suchen Sie auf Youtube nach „Lee Sedol vs AlphaGo Move 37". Während AlphaGo spielte, machte es zu Beginn des Spiels sehr unterschiedliche Züge, die viele als „originell" bezeichneten. Go-Spieler haben alle sehr unterschiedliche Techniken, die sie verwenden, wenn sie gegeneinander spielen, aber als AlphaGo sich entschied, in einer Position zu starten, die von der Art und Weise abwich, wie die meisten Spieler beginnen, erregte das Aufsehen. Und das tat es auch während des Spiels, indem es noch mehr originelle Spielzüge einführte. Die KI ging über ihre menschliche Führung hinaus und spielte etwas anderes. Die Kommentatoren wussten nicht einmal, was sie sagen sollten.

WIE WÜRDEN SIE REAGIEREN, WENN KI SIE IN IHREM LEBENSWERK SCHLAGEN WÜRDE?

• Würden Sie dagegen ankämpfen und darauf bestehen, dass Sie immer noch relevant sind, während Sie versuchen, die KI zu diskreditieren und darauf bestehen, dass sie in Ihrem Bereich niemals eingesetzt wird?

• Würden Sie deprimiert sein und akzeptieren, dass Sie keine Zukunft in einem Bereich haben, in dem KI Ihre jahrelange Arbeit im Handumdrehen ausstechen kann?

- Würden Sie Ihren Stolz herunterschlucken, den Fortschritt feiern und versuchen, die KI als Werkzeug zu nutzen, um die Wissenschaft zum Wohle der Menschheit voranzubringen?

Ihre Antworten können sehr wohl Ihre zukünftigen Beziehungen zu KI bestimmen, je nachdem, welche Haltung die Mehrheit einnehmen wird, wenn KI sich stärker auf ihre Karrieren und Leidenschaften auswirkt.

KI-WISSENSCHAFTLER: DIE VIER STADIEN DER KI-TRAUER

Bei der Proteinfaltung geht es um die Vorhersage der 3D-Formen, die bestimmte Proteine annehmen werden, und sie ist entscheidend dafür, wie Wissenschaftler neue Medikamente entwickeln. Alle zwei Jahre haben Wissenschaftler die Möglichkeit, ihre Vorhersagen auf der Konferenz Critical Assessment of Structure Prediction einzureichen und im Falle eines Sieges von ihren Kollegen gewürdigt zu werden.[2] Doch bei der letzten Konferenz war der Gewinner kein Freund oder Kollege, der alle Höhen und Tiefen der Proteinfaltungsforschung mitgemacht hatte. Es war ein Algorithmus von DeepMind. Und es war eine völlige Enttäuschung für die Gruppe von Wissenschaftlern, die sich beruflich mit diesen Problemen beschäftigen und deren Leidenschaft es war, Vorhersagen zu treffen, um eines der größten Rätsel der Biochemie zu lösen. Ein Harvard-Biologe, Mohammed AlQuraishi, schrieb einen Blog über seine Erfahrungen. Er erläuterte, wie er sich fühlte, als er und seine Kollegen, die zum Teil seit Jahrzehnten in diesem Bereich tätig waren, plötzlich überflüssig wurden, und er beschrieb die Melancholie, die mit dieser Erkenntnis einherging. Zu den emotionalen Phasen, die er durchlief:

KI: WENN WIR WÜSSTEN …

- *Überraschung und Unglauben*, dass die KI in so kurzer Zeit so gut abschneiden konnte.

- *Enttäuschung und Verärgerung* darüber, dass Außenstehende (DeepMind) mit ihren KI-Fähigkeiten die jahrzehntelange Arbeit von Menschen entwerten konnten und damit öffentlich die strukturelle Ineffizienz der akademischen Welt demonstrierten.

- *Melancholie*, da sie das Gefühl hatten, aus einem hoch angesehenen Bereich verdrängt zu werden, in dem Fachleute mit Leidenschaft ihrer Lebensaufgabe nachgingen und häufig für ihre Beiträge anerkannt wurden.

- *Akzeptanz.* Nach seinen Worten überwand er „schließlich [seine] Stammesreflexe", um zu einer „rationaleren Einschätzung des Wertes des wissenschaftlichen Fortschritts" zu gelangen.[3]

Wenn dies wie die fünf Phasen der Trauer klingt, dann ist es das auch. Die fünf Phasen der Trauer, auch bekannt als das Kübler-Ross-Modell, sind: Verleugnung, Wut, Verhandeln, Depression und Akzeptanz. Die Vorstellung ist, dass wir diese Phasen durchlaufen, wenn wir entweder mit unserem eigenen Tod oder dem eines geliebten Menschen konfrontiert sind. Warum nicht auch bei einer Karriere? Das hat mich auf den Gedanken gebracht, dass eine Trauerbegleitung für diejenigen angeboten werden sollte, die in Bereichen tätig sind, die von der KI in hohem Maße betroffen sind.

Wir alle sollten uns auf den Tag vorbereiten, an dem unsere Arbeitsplätze von der KI übernommen werden könnten, damit wir diese Phasen schnell durchlaufen können. Besser noch, wir sollten jetzt damit beginnen, unsere beruflichen Talente anzupassen, damit wir diese Erfahrung gar nicht erst machen müssen. Wir sind gewarnt worden. Meiner Erfahrung nach ist es am besten, sich diesen Ängsten zu stellen und proaktiv über unsere Rolle bei der Entwicklung der KI zu entscheiden. Anstatt dass ein DeepMind aus dem Nichts auftaucht, um unsere Berufe zu definieren, sollten wir eine aktive Rolle bei der Gestaltung und Fütterung der KI übernehmen, sodass sie das Beste unserer Erfahrung nutzt und dann wiederum das Beste der Menschheit zu ihrer Kernwahrheit werden lässt. Wir bringen unsere Intuition und Emotionen, unser Einfühlungsvermögen und unsere Strategie mit. Das ist etwas, das keine KI haben wird, wenn wir nicht unsere einzigartigen Erfahrungen und unser Verständnis einbringen. Nur so können wir im Zeitalter der KI relevant bleiben. Wir müssen auch dafür sorgen, dass wir diese Programme und Systeme als Werkzeuge nutzen und nicht selbst zu Werkzeugen werden – immer und ausschließlich die KI füttern.

KI-KÜNSTLER: DAS LEBENSWERK DES KÜNSTLERS

Wie nehmen die Künstler die Tatsache zur Kenntnis, dass Christie's sein erstes KI-Kunstwerk für 432.500 US-Dollar versteigert hat? Das Werk mit dem Titel *Edmond de Belamy* von *La Famille de Belamy* wurde von einem französischen Künstlerkollektiv geschaffen, das sich Obvious nennt und in der KI-Kunstszene noch recht neu ist. Die KI-Kunst wurde für das Doppelte der Preise von zwei Werken der Legenden Andy Warhol und Roy Lichtenstein *zusammen* verkauft. Christie's schätzte das Kunstwerk zunächst auf 7.000 bis 10.000 US-Dollar. Mit der Auktion wollte Christie's den Appetit des traditionellen Kunstmarktes auf KI-Kunst ermitteln. Die Tatsache, dass es einen so hohen Preis erzielte und in einem so angesehenen Auktionshaus versteigert wurde, führte dazu, dass große Medien wie die *New York Times* die Geschichte aufgriffen, was dem Werk noch mehr Aufmerksamkeit verschaffte. Es wurde von einem anonymen Bieter gekauft. Ob die Person, die es gekauft hat, ein Befürworter von KI-Kunst war, der damit etwas über KI-Kunst aussagen wollte, werden wir nie erfahren.

Ich kann Ihnen sagen, dass ein früherer Käufer von Obvious' KI-Kunst, der in Paris ansässige Sammler Nicolas Laugero Lasserre, Folgendes zu sagen hatte:

> „Ich finde es einfach erstaunlich, dass einige junge Leute ein Programm entwickelt haben, das es ermöglicht, ein originelles Kunstwerk zu schaffen, das auf einer Auswahl der ‚Besten‘ der vergangenen Kunstgeschichte basiert." Er nennt die Innovation „grotesk und erstaunlich zugleich".

> „Haben wir uns jemals vorgestellt, dass Kreativität von einer Maschine kommen könnte?", fragt Laugero Lasserre. „Es sind nicht nur Inspirationen aus der Vergangenheit, sondern wirklich neue Stücke."[4]

> Auf die Frage, ob er vorhabe, mehr zu kaufen, antwortete er: „Warum nicht? Wenn ich mich in ein anderes verliebe."

Zurück zur Frage, um die es geht: Wie hat sich die Kunstgemeinschaft gefühlt? Erstaunlicherweise kam die stärkste Reaktion nicht von der traditionellen Kunstgemeinschaft, sondern von der KI-Kunstgemeinschaft. Wut und Groll waren die beiden hauptsächlichen Gefühle. Viele waren verärgert, dass die KI-Kunst, die die meiste Aufmerksamkeit erhielt, ihrer Meinung nach unoriginell war.[5] Die Reaktion ähnelte wieder einmal den fünf Phasen der Trauer.

Ein wörtliches Zitat von Robbie Barrat, einem wichtigen Mitglied des AI Art Tribe:

> „Dass ich mehr Anerkennung bekomme, stört mich nicht allzu sehr. Schon Jahre vor mir wurde mit Generative Adversarial Networks (GANs) experimentiert (zum Beispiel Tom White, Mike Tyka und Mario Klingemann).

Mich beunruhigt eher, dass von all den wirklich überzeu-
genden Arbeiten der KI-Künstler ausgerechnet diese
uninspirierte, niedrig aufgelöste GAN-Generation und
die Vermarkter, die dahinterstehen, die Aufmerksamkeit
auf sich ziehen."

„Es ist unfair gegenüber den Künstlern, die an dieser
Schnittstelle echte Arbeit leisten; denjenigen, die mehr
tun als nur eine Tonne von Bildern in einen vorgefertig-
ten Algorithmus einzugeben und die Ergebnisse mit dem
Tintenstrahldrucker zu drucken. Menschen wie Helena
Sarin, die mit der Hand skizziert und neuronale Netze
trainiert, um ihre Skizzen zu verbessern; oder Mario
Klingemann, ein ‚Neurograf‘, der Ketten mehrerer neu-
ronaler Netze einsetzt, um extrem überzeugende Kunst
zu schaffen; oder David Ha, ein Forscher und Künstler,
der ‚Sketch-RNN‘ geschrieben hat, ein neuronales Netz,
das auf den Strichen einer Zeichnung trainiert wurde und
den nächsten Strich in einer Zeichnung vorhersagen kann,
um entweder ganz allein oder in Zusammenarbeit mit
Menschen zu zeichnen."[6]

Ich empfehle dringend, sich die KI-Kunstwerke der von Robbie Barrat
erwähnten Künstler anzusehen. Tom White unter drib.net, Mike Tyka
unter MikeTyka.com, Mario Klingemann unter quasimondo.com,
Helena Sarin unter AIartists.org/Helena-Sarin, David Ha unter otoro
.net/ml/. Es gibt auch eine ganze Website, die der KI-Kunst gewidmet
ist: AIartists.org. Es ist eine ganz andere Herangehensweise an die
Kunst, die wunderschöne, einzigartige Bilder hervorbringt. Die Herstellung von KI-Kunst ist eine erstaunlich menschliche Tätigkeit. Mein
Lieblingsplatz für die Online-Erstellung von KI-Kunst ist DeepDream-
Generator.com. Probieren Sie es aus, Sie werden es mögen.

6

Könnte ich wegen KI gehackt werden?

Stellen Sie sich vor, Ihre achtjährige Tochter sitzt nachts in ihrem Zimmer, als plötzlich ein Lied aus einem Gruselfilm ertönt und die Stimme eines völlig Fremden zu hören ist, der ihr sagt, er sei der Weihnachtsmann. Die Ring-Smart-Kamera in ihrem Zimmer wurde gehackt. Die Geschichte ist wahr. In dem Video von Ring ist zu sehen, wie das verängstigte Kind nach seiner Mutter schreit.[1] Oder Ihr Chef ruft an und bittet Sie dringend, Geld an einen Lieferanten zu überweisen – und später stellen Sie fest, dass es nicht Ihr Chef war. Es war ein Stimmimitator, der die Stimme Ihres Chefs so gut nachahmte, dass selbst Sie darauf hereinfielen.[2] In einem anderen Szenario stellen Sie fest, dass Ihre Netflix-, Facebook-, Spotify- und Amazon-Konten gesperrt worden sind. In der Zwischenzeit erhalten Sie eine Benachrichtigung über getätigte Käufe. Dies ist das Ergebnis einer Kombination aus einem KI-basierten Automatisierungstool, das Ihr Netzwerk rund um die Uhr ausspäht, und einem PassGAN. PassGAN ist ein neues Hacker-Tool, das ein generatives adversariales Netzwerk (eine Form der KI) verwendet, um qualitativ hochwertige Passwort-Raten zu generieren, die auf statistischen Verteilungen früherer Passwörter aus Passwort-Leaks basieren.[3]

Das Schreckliche ist, dass sie nach diesen schockierenden Berichten über Hackerangriffe erst am Anfang stehen. 88 Prozent der Sicherheitsverantwortlichen sind der Meinung, dass Hackerangriffe mit hoch entwickelter KI unvermeidlich sind.[4] Für viele Hacker sind kleine und mittelständische Unternehmen die besten Ziele. Diese Arten von Konten bringen die meisten finanziellen Vorteile, da sie über ein angemessenes Einkommen verfügen, sich aber in der Regel keine Cybersicherheit leisten können. Hacker nutzen KI-basierte Tools, um Social-Media-Konten mit unglaublicher Geschwindigkeit zu scannen und Informationen von verschiedenen Websites zusammensammeln. Eine Geburtstagsankündigung auf LinkedIn nennt ein Datum. Ein Foto auf Instagram zeigt, dass Sie ein Hundeliebhaber sind. Ein TikTok-Video von Ihrem Team im Büro verrät die Namen Ihrer Kollegen. All diese Details tragen zu einer hochgradig personalisierten Spear-Phishing-Kampagne bei. Unter Spear-Phishing versteht man das Versenden von E-Mails oder anderen Mitteilungen mit dem Ziel, Sie dazu zu bringen, auf einen eingebetteten Link zu klicken. Dadurch wird ein Teil des Codes heruntergeladen, der es dem Hacker ermöglichen könnte, Ihren Computer zu kapern. An diesem Punkt könnten sie unglaublich wichtige Dateien einbehalten, bis Sie ihnen Bitcoin schicken (Bitcoin ist das bevorzugte Geld der Hacker, da es sich um nicht zurückverfolgbares, digitales Bargeld handelt). Oder sie könnten einfach die finanziellen Log-in-Daten verwenden, die sie vom Netzwerk erhalten, um Ihr Geld zu stehlen.

VERSTÄNDNIS DES UNTERSCHIEDS ZWISCHEN SICHERHEIT UND DATENSCHUTZ

Was ist der Unterschied zwischen Sicherheit und Datenschutz? Ich werde das anhand von Beispielen erläutern. Dies ist ein Beispiel für Sicherheit ohne Privatsphäre: Nehmen wir an, ich habe einen Konditorei, und Sie können alles sehen, was ich anbiete. Wie könnten Sie es sonst kaufen? Es gibt keine Privatsphäre. Sie beschließen, sich ein Teilchen zu nehmen, ohne zu bezahlen, aber die Überwachungskameras fangen das Ganze ein. Ich zeige Sie an, und die Polizei findet Sie und lässt Sie dafür bezahlen. Das ist Sicherheit ohne Privatsphäre. Facebook- und Instagram-Nutzer sind ein Paradebeispiel für den Wunsch nach Sicherheit, aber nicht nach Privatsphäre. Sie haben nicht unbedingt Privatsphäre und wollen sie auch nicht, da es in einigen Fällen darum geht, eine „Anhängerschaft" aufzubauen. Aber sie wollen auch nicht, dass ihre Identitäten gestohlen werden.

Ein Beispiel für den Schutz der Privatsphäre ist, wenn ich alle Backwaren in eine undurchsichtige Kiste packe, weil ich nicht möchte, dass jeder sieht, was ich habe. Wenn ich die Artikel verkaufen möchte, zeige ich sie nur einer begrenzten Anzahl von Personen. Auch wenn dies sicherlich dazu dienen könnte, Leute, die Sachen stehlen könnten, fernzuhalten, wird es hauptsächlich deshalb verwendet, weil ich nicht möchte, dass jeder sieht, was ich habe. Das ist Privatsphäre versus Sicherheit. Datenschutz ist ein Mittel, um Sicherheit zu gewährleisten, aber man kann auch ohne ihn Sicherheit haben. Bei der Privatsphäre geht es eher darum, die Kontrolle darüber zu haben, wer welche Details kennt und wer nicht. Sicherheit bedeutet oft auch, dass kriminelle Aktivitäten wie Identitätsdiebstahl, Kreditkartendiebstahl und Terrorismus verhindert werden müssen und nicht nur die Spionage.

WIE GENAU MACHT ES KI MÖGLICH, DASS ICH GEHACKT WERDEN KANN?

Die Fähigkeiten der künstlichen Intelligenz erfordern Unmengen von Daten und eine Vielzahl von Interaktionen. Das bedeutet, dass Ihre intelligenten Geräte ständig über Ihr Heimnetzwerk kommunizieren. Je mehr Datenverkehr über Ihr Heim-Wi-Fi läuft, desto größer ist die

Chance, dass es von Hackern gefunden (auch als „Packet Sniffing" bezeichnet) wird. Je mehr das KI-System (zum Beispiel ein Smart-TV oder eine Spielkonsole) mit Ihnen interagiert oder Sie mit dem System, desto mehr lernt es von Ihnen und sendet Informationen an den Algorithmus, der auf einem Unternehmensserver irgendwo außerhalb Ihres Hauses residiert. Dadurch kann es „lernen" und seine Arbeit besser, effizienter und genauer machen. KI nimmt Informationen aus allen möglichen Dingen um uns herum auf. Dinge wie Ihr Fernsehgerät und die AT&T U-verse Box melden, welche Art von Programmen Sie mögen, zu welchen Tageszeiten Sie schauen und so weiter. Dies sind nur einige von vielen intelligenten Geräten, die Informationen über Sie melden. Sie formen diese Einsichten zu Bewertungen über Sie – Bewertungen, die andere, die nicht offen über ihre Absichten sprechen, gern haben würden. Einige von ihnen möchten Ihre Informationen auf dem Schwarzmarkt verkaufen oder einfach Ihre Kennzeichnungen oder Bewertungen verkaufen. Wenn man dann noch bedenkt, dass künstliche Intelligenz nur dann wirklich funktioniert, wenn sie in der Cloud genutzt wird, wird sie zum Traum eines jeden Hackers.

Warum ist es der Traum eines jeden Hackers? Unternehmens-Clouds sind Schatzkammern mit hochwertigen Daten, die sich an einem Ort befinden und über das Internet leicht zugänglich sind. Aber KI funktioniert nicht ohne die Cloud, denn das wäre so, als hätte man einen Computer ohne Internetzugang. Er ist nur so nützlich wie die Daten, die auf der Festplatte gespeichert sind. Um Informationen zu erhalten, werden alle aktuellen Daten ständig in die und aus der Cloud gestreamt. Ein Teil dieser Daten ist ordnungsgemäß verschlüsselt und geschützt, ein anderer nicht. Das bedeutet, dass ich mich als Hacker nur in die Chips des Geräts, der Hardware, des Netzwerks oder des Internetanbieters hacken muss, und schon erhalte ich alle möglichen Informationen über Sie, die über Ihre KI-Systeme (Geotagging und Apps aller Art auf Ihrem Mobiltelefon, Alexa/Google Home, Nest, Musik, Fern-

sich Zugang zu Zahlungsinformationen und anderen Daten verschaffen, die Sie möglicherweise in derselben Instanz der Cloud gespeichert haben.

In einem Gizmodo-Artikel begann eine Reporterin, eine Reihe
angeschlossener Geräte (Kaffeemaschine, Zahnbürste, Bett, Fernseher)
zu verwenden, um zu sehen, welche Geräte die meisten Daten senden,
was sie senden und wie oft. Ausgerechnet ihr Fernseher beanspruchte
die größte Bandbreite. Er erstattete Bericht darüber, was sie und ihr
Mann sahen. Aber da der Fernseher häufig eingeschaltet ist, ist er im
Grunde wie ein großes Leuchtfeuer für Hacker, die sehen wollen, welche Ihrer Daten sie kostenlos bekommen können. Dann können sie
Ihre ID im Dark Web verkaufen oder Ihre Log-in-Daten verwenden,
um direkt auf Ihre Onlinekonten zuzugreifen.

Wenn sie etwas Schändliches tun wollen, das über das Stehlen um
des Stehlens willen hinausgeht, könnten sie meine Anmeldeinforma-
tionen nehmen und illegale Aktivitäten starten. Sie könnten mit meinem Ausweis ein terroristisches Netzwerk finanzieren, was dazu
führen könnte, dass ich auf der Beobachtungsliste für Terroristen der
National Security Agency lande. Wenn das passiert, könnte ich mit
einem Reiseverbot belegt werden, und meine Freunde und Familie
könnten in Handschellen abgeführt werden, um Fragen über mich und
meine verdächtigen Aktivitäten zu beantworten.

WENN ES PASSIERT,
BEDEUTET DAS FÜR SIE FOLGENDES:

Identitätsdiebstahl kann Ihr ganzes Leben zur Hölle machen. Er kann
Ihnen den Zugang zu Ihren Bankkonten versperren und Sie daran
hindern, Ihr Leben so zu führen, wie Sie es normalerweise tun würden.
Außerdem lauert an jeder Ecke die Angst, dass Ihre Daten auf eine Art
und Weise kompromittiert werden könnten, die dazu führt, dass die

Strafverfolgungsbehörden in unerwarteten Momenten bei Ihnen auftauchen und Sie für den Täter eines Verbrechens halten, obwohl es sich eindeutig um eine andere Person handelt, die Ihre Identität entweder von jemandem gekauft hat, der sie gestohlen hat, oder es die Person selbst ist, die sie gestohlen hat. Jemand könnte Sie aus Ihrem vernetzten Fahrzeug aussperren oder den Motor abstellen, sodass Sie irgendwo stranden. Ein Feind, der über beträchtliche Ressourcen verfügt, könnte sich sogar in Ihren Herzschrittmacher hacken, um Herzprobleme oder Schlimmeres zu verursachen.

Es gibt auch Bedrohungen außerhalb der Vereinigten Staaten, die versuchen könnten, uns zu destabilisieren oder zu isolieren, indem sie uns daran hindern, in massiven Notfallsituationen mit den Behörden zu kommunizieren. In einem günstigen Moment könnte ein russischer oder chinesischer Hacker die Kontrolle über die Notrufdienste oder die Stromnetze übernehmen, einen großen Notfall auslösen und dann alle Reaktionsmöglichkeiten ausschalten, was zu sofortiger Panik und Isolation führen würde. Diese Art von Szenarien soll die Menschen dazu bringen, an ihren demokratisch gewählten Machthabern zu zweifeln und sich aufzulehnen. Es ist eine Taktik zur Destabilisierung eines Landes in der Hoffnung, dass die Bürger autokratische Machthaber wie Putin oder Xi Jinping herbeisehnen. Es handelt sich dabei um die Art von Cyberangriffen, die zuerst in Estland und dann in anderen Staaten des ehemaligen Sowjetreichs erprobt wurde.

DAS INTELLIGENTE AQUARIUM, DAS EIN CASINO ZUM EINSTURZ BRINGEN KÖNNTE

IoT-Geräte sind überall um uns herum. Sie sind ständig mit dem Internet verbunden, um Daten in Echtzeit auszutauschen. Sie sind oft die größte Schwachstelle im Netzwerk – eines Unternehmens oder

Sonstigem – weil sie einfach nicht so sicher sind wie Computer. Hacker versuchten, eine in einem intelligenten Aquarium entdeckte Sicherheitslücke auszunutzen, um sich Zugang zum Netzwerk eines Casinos zu verschaffen. Das Aquarium wurde mit dem Internet verbunden und so konzipiert, dass die Fische automatisch gefüttert werden und sich in ihrer Umgebung wohlfühlen. Den Hackern gelang es, Daten an ein Gerät in Finnland zu senden, bevor die Bedrohung entdeckt und gestoppt wurde.[5] Vermutlich würden diese Daten ihnen helfen, wieder in das Netz zu gelangen, so wie man eine Kopie des Schlüssels zur Haustür anfertigt.

HACKTIVISTEN, RUSSEN UND UNTERNEHMENSSPIONE – OJE

Beim Hacking geht es nicht immer um den Diebstahl von Geld oder Identitäten. Das Ziel eines „Hacktivisten" ist es, eine Botschaft an Organisationen zu senden, die ihrer Meinung nach Böses in der Welt tun. Sie sorgen für Chaos, indem sie die Computer oder Smartphones von Mitarbeitern des Unternehmens übernehmen, um ihnen buchstäblich eine Nachricht zu überbringen. Seltsamerweise könnte Ihr gehacktes Gerät plötzlich Teil einer konzertierten Aktion (bekannt als „Zombie-Angriff") werden, um den Dienst einer Website oder eines Servers zu blockieren, ohne dass Sie es überhaupt bemerken – wie zum Beispiel, als russische Hacker die Computer anderer Leute benutzten, um das gesamte estnische Kommunikationssystem zu überlasten, und kein estnischer Bürger die Behörden erreichen konnte. Viele glauben, dass es sich um einen Probelauf handelte, bevor Jahre später das eigentliche Ziel ins Visier genommen wurde: Amerika. Es gibt auch Hacker, die für Unternehmens- und politische Spionage eingesetzt werden, und die Cyberkriminellen werden von Tag zu Tag kreativer, da die Sicherheitsmaßnahmen immer fortschrittlicher werden.

Sie denken, niemand interessiert sich für Sie oder Ihre Daten? Da__ Sie nichts zu verbergen haben? Hacker können einen KI-gesteuerten Sniffer-Bot einsetzen, um zu erkennen, wann Sie wertvolle Informationen wie Bankkontopasswörter senden, oder sie können Ihre Tastatureingaben durch Ausnutzung von Schwachstellen in Ihrem Computer oder Ihren Anwendungen verfolgen und sie dann reproduzieren, um Zugang zu Ihrem Bankkonto oder anderen wertvollen Informationen zu erhalten. Wenn Sie eine App herunterladen und ein kleines Pop-up-Fenster erscheint, das den Zugriff auf Ihre Tastatur verlangt – egal ob es sich um die Tastatur Ihres Smartphones oder Ihres Computers handelt –, dann überlegen Sie genau, warum die App diese Tastatur benötigt. Auf diese Weise könnte die App Tastatureingaben protokollieren, die zum Stehlen von Kennwörtern verwendet werden. Gehen Sie mit Vorsicht vor.

EMPFEHLUNGEN

• Seien Sie vorsichtig, was Sie in den sozialen Medien posten. Geben Sie nicht so viele Details aus Ihrem Leben preis, dass man Sie leicht ausspionieren könnte. Seien Sie vorsichtig, wen Sie in Ihr Netzwerk aufnehmen.

• Klicken Sie nicht auf E-Mails oder andere Links. Anstatt auf einen Link zu klicken, der Ihnen per E-Mail oder SMS zugeschickt wurde, sollten Sie versuchen, die Organisation, die Sie erreichen möchten, direkt zu suchen oder bereits bestehende Website-Links zu nutzen.

• Verwenden Sie ein virtuelles privates Netzwerk (VPN), um die IP-Adressen Ihrer IoT-Geräte zu verbergen und die Daten zu verschlüsseln, die sie senden und empfangen.

- Richten Sie Kalendererinnerungen ein, um Passwörter regelmäßig zu ändern, und verwenden Sie nicht für jedes Konto dasselbe Passwort.

Schützen Sie Ihren Smart-TV vor Hackern

- Sie sollten genau wissen, welche Funktionen Ihr Fernsehgerät hat und wie Sie diese Funktionen steuern können. Führen Sie eine einfache Internetsuche mit Ihrer Modellnummer und den Begriffen „Mikrofon", „Kamera" und „Datenschutz" durch.

- Verlassen Sie sich nicht auf die Standard-Sicherheitseinstellungen. Ändern Sie Passwörter, wenn Sie können, und wissen Sie darüber Bescheid, wie Sie Mikrofone, Kameras und die Erfassung persönlicher Daten abschalten können, wenn möglich. Wenn Sie diese Funktionen nicht abschalten können, sollten Sie überlegen, ob Sie das Risiko eingehen wollen, dieses Modell zu kaufen oder diesen Dienst zu nutzen.

- Wenn Sie eine Kamera nicht ausschalten können, kleben Sie einfach ein Stück schwarzes Klebeband über das Objektiv der Kamera.

- Prüfen Sie, ob der Hersteller in der Lage ist, Ihr Gerät mit Sicherheits-Patches zu aktualisieren. Kann er das tun? Hat das Unternehmen dies in der Vergangenheit getan?

- Informieren Sie sich über die Datenschutzbestimmungen des Fernsehherstellers und der von Ihnen genutzten Streaming-Dienste. Bestätigen Sie, welche Daten sie sammeln, wie sie diese Daten speichern und was sie damit machen.

- Wenn Sie glauben, dass Sie Opfer eines Internetbetrugs geworden sind, melden Sie dies immer dem Internet Crime Complaint Center des FBI unter www.IC3.gov oder rufen Sie Ihr örtliches FBI-Büro an.[6]

Hacker davon abhalten, in Ihr Heimnetzwerk einzudringen

- Ändern Sie die Standard-Log-in-Daten für den Router.

- Richten Sie sichere Passwörter und Verschlüsselungen ein. Was sind Verschlüsselungen? Sie verschlüsseln alle Wörter von wichtigen Dingen wie Passwörtern, E-Mails und Texten, wenn diese über eine Internetverbindung übertragen oder irgendwo gespeichert werden sollen.

- Halten Sie Ihren Router auf dem neuesten Stand.

- Verschlüsseln Sie Ihr Wi-Fi-Netzwerk.

- Verringern Sie Ihre Wi-Fi-Reichweite.

- Verwenden Sie eine Zwei-Faktor-Authentifizierung. Was ist das? Wir verwenden sie am häufigsten, wenn wir unserer Handynummer erlauben, eine SMS mit einem Code zu empfangen, der uns verifiziert, wenn wir diesen Code in die App eingeben, in die wir uns einloggen wollen.

- Verwenden Sie eine Firewall und Antivirus-Software.

7

Was weiß KI über mich und wie kann es gegen mich verwendet werden?

Wir verwenden fast 5.000 verschiedene Datenpunkte über Sie, um eine Nachricht zu erstellen und gezielt zu versenden. Die Datenpunkte sind nicht nur ein repräsentatives Modell von Ihnen. Die Datenpunkte beziehen sich speziell auf Sie.
– *Alexander Nix, ehemaliger CEO, Cambridge Analytica*

KI-QUIZ:
TESTEN SIE IHR WISSEN ÜBER KI UND DATENSCHUTZ

1. Wenn Ihre Finanzdaten nicht korrekt sind, könnte KI Sie an Folgendem hindern: *(Bitte alles Zutreffende auswählen)*

   a. Beschäftigungsmöglichkeiten

   b. Einen Kredit erhalten

   c. Ein Haus kaufen

   d. Abschluss einer Versicherung

   e. Verabredung mit einer attraktiven Person

2. Zu den Bundesgesetzen zum Schutz des Datenschutzes von US-Bürgern gehören: *(Bitte alles Zutreffende auswählen)*

   a. GDPR – General Data Protection Regulation (Datenschutz-Grundverordnung)

   b. California Consumer Privacy Act (Kalifornisches Verbraucherschutzgesetz)

   c. Illinois Biometric Information Privacy Act (Gesetz des Staates Ilinois zum Schutz biometrischer Informationen)

   d. HIPAA – Health Insurance Portability and Accountability Act (Gesetz zur Übertragbarkeit und Rechenschaftspflicht von Krankenversicherungen)

   e. Keines

3. Der HIPAA hindert 23andMe und Ancestry daran, meine Gentestergebnisse an Krankenversicherungen weiterzugeben. *(Bitte eines auswählen)*

   a. Wahr

   b. Falsch

4. Welche Aussagen sind zutreffend? *(Bitte alles Zutreffende auswählen)*

   a. Cambridge Analytica verwendete psychografische Daten, die von einer betrügerischen Quiz-App gesammelt wurden, die Facebook-Nutzer heruntergeladen hatten.

b. E-Mails sind vor dem Scannen durch Werbetreibende und Dritte geschützt.

c. Bilder von Ihrem Gesicht in sozialen Medien könnten zur Herstellung von Fälschungen verwendet werden.

d. Ihre IP-Adresse kann Aufschluss über Ihren Standort geben, zum Beispiel über Ihre Anschrift.

e. Wenn Sie nichts zu verbergen haben, haben Sie auch nichts zu befürchten.

5. Amazons Alexa: *(Bitte alles Zutreffende auswählen)*

a. Kann beliebig viele Daten in der Cloud abhören und speichern.

b. Wurde in mehr als einem Mordprozess als Zeuge eingesetzt.

c. Hat Aufnahmen von Gesprächen an Freunde geschickt.

d. Ist als Beweismittel in einem Prozess nicht zulässig.

e. Nimmt nicht auf, wenn Sie nicht das Weckwort verwenden.

Siehe Antworten auf der nächsten Seite.

ANTWORTEN AUF DAS KI-QUIZ: TESTEN SIE IHR WISSEN ÜBER KI UND DATENSCHUTZ

1. e. Ich bin mir sicher, dass einige sagen würden, dass dies umstritten ist – ha!

2. e. Der HIPAA schützt Ihre Gesundheitsdaten nur in bestimmten Situationen. GDPR ist das Gesetz der Europäischen Union. Die Gesetze von Illinois und Kalifornien gelten nur für die Bürger dieser Staaten, nicht für die Bürger der gesamten USA.

3. b. 23andMe wird derzeit als Technologieunternehmen eingestuft. Als solches fällt es nicht unter die HIPAA-Richtlinien.

4. a, c, e.

5. a, b, c. Dies ist eine Fangfrage. Amazon behauptet, dass es nur dann aufzeichnet, wenn Sie das Weckwort „Alexa" verwenden, aber da die Strafverfolgungsbehörden in drei Mordfällen jederzeit Aufnahmen erhalten konnten, können wir wohl davon ausgehen, dass es die ganze Zeit aufzeichnet.

ÜBERSICHT

Ich habe schon viele Leute sagen hören: „Wenn man nichts zu verbergen hat, dann hat man auch nichts zu befürchten." Aber wenn Sie nicht bereit sind, Ihr Leben rund um die Uhr mit einer Kamera zu überwachen und alle Ihre Informationen, Ihr Kommen und Gehen, Ihre Vorlieben und Abneigungen (einschließlich Ihres Wahlverhaltens) sowie alle Ihre beruflichen und persönlichen Verbindungen in die Welt zu senden, werden Sie dem Ausmaß an Überprüfung, Kennzeichnung und Manipulation Ihrer Person nicht gewachsen sein, das mit oder ohne Ihr Wissen bei der Verwendung selbst der gewöhnlichsten Geräte und Apps möglich ist.

Ist Ihnen schon einmal aufgefallen, dass Sie bei Google nach einem Produkt suchen und es dann in einer Anzeige in Ihrem Instagram-Feed erscheint? Oder Sie bitten Alexa, ein Instant-Pot-Rezept zu finden, und dann erscheint auf Ihrer Amazon-Startseite eine Anzeige für den Verkauf von Instant Pots? Das ist alles auf eine KI zurückzuführen, die gezielte Werbung verschickt. In einigen Fällen wird KI eingesetzt, um private E-Mail-Konten auszuspähen, um herauszufinden, für welche Werbung Sie empfänglich wären. Manchmal können die emotionalen Folgen verheerend sein. Ein Mann hatte einen Freund, bei dem ALS diagnostiziert wurde, und in den Monaten vor seinem Tod tauschten sich die beiden Freunde häufig per E-Mail über das Thema aus. Aber selbst Monate nach dem Tod seines Freundes erhielt der Mann noch unwillkommene und deprimierende Erinnerungen an die Krankheit und den Tod seines Freundes in Form von Anzeigen, die weiterhin auf seinen Internetseiten erschienen. Ich weiß auch von einer Frau, die eine späte Fehlgeburt erlitt und noch Monate später Onlinewerbung für Babyprodukte erhielt – sie bekam sogar eine Probe an die Haustür geliefert.

Das wirklich schändliche Potenzial dieser Technologie liegt jedoch im Datenschutz. Willkommen in der Welt der Datenerfassung, der Datenbroker und der Überwachungskapitalisten, in der Daten ständig zwischen großen Unternehmen, akademischen Einrichtungen und Regierungen ausgetauscht werden. Mit Beispielen wie dem berüchtigten Cambridge-Analytica-Skandal und dem dahinterstehenden Kostensenkungsprofessor; genetischen Testkits von Firmen, die Ihnen Hintergrundinformationen über Ihre Abstammung liefern und gleichzeitig von Unternehmen viel Geld für den Zugang zu Ihrem genetischen Profil verlangen, einschließlich Ihres aktuellen und sogar *potenziellen* Gesundheitszustands (sowie dem Ihrer Kinder und Enkelkinder);

Einzelhändlern, die aufgrund Ihres Einkaufsverhaltens und Ihrer Gewohnheiten intime Details über Ihre Daten kennen; ganz zu schweigen von den Heerscharen von Datenbrokern und Datentricksern, die Sie und Ihre Kinder dazu verleiten, alle möglichen psychologischen, sozioökonomischen, medizinischen und sogar intimen sexuellen Details online preiszugeben.

Es gibt immer noch keine Bundesgesetze zum Schutz von Verbrauchern und Nutzern in den USA, also müssen wir die Dinge selbst in die Hand nehmen, bis die politischen Entscheidungsträger die Realität dessen, was KI tun kann, erkennen. Zu diesem Zweck zeige ich Ihnen, wie Sie Ihre Daten schützen können, indem Sie private Suchtools wie DuckDuckGo und private Browser wie Epic verwenden, wie Sie wichtige Details Ihres Lebens von Social-Media-Seiten wie Facebook und Instagram und Internetsuchmaschinen wie Google fernhalten, wie Sie Ihr Netzwerk privat halten, indem Sie es „verschlüsseln", und wie Sie VPNs verwenden, um zu verhindern, dass Ihr Internetanbieter Sie ausspioniert.

WAS WEISS DIE KI ÜBER MICH UND WOHER WEISS SIE ES?

Wir neigen zu der Vorstellung, dass KI alles über uns weiß, denn noch bevor wir an einen Urlaub denken, erscheint beim Surfen im Internet vielleicht schon Reisewerbung auf unserem Bildschirm. Oder wenn ich mir Netflix anschaue, werden mir Filme vorgeschlagen, die mir gefallen könnten – und es trifft fast immer zu. Ihre intelligente Uhr kann Sie sogar daran erinnern, zu atmen oder zu trainieren, wenn Sie gestresst sind. Es scheint, als könne KI unsere Gedanken lesen. Tatsächlich nutzen KI-Systeme im Hintergrund eine Vielzahl von Daten, um Empfehlungen für Sie auszusprechen. Die wichtigere Frage, die Sie sich stellen sollten, ist, *wer all diese Daten sammelt und wie er sie bekommen hat.*

Wir befinden uns in einer Datenwirtschaft, in der ständig Daten ausgetauscht werden, denn sie sind das Lebenselixier von KI und anderen Analysesystemen, die alles „intelligent" machen – von Ihrer Uhr über Ihr Zuhause und Ihr Handy bis hin zu Ihrem Gesundheitswesen und sogar Ihrer Stadt. Für all das werden Daten benötigt. Das Ziel der meisten Chief Data Officers, mit denen ich zusammengearbeitet habe, war es, die wertvollsten Daten zu finden und diese so lange zu bearbeiten, bis sie von so hoher Qualität waren, dass andere Unternehmen einen Aufpreis für den Erhalt dieser Daten zahlen mussten. Während jeder im Zusammenhang mit KI bis zum Überdruss über Algorithmen spricht, spricht niemand wirklich über die Daten und darüber, wie sie überhaupt zustande gekommen sind. Das Geld steckt in den Daten selbst, nicht in den Algorithmen. Gruppen, die Daten anhäufen, die stark nachgefragt werden oder aus einzigartigen Nischenmärkten stammen, verdienen ein Vermögen. Der größte Markt für Daten ist der über Sie!

WOHER BEKOMMEN SIE ALL DIESE DATEN ÜBER MICH?

Von überall – von praktisch jedem und allem, was Sie umgibt. Der Markt für Ihre Daten ist riesig, absolut gewaltig. Bei einem prognostizierten Datenbrokermarkt von 345 Milliarden US-Dollar im Jahr 2026 ist es kein Wunder, dass es eine Vielzahl von Datengruppen gibt, die Daten sammeln, organisieren und analysieren, um sie für einen hohen Preis zu verkaufen.[1] Denken Sie an alles, was Sie besitzen, an Einkäufe, die Sie getätigt haben, an alle öffentlichen Dienste, die Sie nutzen, wie Busse, Hotels und Apotheken, die Sie aufsuchen, an alle Apps, die Sie heruntergeladen haben, an Ihren Wohnort … die meisten sammeln Informationen über Sie, ohne dass Sie es wissen. Hier ist eine Liste von Kategorien[2], die Informationen sammeln.

Datensammler und -lieferanten

- *Medien- und Verlagsunternehmen* wie Netflix, Disney, CBS, Videospiele, Musik, Videos

- *Handy-Apps* gehören zu den schlimmsten Eingriffen in die Privatsphäre der Menschen! Das sind die Tausenden von Apps, die Sie bei Google Play und im App Store von Apple herunterladen können. Sie können sie sogar direkt von Social-Media-Websites wie Facebook und den Facebook-Unternehmen WhatsApp und Instagram herunterladen.

- *Telekommunikations- und Internetunternehmen* wie AT&T, Verizon, Comcast, Time Warner

- *Firmen für vernetzte Geräte*, die Wearables, Smarthome-Geräte, vernetzte Autogeräte und Staubsaugerroboter herstellen

- *Große Plattformen* wie Apple, Facebook/Instagram/WhatsApp, Google/Youtube/Google Maps, Microsoft, IBM, Amazon, Ebay, Paypal (und in anderen Ländern Alibaba, Tencent, Baidu)

- *Staatliche Überwachungsprogramme* unter PRISM, jetzt Pegasus

- *Einzelhändler, Reiseveranstalter und Gastgewerbebetriebe* wie CVS, Hilton, American Airlines

- *Dienstleistungen des öffentlichen Sektors* wie Polizei, Sozialhilfe, Arbeitslosenhilfe

- *Gesundheitswesen* wie Krankenhäuser, Ärzte, Krankheitsforschungsprogramme, Pathologen

- *Finanzunternehmen* wie Kreditkartenunternehmen, Banken, Kreditgeber, Leasingfirmen, Investmentgruppen

- Verbraucherkreditauskunfteien wie Equifax, TransUnion, Experian

- *Versicherungsgruppen* für Haus-, Kranken-, Lebens- und Autoversicherungen ... denken Sie an Progressive, Cigna, New York Life

- *Zwielichtige Organisationen*, die fragwürdige Methoden anwenden, um persönliche Daten wie psychografische Details von Menschen zu sammeln. Sie können Spyware wie Pegasus, Spear-Phishing, Social Engineering, Online-Persönlichkeitstests, Social-Media-Spiele, Clickbait, gescrapte Daten (Daten, die im Grunde genommen per Screenshot aufgenommen und dann mit einem Softwareprogramm in standardisierten Text umgewandelt werden) verwenden.

WELCHE DATEN SIND EINE MENGE GELD WERT?

Finanzen

Ihre Kaufkraft beziehungsweise Ihr sozioökonomischer Status steht ganz oben auf der Wunschliste jeder einzelnen Gruppe – von Kriminellen bis hin zu Kreditkartenausstellern. Die drei größten Kreditauskunfteien – Experian, Equifax und TransUnion – sind ebenfalls Datenbroker und die wichtigsten Quellen für die Konsolidierung und Überprüfung dieser Informationen. Zwei der Auskunfteien werden weiter unten im Abschnitt über Datenbroker behandelt. Wenn sie falsche Daten über Sie haben, wird es schwierig sein, Kredite, Versicherungen, Autos, Häuser und sogar Arbeitsplätze zu bekommen.

Genetische Informationen
(von 23andMe, Ancestry und ähnlichen Websites)

Unternehmen wie 23andMe verkaufen den Zugang zu Ihren genetischen Daten. Wenn Sie eine seltene Krankheit haben, sind Sie noch mehr wert. Aber davon werden Sie keinen Cent sehen. Sie zahlen etwa 99 US-Dollar, damit es Details über Ihre Abstammung ausgräbt, aber im nächsten Moment gewährt das Unternehmen denjenigen Zugang zu diesen Daten, die bereit sind, viel Geld für Ihre gesundheitsbezogenen genetischen Informationen zu bezahlen. 23andMe hat lukrative Verträge mit großen Pharmaunternehmen abgeschlossen: Genentech für 10 Millionen US-Dollar, Pfizer für 50 Millionen US-Dollar und GSK für *300 Millionen US-Dollar*. Alles für das Recht, Ihre genetischen Daten zu analysieren. Wenn Sie glauben, dass der HIPAA Sie hier schützt, dann stimmt das nicht. HIPAA gilt nur für Unternehmen im Gesundheitswesen. 23andMe stuft sich selbst als Technologieunternehmen ein und unterliegt daher nicht denselben Regeln. *Aber es sollte so sein!* Über 5 Millionen Menschen haben bei 23andMe für Gentests bezahlt und 80 Prozent haben sich für das Forschungsprogramm entschieden.[3]

Psychografische Daten

Dabei handelt es sich um Daten zu Ihren Werten, Einstellungen, Interessen und Persönlichkeitsmerkmalen. Cambridge Analytica gab bekannt, dass sie über 5.000 Datenpunkte über wichtige Wähler in den Swing States verfügten. Anhand dieser Datenpunkte stuften sie einige Wähler aufgrund psychografischer Informationen, die sie von dem unethischen Datenwissenschaftler Aleksandr Kogan erhalten hatten, als „beeinflussbar" ein. Kogan entwickelte eine Facebook-App, die ein Persönlichkeitsquiz und am Ende eine Vorhersage anbot. Davon waren 87 Millionen Facebook-Nutzer betroffen. Die „Beeinflussbaren" wurden zum Hauptziel der Kampagnen gegen Hillary Clinton und für Donald Trumps Präsidentschaftskampagne im Jahr 2016.

Psychologische Daten

Dazu gehören Daten über Ihren psychischen Zustand und psychische Erkrankungen wie Angststörungen, Depressionen, Gewaltbereitschaft, posttraumatische Belastungsstörung, Essstörungen, Drogenmissbrauch, Süchte und Zwangsstörungen. Diese Daten können von Arbeitgebern oder Möchtegern-Arbeitgebern auf alle möglichen Arten gegen Sie verwendet werden. Offiziell schützt die Equal Employment Opportunity Commission vor Diskriminierung und Belästigung aufgrund dieser Kriterien. Ein Arbeitgeber darf Sie nicht nach psychischen Erkrankungen fragen, bevor er Ihnen ein Stellenangebot unterbreitet, und er darf Sie nicht entlassen, Sie nicht für eine Stelle oder eine Beförderung ablehnen und Sie nicht zwingen, deswegen Urlaub zu nehmen. Es gibt jedoch KI-Entwickler, die Lösungen verkaufen, die Arbeitgebern und anderen helfen sollen, diese Richtlinien zu umgehen, und die anhand Ihrer Social-Media-Konten feststellen können, welche psychologischen Probleme Sie haben könnten.

Biometrische Daten

Dies sind die physischen Merkmale, die üblicherweise zur Überprüfung Ihrer Identität verwendet werden, wie Gesicht, Fingerabdrücke, Stimme und Augen. Jede dieser Methoden kann verwendet werden, um Sicherheitsfunktionen auf Ihren persönlichen Geräten oder in Unternehmensumgebungen zu umgehen. Das Problem bei der Verwendung Ihres Gesichts und Ihrer Stimme ist, dass die Deepfake-Technologie sie jetzt nachahmen kann. Flughäfen, Stadien und andere große Veranstaltungsorte prüfen den Einsatz dieser Technologien, um Menschenmassen schneller und sicherer abzufertigen. CLEAR zum Beispiel bietet zeitsparende Sicherheitsprogramme an, bei denen Menschen ihre Augen und ihr Gesicht scannen lassen können, anstatt ihren Ausweis herauszukramen.

Video und Fotos von Ihrem Gesicht

Diese können für Deepfakes, Identitätsdiebstahl und den Zugang zu gesicherten Bereichen, Computerdateien und Unternehmensdaten verwendet werden. Sie können auch verwendet werden, um Ihren Aufenthaltsort mithilfe von Überwachungskameras zu identifizieren, wie sie in Geschäften, auf Straßen, in Regierungsgebäuden oder in der Ring-Kamera Ihres Nachbarn installiert sind. Leider musste ein Mann in Flint, Michigan, erfahren, wie ein in den sozialen Medien geteiltes Bild seines Gesichts dazu führen konnte, dass er fälschlicherweise vor den Augen seiner Frau und seiner Kinder in seinem Garten verhaftet wurde. Dies geschah, weil ein Unternehmen namens Clearview AI eine Datenbank mit Gesichtern aufgebaut hat, die es aus sozialen Medien zusammengetragen hat.

Informationen über Ihr Heimnetzwerk und Ihre Geräte-IDs

IP-Adressen werden von Internetanbietern an Geräte wie Router vergeben, die sich direkt mit ihrem Dienst verbinden wollen. Die IP-Adresse verrät Ihren Standort, wenn Sie sich mit dem Internet verbinden. Sie lassen sich leicht aufspüren, vor allem mithilfe von Software zur Anzeigenverfolgung, die Ihnen standortspezifische Informationen, zum Beispiel über Cafés in der Nähe, anzeigen will. Ihr Router zu Hause hat eine IP-Adresse, die alle Geräte in Ihrem Haus, die denselben Router verwenden, gemeinsam nutzen. MAC-Adressen – statische Seriennummern auf den Netzwerkkarten Ihrer Geräte – identifizieren Ihr spezifisches Smartphone, Ihren Computer oder Ihr Tablet in Ihrem Netzwerk. Da viele Onlinekontoprofile eine Kombination aus „Cookies" (mehr dazu weiter unten) und Ihrer IP-Adresse verwenden, könnten Hacker und App-Entwickler mit Ihrer IP-Adresse an alle Ihre Onlinepasswörter gelangen.

Cookies

Cookies wurden ursprünglich entwickelt, um Ihnen beim Besuch einer Website zu helfen. Wenn Sie etwas in Ihren Einkaufswagen legen, können Sie später darauf zurückkommen und das System merkt sich, was Sie dort abgelegt haben. Diese werden als Erstanbieter-Cookies bezeichnet, weil sie eine direkte Interaktion zwischen Ihnen und der von Ihnen besuchten Website darstellen. Diese Art von Cookies hilft auch beim Eintragen Ihrer Anmeldedaten (wenn Sie dies erlaubt haben). Cookies von Drittanbietern hingegen dienen der Nachverfolgung von Werbung. Sie ermöglichen es, dass die Werbung Ihnen im Internet folgt. Die beiden größten Anbieter dieser Art von Cookies sind Facebook und Google. Vox hat das beste Video erstellt, das ich je gesehen habe, um zu erklären, wie Werbung Sie im Internet verfolgt. Um das siebenminütige Video zu finden, suchen Sie nach „Vox how ads follow you on the internet".

Web-Geschichte

Wenn Sie das Internet mit Chrome oder Safari durchsuchen – Programme, die als Browser bekannt sind –, speichern sie die von Ihnen besuchten Websites in Ihrem Webverlauf (auch Browserverlauf genannt). Ihr Webverlauf steuert die Personalisierung Ihres Online-Erlebnisses einschließlich all dessen, was Sie auf Google, Youtube, Instagram und anderen Seiten sehen.

Social Media Content

Ihre Likes, Shares, Kommentare, Fotos, Netzwerke/Freunde/Familie/Kollegen fließen in psychografische Daten ein, die für Politik und Aktivismus, biometrische Daten (über Fotos Ihres Gesichts, Nahaufnahmen Ihrer Augen), psychologische Daten (Stimmungsanalyse Ihrer Äußerungen, Beiträge, die Sie mögen und kommentieren) und markenbezogene Daten (Folgen und Liken von Beiträgen von Marken wie Coke, Dolce & Gabbana) verwendet werden.

Kaufverhalten

Dazu gehören Online-Kaufhistorie, Offline-Käufe, Garantiedaten von Verbraucherunternehmen, Kreditkartenaktivitäten, Treueprogramme.

Regierungsaufzeichnungen und Volkszählungsdaten

Zu den staatlichen Aufzeichnungen gehören Volkszählungsdaten, Department-of-Motor-Vehicles-Aufzeichnungen, Heiratslizenzen, Geschäftslizenzen, Gerichtsverfahren und andere öffentliche Rechtsverfahren, Wählerregistrierungen, öffentliche Daten über politische/ wohltätige Beiträge, Konkurse, Landnutzungsaufzeichnungen.

DIE GRÖSSTEN DATENMAKLER

Diese Unternehmen stellen wertvolle Daten zur Verfügung, sogar für Social-Media-Unternehmen – die größten Schnüffler der Welt. Und warum? Wenn ein Unternehmen sehen kann, dass es auf Facebook Werbung für Sie gemacht hat und Sie geklickt und einen Artikel gekauft haben, weiß es, wie effektiv seine Werbung war und ob es sich lohnt, erneut Werbung für Sie zu machen. Wenn dies der Fall ist, kann Facebook von diesem Unternehmen einen Aufschlag für die Werbefläche verlangen. Ein berühmtes Sprichwort in der Werbebranche lautet: *„Die Hälfte des Geldes, das ich für Werbung ausgebe, ist verschwendet; das Problem ist, dass ich nicht weiß, welche Hälfte."*

Acxiom

Bevor ich für CitiCards arbeitete, hatte ich keine Ahnung, dass Acxiom überhaupt existiert. Aber sie sind zweifellos eine der größten Datenoperationen, die ich seither gesehen habe – und ich habe schon viele gesehen. Sie behaupten, über Daten zu allen Haushalten in den USA zu verfügen, mit Ausnahme eines kleinen Prozentsatzes, und haben über 1.500 wichtige Datenpunkte zu jedem Haushalt. Was sie nicht über Sie wissen, können sie auf der Grundlage der Informationen, die sie bereits haben, in Form von Annahmen herausfinden. Laut der Website von Acxiom gehören zu den *beliebtesten* Datenpunkten, die sie anbieten:

1. Altersgruppen der Kinder

2. Anwesenheit von Kindern

3. Politische Partei

4. Eintritt ins Erwachsenenalter

5. Elterlicher Status: frischgebackene Eltern, Alleinerziehende, schwanger

6. Kind kurz vor dem Schulabschluss

7. Hispanische Sprachpräferenz

8. Beruf

9. Bildung

10. Affinität zu bestimmten Automarken

11. Affinität zu bestimmten Restaurants

12. Einkäufe von Baumaterialien und bevorzugte Geschäfte

13. Affinität zu DIY-Projekten

14. Welche Kreditkarten Sie haben

15. Nettovermögen und Einkommen

16. Wahrscheinlichkeit eines Bankwechsels

17. Wert des Hauses / der Wohnung

18. Ihre Krankenkasse

19. Affinität zu bestimmten Lebensmittelläden

20. Nutzung sozialer Medien, welche Plattformen, wie viel Nutzung, Arten von Inhalten

21. Ihre Spenden für wohltätige Zwecke

22. Welche Art von Hobbys Sie mögen

23. Ihre Verschreibungen und wo Sie sie erhalten

24. Welche Haustiere Sie haben

Ihre modellierten Daten umfassen Kategorien wie „Abenteuerlustige Reisende", „Ausdauernde Selbststarter", „Alles in der Familie", „Groß-

zügiges Land" und so viele mehr, dass ich sie nicht alle aufzählen kann.
Diese sollen Ihnen nur einen Eindruck von den Informationen vermitteln, die Acxiom und andere Datenbroker über Sie sammeln und melden, von denen Sie vielleicht nichts wissen.

Nielsen

Nielsen interessiert sich dafür, was Sie im Fernsehen und online sehen, welche Musik- und Radioprogramme Sie hören und was Sie lesen. Es ist an Ihrem Verhalten als Verbraucher interessiert und sammelt viele Informationen direkt über seine Panel-Programme, bei denen die Teilnehmer bezahlt werden. Konzerne, die Daten von Nielsen kaufen, wollen wissen, wie wirksam die Werbung ist, die sie in all diesen Medien schalten. Genauer gesagt wollen die Kunden von Nielsen wissen, ob Sie etwas von dem gekauft haben, was Sie in den Anzeigen gesehen, gehört oder gelesen haben. Das Unternehmen erstellt Berichte über die Kaufkraft verschiedener Bevölkerungsgruppen, darunter Afroamerikaner, Hispanoamerikaner und Asiaten.

Equifax

Equifax, TransUnion und Experian sind die drei großen Kreditauskunfteien in den USA. Equifax sammelt und aggregiert Informationen über mehr als 800 Millionen Privatpersonen und mehr als 88 Millionen Unternehmen weltweit. Die Daten, die es sammelt, stammen von Unternehmen, denen Sie Geld schulden, zum Beispiel Kreditgebern, Banken, Kreditkartenherausgebern, Inkassobüros und so weiter. Equifax zieht auch öffentliche Aufzeichnungen heran, um Informationen über Konkurse und andere Gerichtsverfahren wie Scheidungen und Nachlassverfahren zu erhalten. Natürlich kombinieren es all diese Informationen, die es über Sie hat, und verkauft sie, weshalb Equifax als einer der größten Datenbroker gilt.

Seit 2012 wurden mehr als 57.000 Beschwerden gegen Equifax eingereicht, die sich auf unvollständige, ungenaue, veraltete oder falsch zugeordnete Informationen bezogen.[4] Außerdem kam es zu einer der größten Datenschutzverletzungen der Geschichte, bei der über 147 Millionen Menschen einem möglichen Identitätsdiebstahl und Betrug ausgesetzt waren. Beides ist sehr bedauerlich, denn diese Daten entscheiden darüber, ob Sie den Kredit, die neue Wohnung oder das neue Haus, die Kreditkarte mit den vielen Vorteilen und dem günstigen Zinssatz, den Versicherungsschutz zu einem angemessenen Preis bekommen oder sogar, ob Sie vertrauenswürdig genug erscheinen, um für Ihren Traumjob eingestellt zu werden. Sie haben Equifax nicht die Erlaubnis erteilt, die lebensverändernden Daten, die es über Sie hat, zu sammeln und sie ungesichert zu lassen, damit Hacker alles über Sie im Dark Web verkaufen können.

Experian

Genau wie Equifax gehört Experian zu den drei großen Kreditauskunfteien und nutzt daher viele der gleichen Datenquellen. Sie versucht, ihre Kreditauskunft umfassender zu gestalten, da so viele Menschen dünne oder keine Kreditakten haben. Zusätzlich zu den Stellen, von denen Equifax seine Daten bezieht, werden also auch Daten von kurzfristigen Ratenkreditgebern, Peer-to-Peer-Kreditgebern, Scheckeinlösediensten, Mobiltelefonanbietern, Kreditgebern für Kleinbeträge, Prepaid-Kartenausgebern und Autokreditfinanzierern gesammelt. Es ist wichtig zu wissen, dass sowohl die traditionellen Daten von Experian als auch von Equifax häufig in die Erstellung der FICO-Scores einfließen. In den Fällen, in denen Experian versucht, die Kreditwürdigkeit von Personen zu ergänzen, die nur über geringe oder gar keine Kreditwürdigkeit verfügen, nennt das Unternehmen die neuen, umfassenderen Scores „clarity scores".[5]

WIE WERDEN ALL DIESE DATEN VERWENDET?

Nachdem wir nun alle Datentypen durchgesprochen haben, die gesammelt werden können und von wem, wollen wir uns nun einige der häufigsten Fragen dazu ansehen, was diese Gruppen mit unseren Daten machen.

Warum sehen Sie Werbung für Dinge, über die Sie eine E-Mail geschrieben haben?

Tracking-Cookies lautet die knappe Antwort. Die von Ihnen besuchten Websites speichern Cookies, also kleine Textdateien, in Ihrem Browser und auf Ihrem Gerät. Diese können hilfreich sein, weil sie Ihnen helfen können, sich daran zu erinnern, wonach Sie zuvor auf einer bestimmten Website gesucht haben, was Ihre Anmeldedaten sind oder sogar, welche Artikel Sie in Ihrem Einkaufswagen hatten, bevor Sie eine Website verlassen haben. Sie sind nicht sehr hilfreich, wenn man von einer Seite zur anderen wechselt und sie einen mit Werbung zu verfolgen scheinen. Dies liegt zum großen Teil daran, dass die Cookies zusammen mit Ihrer Geräte-ID (auch MAC-Adresse genannt) gespeichert werden, wenn Sie ein Mobiltelefon benutzen, oder mit einer IP-Adresse, die weiter oben in diesem Kapitel behandelt wurde.

Was speziell E-Mails betrifft, gibt Google zu, dass es bis 2017 den Inhalt von E-Mails gescannt hat, um Anzeigen auf Personen auszurichten.[6] Wir sollen darauf vertrauen, dass sie damit aufgehört haben. Angesichts meiner eigenen Erfahrungen und der Tatsache, dass Big Tech schon früher gelogen hat, was die Unterbindung ungebührlichen Verhaltens angeht, bin ich sehr misstrauisch. Es gibt keine Möglichkeit zu überprüfen, ob sie das immer noch tun oder nicht. Über Gmail hinaus werden E-Mails mit Tracking-Pixeln und Sourcing-URLs versehen. Dies ist dasselbe Konzept wie ein Tracking-Cookie, mit dem Unterschied, dass das Tracking von einem winzigen, unsichtbaren

Pixel ausgeht, das in eine E-Mail eingebettet ist, ohne dass Sie es merken. Der Absender kann aus diesem kleinen Pixel erfahren, ob Sie die E-Mail geöffnet haben, zu welcher Uhrzeit und an welchem Datum Sie sie geöffnet haben, ob Sie auf Links in der E-Mail geklickt haben, auf welchem Gerät (Telefon, Computer, Tablet) Sie sie geöffnet haben, wer Ihr E-Mail-Anbieter ist und in welcher Region des Landes Sie sich befinden. Mit diesen Daten werden sie versuchen, eine Verbindung zu anderen Daten herzustellen, die sie von den oben genannten Datenbrokern gekauft haben. In der Regel handelt es sich dabei um die Daten der größten Broker sowie derjenigen, die sich auf eine Zielgruppe spezialisiert haben (Golfer, alleinstehende Mütter, Republikaner). Dann entscheiden sie, welche Angebote sie Ihnen als Nächstes schicken, je nachdem, wie erfolgreich sie mit der ursprünglichen E-Mail waren und Sie dazu gebracht haben, auf Links zu klicken.

Das Wichtigste an diesen Taktiken ist, dass sie zwar banal – wenn auch neugierig und lästig – erscheinen, wenn sie von Einzelhändlern angewendet werden, aber noch aufdringlicher und schädlicher sind, wenn sie zur Beeinflussung politischer Kampagnen, zur Verbreitung von Fehlinformationen oder zur Werbung für süchtig machende Produkte wie Alkohol und Zigaretten eingesetzt werden. In der heutigen Zeit ist das Säen von Zwietracht, Spaltung und Fehlinformationen durch Onlinekampagnen etwas, worauf man achten sollte, da die Meinungen immer stärker polarisiert werden und undemokratische Nationen versuchen, durch das Schüren von Unruhe und Chaos in der Welt an Boden zu gewinnen.

Hören Facebook oder Amazon Ihre Gespräche mit?

Facebook bestreitet offiziell, Gespräche über Ihr Mobiltelefon mitzuhören, aber viele Menschen haben geschworen, dass sie es tun, und haben unzählige Geschichten geteilt, um diese Behauptung zu belegen.[7, 8] Die Moderatorin von *CBS This Morning*, Gayle King, stellte die Frage direkt an den Instagram-Chef von Facebook, Adam Mosseri. Sie schwört, dass sie angesprochen wurde, nachdem sie in der Nähe ihres Mobiltelefons Angaben zu Produkten gemacht hatte, die sie wünschte oder interessant fand.[9] Facebook gibt jedoch zu, Hunderte von Vertragspartnern zu bezahlen, die Audiodaten für seine Messenger-App abhören und transkribieren, aber das ist nicht dasselbe wie das Eingeständnis, wahllos im Hintergrund Ihr Mobiltelefon abzuhören.[10] Facebook verweist auf den Abschnitt „Warum Sie diese Anzeige sehen" in seiner App, um mehr zu erfahren, aber das beantwortet die Frage nicht wirklich.

Viele Datenschutzexperten räumen ein, dass Facebook mithilfe von riesigen Datenmengen und künstlicher Intelligenz in der Lage ist, Sie bis zu einem gewissen Grad ins Visier zu nehmen, und dass es verständlich ist, wenn man das Gefühl hat, abgehört zu werden. Ein Datenschutzexperte hat jedoch ein Experiment durchgeführt, um der Sache auf den Grund zu gehen.[11] Fünf Tage lang führte er zweimal täglich Gespräche darüber, dass er „billige Hemden" benötige und wieder an die „Universität" gehe. Er überwachte seine Facebook-Posts, und tatsächlich gab es jede Menge Werbung für diese Dinge, zusammen mit einer zusätzlichen Werbung für billige 20-GB-Telefonverträge, nachdem sich ein Freund bei ihm beschwert hatte, dass sein Datenvolumen zur Neige gehen würde.

In Anbetracht der vielen Menschen, die von einfach so dahergesagten Dingen berichten, nach denen sie nicht online suchen, für die sie aber Facebook-Werbung erhalten, glaube ich persönlich, dass an diesen Behauptungen etwas dran ist. In der Zwischenzeit müssen wir abwarten, ob ein cleverer investigativer Journalist einen Insider findet und der Sache auf den Grund geht. Wie wir alle wissen, haben Technologieunternehmen schon oft gelogen, bis sie erwischt wurden.

Es gibt juristisch verwertbare Beweise dafür, dass Amazons Alexa die ganze Zeit zuhört und aufzeichnet. Alexa war 2019 im Mordprozess gegen Silvia Galva ein „Zeuge". Der Angeklagte wollte die Alexa-

Aufnahmen erhalten, weil er glaubte, sie würden ihn entlasten und beweisen, dass Galvas Tod ein Unfall war.[12] Die Polizei erwirkte einen Durchsuchungsbefehl für alle bei Amazon liegenden Aufzeichnungen des Geräts. Aufgrund der von Amazon vorgelegten Beweise wurde der Angeklagte entlastet. Wir nehmen zur Kenntnis, dass Amazon zwar schwört, dass Alexa Sie nur nach Verwendung des Weckworts „Alexa" aufzeichnet, dass in diesem Fall aber keine Weckwörter erwähnt wurden. Mit anderen Worten: Ich denke, man kann davon ausgehen, dass Alexa die ganze Zeit aufgezeichnet hat. Wenn das der Fall ist, hört Alexa uns regelmäßig ab, und speichert Amazon die Aufnahmen? Ich wüsste nicht, wie sie sonst Material für einen Durchsuchungsbefehl zur Verfügung stellen könnten, wenn es nicht so wäre. Sie etwa?

Inwiefern ist Youtube ein wenig „zu gut" im Vorschlagen des nächsten Videos?

Da ich mich in vielen Kapiteln auf Youtube konzentriert habe, halte ich es für wichtig, darauf einzugehen, was sie über Sie wissen, woher sie es wissen und was sie mit diesen Informationen anfangen. Erstens ist ihr Empfehlungsalgorithmus für 70 Prozent der Aufrufe auf Youtube verantwortlich – so gut ist er. Laut der Mozilla Foundation sind die grundlegenden Mechanismen dieselben wie bei anderen Empfehlungsprogrammen für Social-Media-Inhalte. Es geht um Inhalte, Kontext und Nutzerdaten. Für die Inhalte nutzen sie KI, um Informationen aus hochgeladenen Videos zu extrahieren, zum Beispiel worum es in den Videos geht und von wem sie stammen. Der Kontext berücksichtigt, wo Sie sich in der Welt befinden, ob es ein Wochenende oder ein Feiertag ist und was sie über die Umgebung wissen, in der Sie das Video ansehen.

Was Sie als Nutzer betrifft, so hängen die Daten, über die sie verfügen, von den Nutzereinstellungen Ihres Youtube-Kontos ab. Es gibt Daten, die Sie freiwillig direkt an Youtube weitergeben, zum Beispiel

Likes, Abonnements, Kommentare, Watchlists, wie Sie Ihre Watchlists nennen und welche Videos Sie an andere weiterleiten. Es gibt Verhaltensweisen, die die KI beobachtet, während sie Sie auf ihrem System verfolgt, zum Beispiel wie viel Sie sich von einem Video ansehen, wie lange Sie es jeweils ansehen, welche Videos und welche Art von Videos Sie sich ansehen, ob Sie ein Video überspringen und wenn ja, welche Teile Sie überspringen. Youtube verfolgt, wie Sie durch empfohlene Videos scrollen. Wenn Sie schnell durch die Videos scrollen und dann plötzlich langsamer werden, bedeutet dies, dass eine der Video-Miniaturansichten Ihre Aufmerksamkeit erregt hat. Wenn Sie mit dem Mauszeiger über ein Video fahren, signalisiert das ebenfalls Interesse – auch wenn Sie nicht darauf klicken. Anhand all dieser Informationen versucht Youtube, Rückschlüsse auf Ihr Alter, Ihr Geschlecht, Ihr Einkommen, Ihren Bildungsstand, Ihre ethnische Zugehörigkeit, Ihre sexuellen Vorlieben, Ihre politischen Präferenzen und Ihre Vorliebe für bestimmte Arten von Videos wie „lustige Katzenvideos" zu ziehen.[13]

Wie Daten in die KI einfließen, die Sie kennzeichnet

Ohne Daten ist künstliche Intelligenz buchstäblich nichts. Es gibt nur wenige Hauptalgorithmen, etwa 20, wenn man dem Buch *The Master Algorithm* des Datenwissenschaftlers Pedro Domingos Glauben schenkt. Laut einem Patentanwalt, mit dem ich am MIT gesprochen habe, kann man kein Patent für ein KI-basiertes Produkt oder einen Vermögenswert erhalten, ohne 1) die Daten, die man sammelt, 2) den Algorithmus, den man zu verwenden gedenkt, und 3) den beabsichtigten Zweck anzugeben. Datenwissenschaftler verwenden Daten, um einen Algorithmus zu trainieren, der die richtigen Bezeichnungen für eine Person oder eine Sache ermittelt und feststellt, was die falschen sind. Dieser Prozess wird als *überwachtes Lernen* bezeichnet, und in diesem Fall erhält der Algorithmus Daten, die manuell gekennzeichnet wurden.

Der Einfachheit halber nehme ich an, ich füttere das KI-System, das ich trainiere, mit sechs Bildern. Drei der Bilder zeigen verschiedene Entenarten, die übrigen drei sind von anderen Tieren. Wenn ich versuche, Enten zu finden, dann sollte die KI das sogenannte „Clustering" durchführen, das heißt alle Enten auf der Grundlage von Ähnlichkeiten zueinander in Gruppen zusammenfassen. Die Übrigen werden einfach als „keine Enten" gekennzeichnet. Nach der ersten Auswertung der Bilder findet sie vielleicht nur zwei Enten. Als Mensch korrigiere ich die Maschine und zeige ihr, wo sie auf dem dritten Entenbild hinschauen muss, um zu erkennen, ob es sich um eine Ente handelt, und wo die KI ihre Beschriftung falsch vorgenommen hat. Dann werde ich weitere Bilder von verschiedenen Entenarten und Tieren in das System einspeisen. Der Prozentsatz, der richtig ist, wird dann mit den neuen Informationen, die ich ihm gerade gegeben habe, wieder steigen. Der Datenwissenschaftler wiederholt diesen Prozess so lange, bis das System eine Trefferquote von 90 Prozent oder mehr erreicht. Wenn es sich bei dem verwendeten Algorithmus um etwas handelt, das sich auf das Leben einer Person auswirken könnte, dann wollen Sie die höchstmögliche Genauigkeitsrate.

Dieser Prozess wird exponentiell komplizierter, je nachdem, worauf das System geschult werden soll und wie viel Fachwissen ein System für diese Schulung benötigt. Ein KI-Tool für die Brustkrebsdiagnose muss zum Beispiel mit vielen Bildern von Brustkrebs trainiert werden. Bei den Ausbildern muss es sich um Personen handeln, die sehr gut in der Lage sind, zu beurteilen, wonach sie bei einer Krebsgeschwulst suchen.

Wer die Daten kennzeichnet, ist ein weiterer interessanter Faktor. Wir nehmen immer an, dass Daten über Computersysteme, Netzwerke und das Internet leicht zugänglich sind. Doch oft sind die wertvollsten Daten noch nicht so miteinander verknüpft, dass KI sie nutzen kann. Um beispielsweise für KI-Systeme nützlich zu sein, die in Zukunft Enten identifizieren wollen, muss eine *fehlbare* Person dasitzen und die Fotos oder Bilder beschriften, indem sie das Wort „Ente" eintippt. Die schäbige

Kehrseite der Medaille ist, dass solche Arbeiten an unterqualifizierte Menschen in Ländern der Dritten Welt vergeben werden können, die nur einen geringen Stundenlohn erhalten. Möglicherweise hatten sie noch nie mit einer Ente zu tun. Wo immer Menschen beteiligt sind, gibt es Raum für menschliches Versagen und das Potenzial für Fehler. Einige Gruppen haben Crowdsourcing genutzt, um große Bestände an gekennzeichneten Daten für Trainingszwecke aufzubauen. Eine dieser Bemühungen wurde von Fei-Fei Li aus Stanford unternommen, als er die Bilddatenbank ImageNet schuf, die die Forschung im Bereich Computer Vision (Computersehen) unterstützt. Dies hat seine eigenen Probleme mit sich gebracht, denn die Untersuchung der Datensätze hat eine durchschnittliche Fehlerquote von 3,4 Prozent ergeben. Bilder wurden falsch beschriftet, zum Beispiel wurde eine Hunderasse mit einer anderen verwechselt oder ein Baby mit einer Brustwarze. Das klingt auf den ersten Blick harmlos, fast schon albern, aber denken Sie einmal an all die Daten, über die wir gerade gesprochen haben.

Stellen Sie sich vor, die KI, die Ihre Kreditwürdigkeit ermittelt, verwendet falsche oder unvollständige Informationen – die Wahrscheinlichkeit ist groß, dass dies der Fall ist. Oder noch besser: Stellen Sie sich vor, dass die Algorithmen zur Bekämpfung der Geldwäsche, mit denen sichergestellt werden soll, dass Sie kein Terrorist sind, bevor die Banken Ihnen Geld leihen, entscheiden, dass Sie aufgrund ungenauer religiöser Daten nicht infrage kommen.

CAMBRIDGE ANALYTICA UND DER KOSTENSENKENDE UNIVERSITÄTSFORSCHER

Aleksandr Kogan entwickelte eine Facebook-App mit dem Namen This Is Your Digital Life, die nach dem Herunterladen Informationen von Personen und deren Freunden abfragte und darauf zugriff. Sie bot ein Persönlichkeitsprofil an und bezeichnete sich auf Facebook als „eine von Psychologen verwendete Forschungs-App". Alexander Nix, der ehemalige CEO des inzwischen aufgelösten Unternehmens Cambridge Analytica, wird damit zitiert, dass er auf der Bühne mit den 5.000 psychografischen Datenattributen pro Person prahlte, die sie abrufen konnten: „Indem wir Hunderttausende von Amerikanern befragt haben, waren wir in der Lage, ein Modell zu erstellen, mit dem wir die Persönlichkeit jedes einzelnen Erwachsenen in den Vereinigten Staaten von Amerika einschätzen können."[14] Schätzungen zufolge waren letztlich 87 Millionen Menschen von der App betroffen.[15] Die von Cambridge Analytica gesammelten psychografischen Informationen wurden dann angeblich verwendet, um Wähler auf Facebook mit der von Cambridge Analytica als „Defeat Crooked Hillary" bezeichneten Kampagne von 2016 zu beeinflussen.[16]

In einem Interview mit Lesley Stahl von der Nachrichtensendung *60 Minutes* sagt Aleksandr Kogan: „Ich habe also diese App entwickelt, mit der sich Leute für eine Studie anmelden können. Und wenn sie sich für die Studie anmelden, händigen wir ihnen einen Fragebogen aus. Und in der Umfrage haben wir nur diese Facebook-Anmeldeschaltfläche. Und sie klicken auf die Schaltfläche, um uns zu autorisieren. Wir bekommen ihre Daten."

Lesley unterbricht: „Uns autorisieren, was zu tun?"

Kogan sagt: „Um bestimmte Daten zu sammeln. Wir würden Dinge wie ihren Standort, ihr Geschlecht, ihren Geburtstag, ihre Likes und ähnliche Informationen über ihre Freunde sammeln. Und all das hier …"

Lesley unterbricht erneut: „Aber sie [die Freunde] haben nicht zugestimmt."

Darauf antwortet Kogan: „Sie haben also nicht explizit zugestimmt … Dies war jahrelang eine Kernfunktion der Facebook-Plattform. Es war keine Sondergenehmigung, die man einholen musste. Das war einfach etwas, das jedem Entwickler, der es wollte, zur Verfügung stand."

Lesley Stahl fragt: „Was glauben Sie, wie viele Apps es gibt, wie viele Entwickler, die das gemacht haben, was Sie gemacht haben?"

„Zehntausende … Sie haben diese großartigen Tools für Entwickler entworfen, um die Daten zu sammeln. Und sie haben es uns sehr leicht gemacht. Ich meine, das war kein Hacken. Das war: ,Hier ist die Tür. Sie ist offen. Wir verschenken die Lebensmittel. Bitte sammeln Sie sie ein.'"

Sandy Parakilas, ein ehemaliger Manager, der bei Facebook für den Datenschutz zuständig war, sagte: „Ich denke, das eigentliche Problem ist, dass wir ein Unternehmen haben, das wiederholt durch Daten-schutzskandale auffiel. Wenn Ihr Partner Sie 15-mal betrogen hat und sich 15-mal entschuldigt hat – irgendwann müssen Sie sagen: ,Jetzt reicht es. Wir müssen hier etwas ändern.'"[17]

WIE TARGET DIE SCHWANGERSCHAFT SEINER KUNDINNEN BIS INS LETZTE TRIMESTER FESTSTELLEN KONNTE

Andrew Pole war Datenwissenschaftler bei Target. In einem Artikel der *New York Times* und einem darauffolgenden Buch verkündete er stolz, dass er mit erstaunlicher Genauigkeit vorhersagen konnte, ob Frauen schwanger waren und in welchem Trimester sie sich befanden, und zwar allein aufgrund der Waren, die die Frauen im Laden kauften. Er hat im Alleingang die Big-Data-Paranoia mit „Gruselfaktor" geschaf-fen, die so viele von uns erleben. Es erklärt uns, dass Datenwissen-schaftler bereits einige Dinge über uns wissen, manchmal sogar bevor wir sie wissen. Alles begann damit, dass zwei Marketingkollegen ihn fragten: „Wenn wir herausfinden wollen, ob eine Kundin schwanger ist, auch wenn sie das nicht will, können Sie das tun?" Der Teil „selbst wenn sie nicht will, dass wir es wissen" hätte ein Hinweis darauf sein sollen, dass einige Daten *nicht* bekannt werden sollten. So wurde die 16-Jährige später ihrem Vater gegenüber geoutet, der sich erkundigte, warum Target Werbung für Babysachen an seine Tochter adressierte.

Der Vater kehrte später in den Target-Laden zurück, um sich für seinen Ausbruch zu entschuldigen, als er erfuhr, dass seine Tochter tatsächlich schwanger war.

LÄDEN WIE MACY'S UND SUPERMÄRKTE NUTZEN KI-BASIERTE GESICHTSERKENNUNG

Stellen Sie sich vor, Geschäfte könnten Sie sofort anvisieren, indem sie Ihr Gesicht scannen, wenn Sie die Tür betreten und durch die Gänge gehen. Sie könnten sogar Ihre Gesichtszüge mit einer noch nicht erprobten Gesichtserkennungsdatenbank vergleichen, die von Strafverfolgungsbehörden und ICE verwendet wird, wie zum Beispiel die von Clearview AI. Sie könnten Sie als „potenziellen Ladendieb" oder „verdächtige Person" einstufen, wenn Sie den Anschein erwecken, aus dem Nahen Osten zu stammen, einen Kapuzenpullover tragen oder dunkelhäutig sind. Sie könnten Ihr Gesicht in der Datenbank einfach nur falsch zuordnen und Sie mit einer „Person von besonderem Interesse" in einem Kriminalfall verwechseln. Dann könnte der Sicherheitsdienst die Polizei rufen und Sie vor aller Augen zu Unrecht verhaften. Das System könnte Sie als Empfänger von Essensmarken und somit als „niedrige Priorität" einstufen, während Gesichter mit höherem Einkommen als „hohe Priorität" eingestuft werden. Sie könnten Sie aus dem Geschäft verbannen, weil Sie mithilfe der sozialen Medien gegen ihre unlauteren Geschäftspraktiken protestiert haben. Oder sie könnten etwas so Lästiges tun, wie Ihnen ständig Coupons in Echtzeit auf Ihr Mobiltelefon zu schicken, während Sie sich in einem bestimmten Gang des Ladens befinden, damit Sie diesen Gang nicht verlassen, ohne einen Artikel in Ihren Einkaufswagen gelegt zu haben.

Und wissen Sie was? Sie müssen es sich nicht vorstellen. Es passiert wirklich. Macy's geriet kürzlich wegen des Einsatzes von Gesichtserkennungstechnologie im Rahmen einer Sammelklage gegen Clearview in Illinois unter Beschuss, bei der es um die Erfassung biometriscı. Daten ging.[18] Zu den Geschäften, die derzeit Gesichtserkennung einsetzen, gehören Albertsons, H.E.B Grocery, Macy's und Apple Stores.[19] Zu den Geschäften, die darüber nachdenken, es einzusetzen, gehören Walgreens, McDonald's, Yum! Brands (Pizza Hut, KFC, Taco Bell), 7-Eleven, Best Buy, Publix, TJX, Aldi, Dollar General, Kohl's, Starbucks, Ace Hardware, Meijer, ShopRite, Ross und Ahold Delhaize USA.[20] Fight for the Future, eine Überwachungsgruppe für Gesichtserkennung, empfiehlt, nach Möglichkeit in andere Geschäfte zu gehen, und stellt derzeit eine Liste von Geschäften zusammen, die *keine* Gesichtserkennungstechnologie verwenden, um dabei zu helfen.[21]

EMPFEHLUNGEN

Ich könnte den ganzen Tag lang Empfehlungen zum Datenschutz abgeben. Es gibt so viele Dinge, die Sie tun können, um sich zu schützen. Letzten Endes müssen Sie entscheiden, wie viel Verlust an Privatsphäre Sie im Austausch für Bequemlichkeit in Kauf nehmen wollen.

Machen Sie sich damit vertraut, wie Unternehmen Sie überwachen

Lesen Sie den Bericht „Deep Dive into the Technology of Corporate Surveillance" der Electronic Frontier Foundation. Sie können ihn finden, indem Sie nach „EFF Behind the One Way Mirror" suchen.[22]

Verwenden Sie Datenschutz-Tools beim Browsen, E-Mailen und bei der Onlinesuche

Suchmaschine. Eine ausgezeichnete, kostenlose Suchmaschine zum Schutz der Privatsphäre, die anstelle von Google verwendet werden kann, ist DuckDuckGo. Gehen Sie zu duckduckgo.com, um die entsprechende Anwendung für Ihren Browser herunterzuladen. Ihre persönlichen Daten werden nicht gespeichert, und Sie werden nicht getrackt. Sie können auch die mobile App herunterladen und sie anstelle des Webbrowsers Ihres Mobiltelefons verwenden.

Browser. Ich liebe den Epic Privacy Browser. Er wird von der gemeinnützigen Organisation Electronic Privacy Information Center (EPIC) bereitgestellt. Er ist kostenlos und bietet unbegrenzt VPN/Proxy für den Browser und Werbeblocker. Wenn eine Website, zum Beispiel eine werbefinanzierte Nachrichtenseite, Ihnen das Leben schwer macht, weil Sie die Werbeblocker aktiviert haben, können Sie sie in einem Schritt ausschalten. Er ist supereinfach und intuitiv zu bedienen. Er kann Ihnen jedoch nicht helfen, wenn Sie bei Google angemeldet sind. Sie können ihn herunterladen unter www.epicbrowser.com.

E-Mail. Es gibt keine E-Mail, die sicherer und datenschutzfreundlicher ist als ProtonMail, wie die vielen Journalisten beweisen, die ProtonMail-Konten auf ihren Twitter-Seiten aufführen. ProtonMail ist in der Schweiz beheimatet und verwendet eine Ende-zu-Ende-Verschlüsselung. Außerdem ist es kostenlos. Sie können es im App Store von Apple oder bei Google Play herunterladen.

Übernehmen Sie die Kontrolle über Alexa

- Um ein Alexa-Pocket-Dial (unbeabsichtigte Kontaktaufnahme) zu verhindern, geben Sie Alexa nicht Ihre Kontaktliste und deaktivieren Sie die Anruf- und Nachrichtenfunktionen von Alexa.

- Abmeldung von Sidewalk

- Drehen Sie die Lautstärke von Alexa ganz hoch, um sicherzustellen, dass Sie sie hören, wenn sie bestätigt, dass Sie ihr einen Befehl gegeben haben, oder drücken Sie umgekehrt die Stummschalttaste am Gerät, um sicherzustellen, dass sie Sie nicht hören kann und versehentlich jemanden anruft.

- Wenn Sie diese Maßnahmen nicht ergreifen wollen, weil sie die Funktionalität von Alexa einschränken und Sie es in erster Linie aus Bequemlichkeit gekauft haben, dann seien Sie zumindest vorsichtig, wenn Sie Wörter verwenden, die wie „Alexa" klingen.

- Wenn Sie das Wort „Alexa" im Fernsehen oder an anderen Orten bei Ihnen zu Hause hören, ist die Wahrscheinlichkeit groß, dass das Gerät auf den nächsten Befehl wartet.

- Es ist auch unklar, wie lange Alexa zuhört, nachdem sie das Weckwort gehört hat, also seien Sie eine Weile vorsichtig, nachdem Sie Alexa gerufen haben. Das Gleiche gilt für Google Home und Microsoft Cortana. Sie sind nur nicht so weit verbreitet wie Alexa.

- Sie können das Weckwort auch in die beiden anderen Optionen ändern, die Amazon anbietet: „Echo" oder „Computer"

:en Sie auf die Zugriffsrechte von Drittanbieter-Apps, die
iuf Alexa laden, denn sie können jederzeit mithören und
möglicherweise Passwörter oder Informationen über Ihre
Finanzkonten ergaunern. Die Alexa-Skills sind beliebt und können viel Komfort bieten, aber prüfen Sie die App genau, bevor
Sie den Skill hinzufügen.

Prüfen Sie, welche Daten Google (einschließlich Youtube) über Sie hat

- Gehen Sie zu takeout.google.com; melden Sie sich mit Ihrer E-Mail an.

- Das Programm gibt Ihnen die Möglichkeit, die gewünschten Anwendungen auszuwählen; die Standardeinstellung ist „alle".

- Sie können auswählen, wohin die Datei geliefert werden soll, und dann auf „archivieren" klicken. Stellen Sie sich darauf ein, dass Sie warten müssen, da die Datei sehr groß sein kann.

Prüfen Sie, welche Daten Facebook über Sie hat

- Bei Facebook anmelden.

- Gehen Sie zu Ihren Kontoeinstellungen. Auf dem Desktop fin- den Sie diese in dem Pulldown-Menü in der oberen rechten Ecke Ihres Bildschirms.

- Am Ende des Menüs „General Account Settings" finden Sie die Option „download a copy of your Facebook data".

- Geben Sie Ihre E-Mail-Adresse ein, damit Facebook Sie benachrichtigen kann, wenn Ihr Download abgeschlossen ist.

- Sobald Sie Ihre E-Mail erhalten haben, klicken Sie auf den darin enthaltenen Link, um Ihr Archiv herunterzuladen. Sobald der Download begonnen hat, werden Sie von Facebook aufgefordert, Ihr Passwort erneut einzugeben.

WEITERE TIPPS ZUM SCHUTZ IHRER PRIVATSPHÄRE

VPN. Ich möchte Ihnen empfehlen, ein virtuelles privates Netzwerk zu nutzen, weil Sie damit Drittanbieter und Internetdienstleister, die Sie ausspionieren wollen, umgehen können. Es ist jedoch nicht so einfach, herauszufinden, wem Sie vertrauen können, sowohl im Hinblick auf den Anbieter als auch die Länder, in denen er ansässig ist. Ein Land, das es wirklich auf Ihre Daten abgesehen hat, könnte den VPN-Anbieter dazu zwingen, ihm Zugang zu Ihren Daten zu gewähren oder Sie einfach eine Weile ausspionieren zu lassen. Informieren Sie sich so gut wie möglich über VPNs, bevor Sie für eines bezahlen. Sie sollten in der Lage sein, ein anständiges für 40 bis 60 Dollar pro Jahr zu bekommen.

Datenschutz-Einstellungen. Verschärfen Sie die Datenschutzeinstellungen für jede einzelne mobile App; sperren Sie Standortdienste, wenn Sie keine Apps verwenden; sperren Sie den Zugriff auf Kamera und Mikrofon, wenn nicht klar ist, warum die App darauf zugreifen muss. Alles, was Ihre Lieblingsanwendungen nicht brauchen, um ihre Aufgabe zu erfüllen, sollte abgelehnt werden.

Nicht posten. Halten Sie Details aus Ihrem Leben von Social-Media-Seiten wie Facebook, Instagram und Google fern. Je mehr persönliche Daten Sie veröffentlichen, desto mehr setzen Sie sich dem Risiko aus, dass diese Informationen gegen Sie verwendet werden. Posten Sie auf keinen Fall Nahaufnahmen von Ihrem Gesicht.

Prüfen Sie Apps von Drittanbietern auf Facebook. Stellen Sie fest, wer Zugang zu Ihren Daten hat. Gehen Sie in der Facebook-App oder auf der Facebook-Website zu Einstellungen und dann zu Apps und Websites. Sie erhalten eine Liste.

Sagen Sie Nein zu 99-Dollar-Gentests. Nehmen Sie nicht an Gentests mit Gruppen teil, die nicht unter den HIPAA fallen. Das heißt, wenn Sie eine genetische Beratung benötigen, sollten Sie einen Arzt aufsuchen. Ja, es ist teurer als 23andMe oder einige der anderen Gentests, aber es sind Ihre Gene und möglicherweise die Gene Ihrer Kinder und Enkelkinder. Denken Sie darüber nach. Wer weiß, welche Technologien es in Zukunft geben wird, die diese genetischen Informationen nutzen können? Wollen Sie wirklich, dass diese Informationen veröffentlicht werden, ohne dass Sie sie kontrollieren oder beeinflussen können? Sie können Ihre Daten nicht mehr zurückholen, wenn Sie einen Abstrich eingereicht haben.

Und schließlich, und das ist zeitaufwendig ...

Melden Sie sich von Big Data Brokern ab. Auf PrivacyBee.com finden Sie Schritt-für-Schritt-Anleitungen, wie Sie sich bei jedem großen Datenbroker abmelden können. Suchen Sie nach „How to Remove Yourself from Data Brokers" und „Privacy Bee" (in „Buzzy-stingy"-Art).[23]

8

KI-Manipulation: Kann KI Kindern und Jugendlichen schaden?

Manipulation ist die Ausübung von schädlichem Einfluss auf andere. Menschen, die andere manipulieren, greifen deren mentale und emotionale Seite an, um zu bekommen, was sie wollen. Die manipulierende Person – der Manipulator – versucht, ein Machtungleichgewicht zu schaffen und ein Opfer auszunutzen, um Macht, Kontrolle, Vorteile und/oder Privilegien auf Kosten des Opfers zu erhalten. Menschen, die andere manipulieren, haben gemeinsame Merkmale, auf die Sie achten können. Sie kennen Ihre Schwächen und wissen, wie sie diese ausnutzen können, setzen Ihre Unsicherheit gegen Sie ein und überreden Sie, etwas aufzugeben, was Ihnen wichtig ist, um Sie noch abhängiger zu machen. – *WebMD*

KI-QUIZ: TESTEN SIE IHR WISSEN ÜBER DIE AUSWIRKUNGEN VON KI AUF KINDER UND TEENAGER

1. Welche zwei der folgenden Faktoren sind für die Techniksucht ausschlaggebend?

   a. Ängste

   b. Depression

   c. Neugierde

d. FOMO

(Fear Of Missing Out, dt.: Angst, etwas zu verpassen)

e. Langeweile

2. Das größte Problem, das Jugendliche unter Gleichaltrigen sehen, ist: *(Bitte eines auswählen)*

a. Gangs

b. Schwangerschaft bei Teenagern

c. Angstzustände und Depressionen

d. Mobbing

e. Drogenabhängigkeit

3. Der erste Präsident von Facebook sagte dies über die Algorithmen von Facebook: *(Bitte alles Zutreffende auswählen)*

a. Sie nutzen eine Schwachstelle der menschlichen Psychologie aus.

b. Das verändert buchstäblich Ihr Verhältnis zur Gesellschaft.

c. Das beeinträchtigt wahrscheinlich die Produktivität.

d. Gott allein weiß, was das mit den Gehirnen unserer Kinder anstellt.

e.   Wir müssen Ihnen ab und zu einen kleinen Dopamin-Kick verpassen.

4. Welche Aussagen sind zutreffend? *(Bitte alles Zutreffende auswählen)*

a.   Likes, Upvotes und Klatschen sind so konzipiert, dass sie gewünschtes Verhalten online belohnen.

b.   70 Prozent der Youtube-Aufrufe werden von den eigenen Empfehlungsmaschinen gesteuert.

c.   Es gab einen 151-prozentigen Anstieg der Selbstmorde bei Mädchen im Alter von 10 bis 14 Jahren seit der Einführung der sozialen Medien im Jahr 2009.

d.   70 Prozent der Jugendlichen haben das Gefühl, dass ihre Nutzung sozialer Medien süchtig macht.

e.   90 Prozent der Kinder bis 11 Jahre schauen Youtube.

5. Die Rolle der künstlichen Intelligenz bei der Schädigung von Kindern, die soziale Medien nutzen, umfasst Folgendes: *(Bitte alles Zutreffende auswählen)*

a.   Empfehlung ihrer Videobeiträge an Pädophile

b.   Empfehlung von Katzenvideos

c.   Inhalte zu Selbstverletzung und Selbstmord werden auf den Homepages der sozialen Medien hoch eingestuft.

d. Sie werden durch Benachrichtigungen von Freunden und Likes dazu verleitet, Technik häufiger zu nutzen.

e. Cybermobbing gegen sie

Siehe Antworten auf der nächsten Seite

ANTWORTEN AUF DAS KI-QUIZ:
TESTEN SIE IHR WISSEN ÜBER DIE AUSWIRKUNGEN
VON KI AUF KINDER UND TEENAGER

1. a. und b. Während c., d. und e. sicherlich dazu beitragen können, stellt *Psychology Today* fest, dass viele Süchte mit Ängsten und Depressionen beginnen.

2. c. Jugendliche sind voller Ängste und Depressionen; kein Wunder, dass sie so techniksüchtig sind.

3. Alle.[1]

4. a., b. und c.; d. ist tatsächlich 50 Prozent; e. ist 80 Prozent.

5. a., c. und d. Leider sind Cybermobber Menschen, die verletzende Kommentare posten oder beantworten. Diese sind zwar schädlich, werden aber nicht von der KI erzeugt.

WIR SIND DER KOCHENDE FROSCH; KI IST DIE WASSERTEMPERATUR

Wir machen uns keine Sorgen darüber, dass wir von unseren Telefonen, Computern oder Fernsehern manipuliert werden. Während unsere Kinder endlose Stunden auf Youtube verbringen, denken wir nicht wirklich darüber nach, außer dass wir es bedauern: *Es ist traurig, dass sie nicht mehr nach draußen gehen und spielen, aber ich schätze, das ist ein Generationsproblem*, denken Sie sich. *Zu unserer Zeit hatten wir mehr Freunde, und die Welt war* (wahrscheinlich) *ein sicherer Ort für uns, um draußen zu spielen.* Aber war er das? Sind wir sicher, dass das auch schon alles ist? In den 1980er-Jahren war der Samstagmorgen für mich eine tolle Zeit, in der ich alle meine Lieblingsserien sehen konnte. Sie liefen ab acht Uhr morgens, und das war es – es gab keine Aufnahmen oder Endlosschleifen. Man musste rechtzeitig aufwachen, um sie zu sehen, oder man verpasste sie. Wenn die Zeichentrickfilme um die Mittagszeit zu Ende waren, übernahmen die langweiligen Erwachsenen mit ihren langweiligen Nachrichtensendungen (oder schlimmer noch, Golf oder andere Sportarten) den einzigen Fernseher im Haus. Das bedeutete normalerweise, dass es Zeit war, aufzustehen und etwas anderes zu tun. Wenn man nicht nach draußen ging oder versuchte, sich mit Freunden zu treffen, wurde man wahrscheinlich zu der am meisten gefürchteten Aufgabe herangezogen: Hausarbeiten am Samstagnachmittag.

Diese Dynamik gibt es heute nicht mehr. Die Kinder können zu jeder Tageszeit und auf jedem Bildschirm in ihrer Nähe sehen, was sie wollen, und zwar so lange, wie sie können, bevor sie einschlafen und das Ganze wiederholen. Es gibt keine Anreize, aufzustehen und etwas anderes zu tun, und deshalb tun viele von ihnen das auch nicht. Es gibt nur wenige Interaktionen im wirklichen Leben, die ihre Gedanken ablenken, nachdem sie endlose Stunden angstauslösender Inhalte gesehen haben, und ihre Köpfe frei machen. Sich eine Sendung nach der anderen anzusehen ist eine einsame und isolierende Tätigkeit. Da ist kein Platz für Gespräche, produktive Aktivitäten, Kreativität, Freunde oder das wirkliche Leben. Die Eltern tun heute wahrscheinlich dasselbe wie die Kinder. Anstatt sich endlose Programme auf Youtube anzuschauen, doomscrollen sie durch endlose sensationslüsterne Nachrichten, die ihnen auf digitalen Geräten serviert werden, ähnlich wie Kinder sich ein Video nach dem anderen anschauen.

Diese Verhaltensweisen haben schreckliche Auswirkungen auf uns alle, und wir sind uns dessen entweder nicht bewusst oder leugnen es. Viel weniger denken wir darüber nach, *wie* es dazu kam und was hinter unserer Verhaltensänderung steckt. Wir denken immer, dass wir die Kontrolle haben. Schließlich lassen wir uns in unserem *realen*

Leben nicht so leicht beeinflussen – was auch immer „real" heutzutage bedeutet, wenn man bedenkt, dass alles, von der Arbeit über glückliche Stunden bis hin zu Hochzeiten, online stattfindet. Doch die Statistiken beweisen, dass wir der Frosch sind, der langsam im Topf kocht. 50 Prozent der Jugendlichen geben an, dass sie von ihren mobilen Geräten abhängig sind.[2] Erwachsene sind nicht besser: 44 Prozent der 18- bis 29-Jährigen sind fast ständig online.[3] Inzwischen geben 70 Prozent der Jugendlichen an, dass Ängste und Depressionen für sie ein großes Problem darstellen – weitaus mehr als Mobbing, Drogen oder Alkohol.[4] Und die Selbstmordrate bei Mädchen im Alter von 10 bis 19 Jahren ist seit der Einführung der sozialen Medien im Jahr 2009 um mehr als 70 Prozent gestiegen. Social Media stützt sich fast ausschließlich auf KI-Funktionen, um die Zielgruppen zu finden und sie mit Inhalten zu versorgen.[5] Wir reden uns ein, dass wir aus dem Topf springen würden, wenn es zu heiß wird, aber genau wie der Frosch sind wir bereits betroffen und tun trotzdem nichts dagegen. Und warum? Was ist für dieses Verhalten verantwortlich?

Tatsache ist, dass die KI eines der mächtigsten Überzeugungsmittel ist, das jemals auf die Menschheit losgelassen wurde. Die KI in unseren Social-Media-Feeds, sei es auf Youtube, Facebook, Instagram oder TikTok, liefert und pusht endlose Inhalte, Benachrichtigungen, Likes und andere selbstbestätigende Belohnungen, die uns süchtig machen sollen – damit wir länger zuschauen, mehr kaufen und uns online mehr engagieren als im echten Leben. Die künstliche Intelligenz lenkt uns auf Inhalte, die uns dazu bringen, mehr an den Mainstream zu glauben, indem sie die Muster von Gleichgesinnten nutzt, um unsere Denkweise über wichtige Themen von der Politik bis zur Kindererziehung zu manipulieren und zu gestalten. Was wir kaufen, die Bilder, die wir anklicken, die Videos, die wir uns ansehen, und die Nachrichten, die wir lesen, werden Teil einer endlosen Datenschleife, die zur KI zurückführt. Anhand dieser Muster kann die KI unsere Emotionen und Verhaltensweisen vorhersagen und auslösen. Wir sind pawlowsche

Hunde, die auf Benachrichtigungen, Likes und Empfehlungen und die damit verbundenen emotionalen Belohnungen anspringen. Sobald die KI Daten über Ihre Online-Auslöser sammelt, werden diese Daten zu Gold für interessierte Parteien, die Sie beeinflussen wollen. Mit diesen Informationen können Unternehmen an Ihrem Selbstwertgefühl arbeiten, um Sie zum Kauf zu bewegen, Aktivisten können Sie dazu bringen, sich auf ihre Seite zu schlagen, und sadistische Menschen können Sie oder Ihre Kinder für Selbstverletzungen, Sexhandel oder sogar Selbstmord „präparieren".

So düster das alles klingt – und es ist auch so –, es gibt auch Grund zur Hoffnung, und es ist noch nicht zu spät, das Blatt gegen diese Systeme zu wenden, die dazu geschaffen wurden, uns zu überreden und auszubeuten. Später werde ich eine Checkliste mit Anzeichen dafür aufstellen, dass Sie oder Ihre Kinder techniksüchtig werden, und eine Liste mit praktischen Schutzmaßnahmen, die Sie ergreifen können, um das zu verhindern. Denjenigen, die bereits süchtig sind, gebe ich Tipps, wie sie mit der Gewohnheit brechen (und einen Rückfall verhindern) können. Außerdem verrate ich Ihnen meine Insidertipps, wie Sie Online-Manipulationen erkennen und sich und Ihre Lieben davor schützen können, zum Ziel der Überredungskünste von KI-Algorithmen zu werden.

TECH-SUCHT IST DER TOPF, IN DEM WIR KOCHEN

KI soll Sie und Ihre Kinder süchtig machen, technische Geräte zu benutzen. Dies geschieht, indem Ängste geschürt werden, indem Sie mit eskalierenden Inhalten und Kommentaren getriggert werden und indem Sie für ein Verhalten belohnt werden, das den Wünschen der Urheber der Inhalte (zum Beispiel Unternehmen, Aktivisten, Werbekunden) entspricht. Um zu verstehen, wie KI eingesetzt werden kann, um uns zu manipulieren und unser Verhalten zum Schlechten zu verändern, ist es wichtig, einige unserer mentalen Befindlichkeiten und Zustände zu verstehen und zu akzeptieren, die dazu beitragen können, uns überhaupt erst anfällig zu machen. Beginnen wir mit der Sucht, das heißt mit einer Verhaltensweise, bei der die vermeintliche Belohnung uns dazu veranlasst, die Aktivität zu wiederholen, obwohl sie schädliche Folgen für uns oder andere haben kann. In *Psychology Today* heißt es: „Bei süchtigen Verhaltensweisen sind die Belohnungs- und Verstärkungswege im Gehirn intensiv beteiligt, und es besteht eine erhöhte Wahrscheinlichkeit, dass sie von psychischen Erkrankungen wie Depressionen und Angstzuständen begleitet werden."

Unter Techniksucht versteht man den unkontrollierbaren Drang oder Impuls, die Technik so stark zu nutzen, dass sie das geistige, körperliche und soziale Leben der Person beeinträchtigt. Dies kann durch soziale Medien, Surfen im Internet, Videospiele und Online-Glücksspiele geschehen. Da es sich um eine Sucht handelt, geht sie mit Ängsten und Depressionen einher, die durch Momente der Belohnung und Verstärkung gelindert werden, die Technologien wie soziale Medien bieten, wenn die KI Kommentare und Inhalte von Menschen empfiehlt, um diese zu liken, zu lieben oder hoch zu bewerten. Der ehemalige Facebook-Präsident Sean Parker gibt zu, dass die Gründer von Facebook genau wussten, was sie taten, als sie das Unternehmen so konzipierten, dass es diese Schwächen ausnutzte. „Wir müssen Ihnen ab und zu einen kleinen Dopaminschub geben [damit Sie sich mehr mit den Inhalten beschäftigen], weil jemand ein Foto oder einen Beitrag gelikt oder kommentiert hat oder was auch immer ... Es ist eine Feedbackschleife der sozialen Bestätigung ... Sie nutzen eine Schwachstelle der menschlichen Psychologie aus. Die Erfinder und Schöpfer waren sich dessen absolut bewusst. Und wir haben es trotzdem getan. Es verändert buchstäblich die Beziehung zur Gesellschaft und zu den anderen Menschen. Wahrscheinlich beeinträchtigt es die Produktivität auf seltsame Arten und Weisen. Gott allein weiß, was das mit den Gehirnen unserer Kinder anstellt."[6]

Es ist also keine Überraschung, dass 50 Prozent der Jugendlichen techniksüchtig sind, wenn man bedenkt, dass Angstzustände und Depressionen für eine beträchtliche Anzahl von Jugendlichen ein großes Problem darstellen. Das bringt uns zu Ängsten, Auslösern und dazu, wie KI diese verschlimmern kann. „Angst ist ein psychischer Zustand, der durch übermäßige Besorgnis vor realen oder vermeintlichen Bedrohungen gekennzeichnet ist und typischerweise zu Vermeidungsverhalten und häufig zu körperlichen Symptomen wie erhöhter Herzfrequenz und Muskelanspannung führt."[7] Wenn Angstzustände zu lange ohne Behandlung oder geeignete Bewältigungsmechanismen andauern, können sie zu Depressionen werden.

Auslöser sind Situationen, die die bereits vorhandene Angst verstärken. Auslöser können unbewusst oder bewusst sein und aufgrund persönlicher Traumata oder externer Stressfaktoren auftreten. Beispiele für Auslöser sind Nachrichten, gesundheitliche Situationen, die wir nicht kontrollieren können (hallo, Pandemie!), nichts zu erreichen (wie wenn Sie jeden Tag vier Stunden lang Youtube-Videos ansehen), Angst vor dem Versagen, Angst, das Ziel aus den Augen zu verlieren, finanzielle Sorgen, Statusverlust, Konflikte, Reden in der Öffentlichkeit, arbeitsbedingter Stress und die Erinnerung an persönliche Traumata und Stigmata. All diese Auslöser gehören zu einem typischen Tag im Land der sozialen Medien.

Die Algorithmen der sozialen Medien sind darauf ausgelegt, negative Emotionen auszulösen. Die sensationslüsternen Inhalte der sozialen Medien, insbesondere die immer schockierenderen, verstärken die Angst. Dann suchen wir nach Inhalten, mit denen wir uns besser fühlen – wir suchen nach unserem Lieblings-Youtube-Videokünstler oder Instagram-Promi und hoffen auf Erleichterung. Stattdessen führt dies nur zu einem Teufelskreis der Angst. Wenn wir Glück haben, verschwenden wir nur Zeit, Produktivität oder Geld, indem wir Produkte kaufen, die auf dem Channel beworben werden. Wenn wir Pech haben und der Propaganda erliegen, verweigern wir vielleicht eine

Impfung aufgrund von Fehlinformationen, streiten uns mit Freunden über deren politische Einstellung oder nehmen an einer gefährlichen „Herausforderung" teil, die uns ins Krankenhaus bringen könnte.

ANZEICHEN DAFÜR, DASS IHRE KINDER SÜCHTIG NACH TECHNIK SIND

1. Verschlechterung der schulischen Leistungen

2. Persönliche, familiäre und schulische Probleme

3. Mangelndes Zeitmanagement

4. Schlaf- und Essstörungen

5. Verringerung der Aktivität und anschließende Gewichtszunahme

6. Internetfreunde, äußere Isolation

7. Nacken-, Rücken-, Handgelenk- oder Handschmerzen, Kopfschmerzen

8. Einschränkung der Selbstpflege oder Hygiene

Wenn Sie diese Anzeichen erkennen, sollten Sie eingreifen, bevor eine mögliche Sucht Ihre Kinder anfällig für Selbstverletzungen, Selbstmord, Sexualstraftäter oder Pädophile macht.

GEZIELT IN DEN TOD

Die Rolle der künstlichen Intelligenz bei Selbstverletzungen und Selbstmordproblemen

„Denkt daran, Kinder, seitwärts für Aufmerksamkeit, längs für Ergebnisse", sagt ein Mann und mimt Schnittbewegungen auf seinem Unterarm. „Beenden Sie es."[8] Stellen Sie sich vor, Ihre Kinder schauen sich ein Video über ein beliebtes Onlinespiel wie Fortnite an und sehen dann plötzlich aus dem Nichts diesen Clip. Das ist passiert – nicht nur auf Youtube, sondern auch auf Youtube Kids. Das Video war acht Monate zuvor gemeldet worden, wurde aber Kindern immer noch von dem berühmten KI-basierten Empfehlungssystem von Youtube empfohlen. Youtube Kids soll eine kinderfreundliche Version von Youtube für Kinder bis acht Jahre sein. Eine Mutter fand jedoch Videos mit Inhalten zu Selbstverletzung, Selbstmord, sexueller Ausbeutung, Menschenhandel, häuslicher Gewalt, sexuellem Missbrauch und Waffengewalt – einschließlich einer simulierten Schießerei in einer Schule.

Es steht außer Frage, dass Selbstmord und Selbstverletzung bei Kindern und Jugendlichen zunehmen, aber werden sie zu einem Zeitpunkt gefördert, an dem Kinder und Jugendliche am verletzlichsten sind, oder normalisieren die Empfehlungen etwas, das vorher nicht einmal in Betracht gezogen worden wäre? Finden die Algorithmen jetzt Kinder, die bereits ängstlich, depressiv oder techniksüchtig sind, und treiben sie in den Wahnsinn? Oder schlimmer noch: Führen die Algorithmen dazu, dass einst tabuisierte Themen interessant gemacht werden, und verführen dann glückliche Kinder mit angstauslösenden Inhalten, wenn sie die Themen weiter erforschen?

Im Jahr 2020, das für die meisten Menschen aufgrund des Covid-Lockdowns bereits ein beunruhigendes Jahr war, sahen Kinder und

Jugendliche überall ein mysteriöses und faszinierendes animiertes Musikvideo in ihrer Youtube-Playlist. Das Video ist sogar so beliebt, dass es zum Zeitpunkt der Abfassung dieses Buches bereits über 25 Millionen Mal angesehen wurde. Das Video heißt „Ruru's Suicide Show on a Livestream Official Video" und zeigt einen mysteriösen Charakter namens „Ruru".[9] Im oberen Kommentarbereich stehen Aussagen wie: „RIP Roro."

„Roro-chan wäre 22 Jahre alt, wenn sie nicht gesprungen wäre."

„Dieses Mädchen sollte nicht von Fans bejubelt werden. Sie ist eine reale Person, die sich umgebracht hat."

„Dass Menschen ein unschuldiges junges Mädchen dazu ermutigen, von einem Gebäude zu springen, widert mich an."

„Ich habe immer daran gedacht, mich umzubringen, aber ich habe mich nie dazu durchgerungen, es zu tun."

Dies sind nur einige der rund 133.000 Kommentare. Einige Beiträge sind sogar noch düsterer, während andere sich weigern, zu viel mitzuteilen, weil sie befürchten, online als suizidgefährdet eingestuft zu werden – eine Ironie des Schicksals, denn anscheinend wurden sie bereits von der KI-basierten Youtube-Empfehlung als suizidgefährdet eingestuft, bevor sie das Video überhaupt erst sahen.

Das Video ist jetzt mit einer Warnung versehen, bevor es abgespielt werden kann, aber die Warnung, gepaart mit den Kommentaren, die Sie lesen können, bevor Sie das Video abspielen, diente nur dazu, das Interesse der von mir befragten Teenager zu verstärken. Das weckt den Wunsch, noch tiefer in den digitalen Kaninchenbau der Selbstverletzungs- und Selbstmord-Challenge-Videos einzutauchen, um herauszufinden, ob Roro eine reale Person war – wie einige der Kommentare vermuten lassen – oder ob es sich nur um einen ausgeklügelten Scherz handelt.

Da 70 Prozent der Youtube-Aufrufe durch KI-gestützte Empfehlungen generiert werden, hat Youtube eine selbstmörderische Intrige in die Video-Feeds dieser Teenager eingefügt und dann die Empfehlung im Feed *beibehalten*, sodass sie nicht verschwindet, bis sie angeklickt wird.[10] Die 25 Millionen Aufrufe dienten der Normalisierung des Inhalts. Die fesselndsten Kommentare wie „RIP Roro" bringen die Jugendlichen dazu, nach weiteren Videos zu suchen, um herauszufinden, was wirklich mit Roro passiert ist. Dann bietet die KI immer dunklere Inhalte an, um ihr Publikum – die Jugendlichen – bei der Stange zu halten, bis sie immer mehr Selbstmordaufforderungen, Anleitungen zur Selbstverletzung und Videos von Menschen, die sich selbst verletzen oder umbringen, sehen. Sie versinken in diesem Inhalt und fühlen sich wahrscheinlich ähnlich wie Roro selbst, nachdem sie sich stundenlang durch den Selbstmordkaninchenbau gehangelt haben. Es stellte sich heraus, dass Roro echt *war*. Es handelte sich um ein 14-jähriges japanisches Mädchen, das per Livestream immer gefährlichere Stunts vorführte, wie zum Beispiel in den Verkehr zu rennen und auf dem Dach ihrer Wohnung zu stehen, bis sie schließlich – angefeuert durch Kommentare in den sozialen Medien während ihres Livestreams – vor laufender Kamera Selbstmord beging, indem sie von ihrem Balkon im 13. Stockwerk sprang.[11]

Leider war sie nicht die letzte Person, die so etwas getan hat. Viele andere Jugendliche haben an Selbstmord- und Selbstverletzungs-Challenges wie der Blue Whale Challenge und der Momo Challenge teilgenommen. Darin füllen die Kinder Listen mit Aufgaben zur Selbstverletzung aus (die sie als Beweis in den sozialen Medien posten sollen), zum Beispiel schneiden sie sich ein Bild eines Blauwals in den Arm. Der letzte Akt ist ein gefilmter Selbstmord. Fragt man die Überlebenden dieser Herausforderungen, warum sie diese überhaupt angenommen haben, geben die meisten Langeweile und Neugier als Hauptgründe an. Sobald sie mit den Herausforderungen begonnen hatten, drohten „Taskmaster" oder „Kuratoren", die die Erfüllung der Aufgaben und den Selbstmord überwachten, damit, den Eltern etwas anzutun, oder nutzten persönliche Informationen wie die Adresse, den Namen der Mutter, das Alter und die IP-Adresse, um den Teenagern im wirklichen Leben Gewalt anzudrohen.[12] Einem elfjährigen Jungen wurde gesagt, dass die Schnitte auf dem Bild, das er geschickt hatte, nicht tief genug waren und dass seine Mutter verletzt werden würde, wenn er nicht tiefer in den Arm schneiden würde. Das tat er. Als ihm die nächste Aufgabe gestellt wurde – die Blue-Whale-Challenge –, weigerte er sich, woraufhin ihm der anonyme Kurator mit einem Besuch in seinem Haus drohte, vermutlich um ihn zu verletzen.

Diese Informationen wurden nicht weitergegeben, um Ihnen oder Ihren Kindern Angst zu machen oder Sie dazu zu bringen, sich ganz von den sozialen Medien zu verabschieden. Das wäre unpraktisch, wenn man bedenkt, dass über 89 Prozent der Kinder im Alter von 5 bis 11 Jahren täglich Youtube nutzen und 97 Prozent der Teenager im Alter von 13 bis 17 Jahren ständig soziale Medien verwenden.[13] Ich wollte Sie darauf aufmerksam machen, dass es diese Herausforderungen gibt und dass, selbst wenn Ihr Kind nicht nach dieser Art von Videos sucht, diese durch KI-basierte Empfehlungssysteme auftauchen können. Das Ziel ist, dass Sie sich dessen bewusst sind, damit Sie wachsam und vorsichtig sein können. Bevor Sie Ihren Kindern und Jugendlichen die Nutzung sozialer Medien gestatten, sollten Sie mit ihnen ein langes Gespräch über diese schädlichen Inhalte führen und darüber, wie ernst sie sein können. Stellen Sie sicher, dass sie wissen, dass Sie nur dann helfen können, wenn Sie darüber informiert werden, egal was online droht. Am wichtigsten ist, dass sie, wenn sie diese Art von Inhalten in ihren Social-Media-Feeds empfohlen bekommen, nicht darauf klicken, sie nicht kommentieren oder weiterleiten sollten. Wenn sie sich auf anzügliche Inhalte einlassen, verbleiben diese in ihren Feeds und werden umso extremer, je mehr sie recherchieren und in den Kaninchenbau abtauchen. Stattdessen sollten sie entweder den Inhalt selbst melden oder Sie diesen melden lassen.

PÄDOPHILE UND SEXHÄNDLER

KI empfiehlt Kinder und Jugendliche anhand von Heimvideos

Hier sind die Statistiken. Einer von drei der 9- bis 17-Jährigen berichtet, dass er schon einmal sexuelle Interaktionen im Internet hatte. 77 Prozent dieser Kinder erzählen Erwachsenen, denen sie vertrauen, nicht von dem Missbrauch, dem sie online ausgesetzt sind. In Situationen, in denen Kinder unaufgefordert Aktfotos von Erwachsenen erhalten, ist dieser Prozentsatz sogar noch höher: 94 Prozent meldeten den Vorfall nicht einem Erwachsenen ihres Vertrauens (obwohl 31 Prozent vorher gesagt hatten, dass sie dies tun würden, wenn es passiert).[14] Erwachsene glauben, dass nichts vor sich geht, denn 96 Prozent der Eltern sagen, dass ihr 5- bis 11-jähriges Kind noch nie online belästigt oder schikaniert wurde.[15] Dies ist ein sicheres Rezept für eine Katastrophe. Kinder erzählen nichts, und Erwachsene fragen nicht danach. Pädophile und Sexhändler bekommen inzwischen von automatisierten KI-Systemen ein Büfett ihrer Lieblings-Heimvideos von Kindern und Jugendlichen empfohlen und bitten die Kinder in den Kommentarspalten und auf den entsprechenden Social-Media-Plattformen um weitere sexuelle Aufnahmen. In einigen Fällen suchen Menschenhändler, die Kinder und Jugendliche für weitere sexuelle Handlungen „präparieren", aktiv Kontakt zu ihnen über die Konten in den sozialen Medien, die die Kinder möglicherweise im Video selbst oder in der Beschreibung des Youtube-Eintrags angegeben haben.

Ich hasse die Ausbeutung von Kindern und Jugendlichen durch Sexualstraftäter zutiefst. Es macht mich regelrecht krank, darüber zu schreiben. Wenn Sie versucht sind, das Buch abzubrechen, weil es auch Sie anwidert, tun Sie es bitte nicht. Ganz nach dem Motto des Buches: Was Sie nicht über KI wissen, schadet Ihnen – oder in diesem Fall Ihren Kindern –, also lesen Sie weiter. Wir müssen sie schützen, und dazu müssen wir uns zusammenschließen. Zunächst müssen wir wissen, was passiert und wie es passiert, damit wir es stoppen können. Aber ich möchte Sie warnen, dass viele dieser Informationen beunruhigend sein werden – haben Sie Geduld mit mir.

Wie eine Mutter in Brasilien fragen Sie sich vielleicht, wie ein unschuldiges Video von ihrer zehnjährigen Tochter und ihrer Freundin, die im Pool im Garten schwimmen, plötzlich 400.000-mal aufgerufen werden konnte.[16] Laut einem akademischen Forscherteam begann das Empfehlungssystem von Youtube, das Video Nutzern zu zeigen, die andere Videos mit vorpubertären, teilweise bekleideten Kindern angesehen hatten. Offensichtlich sind Twister (das Spiel), Yoga, Schwimmen und Gymnastik beliebte Videothemen, die von Pädophilen gern angeschaut werden.[17] Ein investigativer Journalist fand heraus, dass sogar die Algorithmen der Suchleiste zu pädophilem Material führen. Wenn Sie zum Beispiel „twister girl" in die Suchleiste eingeben, erscheint in der automatischen Vervollständigung „little twister girl in a skirt". Geben Sie „girl yoga" ein, und der Algorithmus zur automatischen Vervollständigung der Suche würde „young" und „hot" einschließen. Als ob das nicht schon schlimm genug wäre: Sobald einem Pädophilen eines dieser von Youtube empfohlenen Videos „gefällt" (oder er sie kommentiert), erscheinen diese Videos in den empfohlenen Video-Feeds anderer Pädophiler, um ihre Reichweite zu vergrößern. Das Empfehlungssystem von Youtube bringt die Kinder und ihre Videos direkt in Gefahr (und zwar in einem Ausmaß, wie es Pädophile selbst wahrscheinlich nicht könnten), da sie ein Kind nach dem anderen an Sexualstraftäter weiterreichen, die ihren Dienst zum Kuratieren von Videos nutzen.

Noch beunruhigender ist, dass die Nutzer nicht unbedingt nach Videos von Kindern suchen müssen, um sie zu sehen. Die KI zielt auf Nutzer, die sich erotische Videos von erwachsenen Frauen ansehen, mit Videos von immer jüngeren Frauen ab, bis der Kaninchenbau der Empfehlungen sie schließlich zu Videos von Mädchen führt, die erst fünf oder sechs Jahre alt sind.[18]

Wie greifen diese Sexualstraftäter Kinder und Jugendliche online an? Minderjährige, die online sexuelle Interaktionen hatten, griffen dabei auf viele verschiedene Plattformen zurück, aber dies sind die Plattformen, die am häufigsten gemeldet wurden: Instagram (16 Prozent), Snapchat (16 Prozent), Messenger (elf Prozent), Facebook (zehn Prozent) und jeweils neun Prozent für Youtube, TikTok, Twitter, WhatsApp und Google Hangouts/Meet.[19] Es ist auch wichtig zu wissen, dass Sexualstraftäter Minderjährigen auf einer Website wie Youtube ausbeuterisches Material empfehlen können und dann auf einer anderen Website mit Minderjährigen oder untereinander in Kontakt treten. Ein investigativer Journalist fand beispielsweise Kommentare auf Youtube, in denen Täter Zeitcodes für Aufnahmen aus dem Intimbereich teilten und auf ähnliche Videos von Kindern verwiesen, während sie gleichzeitig Telefonnummern austauschten und versprachen, weitere Videos über WhatsApp oder Kik (eine beliebte Chat-App für Jugendliche) auszutauschen.[20]

Im Endeffekt bedeutet dies, dass viele Kinder soziale Medien wie Youtube und Instagram als Möglichkeit sehen, neue Leute kennenzulernen, sich eine Anhängerschaft aufzubauen und ohne Angst vor Verurteilung zu erforschen. Leider müssen sie dabei viel mehr mit Fremden teilen, was sie in Gefahr bringt. Das Beste, was Sie tun können, ist, mit ihnen über die Risiken zu sprechen, die mit der Veröffentlichung bestimmter Inhalte oder der Preisgabe zu vieler Details über sie selbst verbunden sind. Es ist wichtig, dass sie die Arten von Personen, die diese Inhalte sehen könnten, und ihre Absichten verstehen. Greifen Sie den subversiven Scham- und Schuldzuweisungen dieser Sexualstraftäter vor, indem Sie darüber sprechen, wie die Täter mit Minderjährigen arbeiten und wie sie Nacktbilder von sich selbst verschicken, um Druck auf Jugendliche auszuüben. Erklären Sie Ihrem Kind, dass es sich sofort an Sie wenden soll, wenn es so etwas erlebt.

Falls es aus Angst vor Scham oder Konsequenzen nicht mit Ihnen sprechen will, ermutigen Sie Ihr Kind, mit einem vertrauenswürdigen

Freund zu sprechen, oder geben Sie ihm die Nummer einer Hotline für Kinderausbeutung (mehrere sind am Ende dieses Kapitels aufgeführt), die es anrufen kann, wenn es anonym bleiben möchte. Es ist wichtig, dass es sich auf jede Weise Hilfe holt, die ihm angenehm ist – noch besser ist es, wenn es den Täter selbst meldet oder Sie diesen melden lässt. Lassen Sie Ihre Teenager diesen Abschnitt des Buches mit Ihnen lesen. Sprechen Sie regelmäßig über Dinge und Menschen, denen sie online begegnen. Verfolgen Sie ihre Beiträge in den sozialen Medien und die Reaktionen auf ihre Uploads. Achten Sie darauf, dass Ihr Kind die pädophilen Lieblingsthemen (Yoga, Schwimmen, Gymnastik, Twister) kennt, wenn es seine Videobeiträge beschreibt, damit es sich davon fernhält. Wenn die Zahl der Abonnenten ihres Youtube-Kanals oder der Follower ihrer Instagram-Stories plötzlich sprunghaft ansteigt, sollten Sie den Grund dafür herausfinden. Melden Sie zumindest verdächtige Personen und sperren Sie sie von den Konten Ihrer Kinder. Wenn ein von Ihrem Kind geposteter Inhalt unerwünschte Blicke auf sich zieht, löschen Sie ihn sofort, damit Ihr Kind nicht ein weiteres Ziel für Sexualstraftäter wird. Wenn das Problem eskaliert, sollten Sie erwägen, den Minderjährigen aus den sozialen Medien zu entfernen, indem Sie seine Konten löschen. Wir wissen, dass sich die Kinder nicht immer bei uns melden, wenn etwas nicht in Ordnung ist, deshalb müssen wir besonders wachsam sein und nachfragen.

FÜHRT UNS DIE KI AN DEN RAND EINER KLIPPE UND STÖSST UNS HINAB?

Wenn wir uns vor Dingen fürchten, von denen wir nicht einmal wussten, dass sie existieren, weil KI sie uns in den Weg stellt, verändert sich unser Verhalten und unsere Persönlichkeit für den Rest unseres Lebens. Verhaltensweisen, die eigentlich schändlich und verboten sein sollten, werden plötzlich zu etwas Normalem und von Horden gleichgesinnter Kinderschänder praktiziert, die durch KI in die Lage versetzt werden, sich gegenseitig, ihre Lieblingsinhalte und ihre Opfer zu finden, und zwar mit einem Service, der dem eines Concierge gleichkommt. Diejenigen unter uns, die am verletzlichsten und ängstlichsten sind – junge Kinder und Teenager –, suchen in den sozialen Medien nach Aufmerksamkeit und Liebe. Leider fallen viele denen zum Opfer, die ihre Schwächen ausnutzen wollen, um ihnen zu schaden. Selbst diejenigen, die gelangweilt und neugierig, aber insgesamt zufrieden auf diese Plattformen kommen, erliegen oft dem Sumpf der nicht enden wollenden, sich ständig aufschaukelnden Empfehlungen der KI. Und so bleibt die Frage im Raum: Ändern wir unser Verhalten aufgrund der endlosen Feeds, die uns die KI empfiehlt? Werden wir immer ängstlicher, depressiver, isolierter und anfälliger für Selbstverletzungen, Selbstmord und Missbrauch, weil KI uns rund um die Uhr mit Inhalten füttert, die diese Verhaltensweisen verstärken? Oder stellt sich die KI einfach nur besser auf uns ein und bringt uns Inhalte nahe, die wir auf eigene Faust nicht gefunden hätten?

Vielleicht ist die Antwort: beides. Das Ergebnis ist in jedem Fall dasselbe: Es bringt uns auf sehr effiziente Weise an unsere Grenzen. Selbstmordgefährdete Kinder mit Videos anzusprechen, die sie noch mehr verunsichern (traurige Lieder über Selbstmörder wie Roro), und Videos, die ihnen zeigen, wie sie sich selbst umbringen können („lengthwise for results"), und sie dann mit Leuten in Verbindung zu bringen, die ein Spiel daraus machen, indem sie sie zum Selbstmord auffordern (Blue Whale), scheint tatsächlich eine Manipulation zu sein, die uns an den Rand einer Klippe führen und von dort hinabstoßen soll.

WAS SIE TUN KÖNNEN, UM DIE KONTROLLE ZURÜCKZUGEWINNEN

Präventive Schutzmaßnahmen einrichten

* *Starke familiäre Beziehungen* mit gesunder elterlicher Aufsicht und Unterstützung schützen vor süchtigem Verhalten und vor dem Einfluss von schlechten Akteuren.

* *Mäßigung* ist ein Muss. Legen Sie konsequent eine tägliche Abschaltzeit fest, in der die elektronischen Geräte ausgeschaltet sind, damit das Gehirn die Möglichkeit hat, ohne ständige Benachrichtigungen und negative Interaktionen mit Gleichaltrigen zu funktionieren, die zu Konflikten, Streit und Stress führen können.

* *Positive Freunde* erhöhen die Wahrscheinlichkeit, dass wir gute Verhaltensweisen annehmen.

SÜCHTIG NACH TECHNIK? MIT DER GEWOHNHEIT BRECHEN

Techniksucht ist nicht anders als normale Sucht. Es kann mit Langeweile und Neugierde beginnen, sich aber steigern, wenn wir ängstlich oder deprimiert werden. Dann verwandeln sich mikro-obsessive Verhaltensweisen in regelrechte Abhängigkeiten. Manchmal erfordern unsere Ängste und Depressionen das Eingreifen eines zugelassenen Therapeuten. Bei jeder Sucht wird der Therapeut versuchen, den Auslösern der Angst und Depression auf den Grund zu gehen. Nehmen Sie diese Auslöser ernst. Auch wenn die Techniksucht als ein weniger schwerwiegender Zustand angesehen werden kann als eine Drogen- oder Alkoholsucht, so ist die zugrunde liegende destruktive Tendenz doch vorhanden. Und das ist eine sehr ernste Angelegenheit – vor allem, wenn andere im Internet genau wissen, wie sie diese destruktive Tendenz noch weiter anheizen können. Was als etwas scheinbar Unbedeutendes beginnt, kann schnell zu einer gefährlichen psychischen Situation eskalieren, wenn zahlreiche anonyme Nutzer und Bots eine bereits empfängliche Person zur Selbstverletzung oder zum Selbstmord auffordern.[21] AddictionResource.com macht einige gute Vorschläge, um die Psychologie des Verhaltens zu unterbrechen.

1. Legen Sie einen neuen Zeitplan fest, um Muster zu unterbrechen.

2. Ändern Sie die täglichen Nutzungszeiten von Internet und Smartphone.

3. Setzen Sie sich Ziele, um den Konsum einzuschränken.

4. Begrenzen Sie die Zeit, in der Sie bestimmte Apps und Spiele nutzen, oder hören Sie damit auf.

5. Erstellen Sie wöchentliche Internet-Nutzungspläne und stellen Sie die Einhaltung dieser Pläne sicher.

6. Schließen Sie sich einer Selbsthilfegruppe an oder nutzen Sie andere psychosoziale Angebote wie Familientherapie.

7. Erstellen Sie eine Liste der Aktivitäten, die aufgrund der übermäßigen Nutzung der Technik verpasst wurden.

8. Machen Sie eine Liste mit Aktivitäten, die Ihr Kind gern machen würde, und ermutigen Sie es, sich daran zu halten.

9. Erinnern Sie Ihre Kinder an die Vorteile einer begrenzten Nutzung.

Es gibt auch Einstellungen in der Technologie selbst, die dazu beitragen können, Suchtauslöser zu minimieren.

- Eltern können **die Nutzung elektronischer Geräte** für bestimmte Anwendungen wie Youtube, Instagram und TikTok **einschränken**. Dies sind die Plattformen der sozialen Medien, mit denen sich Jugendliche am meisten beschäftigen. Eltern können zeitliche und tageszeitliche Begrenzungen festlegen. Angstzustände und Depressionen können spät in der Nacht eskalieren, wenn die Eltern schlafen und die Jugendlichen allein sind, sodass eine frühere Abschaltzeit Jugendlichen helfen könnte, die anfällig für böswillige Akteure sind. Der einfachste Weg, um sicherzustellen, dass Ihr Teenager nachts nicht mehr ins Internet gehen kann, ist, den Router so einzustellen, dass er sich zur Schlafenszeit abschaltet. Wenn Sie dies nicht tun können, weil Sie Geräte oder Sicherheitsvorrichtungen haben, die Wi-Fi verwenden, können Sie je nach Router möglicherweise den Wi-Fi-Zugang für die Geräte Ihres Teenagers wie Handys, Laptops oder Tablets deaktivieren. Dies ist mit einer großen Einschränkung verbunden: Ihr Teenager könnte versuchen, einen Handy-Datentarif zu nutzen, was Sie teuer zu stehen kommen könnte und Ihr Kind nicht abschrecken würde. Sie müssen die Datennutzung überwachen und selbst entscheiden, was zu tun ist, wenn dieser Fall eintritt.

- **Setzen Sie die Datenschutz- und Benachrichtigungseinstellungen** für alle Apps und Geräte **zurück**, die Ihr Teenager verwendet. Wenn böswillige Akteure Sie oder Ihren Teenager nicht über die Suche oder die Auswahlmenüs der Werbung finden können, können sie Sie auch nicht weiter belästigen oder zu weiterem Handeln verleiten. Das bedeutet nicht, dass Ihre Kinder nicht trotzdem Material von Freunden und Kontakten in ihrem Online-Netzwerk erhalten, aber es kann verhindern, dass viel Unsinn in ihren digitalen Feeds auftaucht.

- **Verhindern Sie den Zugriff auf Cookies oder löschen Sie Cookies.** Dies kann auch dazu beitragen, digital aufzuräumen. Achtung: Dies trägt zwar dazu bei, auslösende Inhalte einzuschränken, kann aber im Hinblick auf die gespeicherten Passwörter auch lästig sein. Wenn Sie Bedenken haben, die Cookies zu löschen, weil Sie Ihre Passwörter nirgendwo aufbewahrt haben, sollten Sie sie für wichtige Websites speichern, bevor Sie die Cookies löschen.

- **Deaktivieren Sie die Autoplay-Einstellungen.** Dadurch wird verhindert, dass Videos und andere Inhalte automatisch nacheinander abgespielt werden, was Ihrem Kind auch signalisieren könnte, dass es Zeit ist, aufzustehen und etwas anderes zu tun.

KINDER UND JUGENDLICHE AUS DER GEFAHRENZONE HERAUSHALTEN

Das Beste, was Sie tun können, um Ihre Kinder vor Gefahren zu schützen, ist ein vorbeugendes Gespräch (oder zwei oder drei) über alle Arten von Sexualstraftätern, die es im Internet gibt – und erinnern Sie sie immer wieder daran. Die Liste dieser Sexualstraftäter finden Sie unten. Sie müssen abschätzen, wann Ihr Kind für einige dieser Gespräche bereit ist, aber ich würde spätestens im Alter von neun Jahren damit beginnen. Am einfachsten wäre es, Kindern und Jugendlichen zu raten, ihre Konten in den sozialen Medien zu löschen. Erklären Sie ihnen, dass sie keine Videos oder Bilder online stellen und sich auf keinen Fall mit Fremden einlassen sollen. Aber das würde auf taube Ohren stoßen. Folgendes sollten Sie Ihrem Kind oder Jugendlichen sagen:

- *Sexualstraftäter geben sich als Kinder und Jugendliche aus.* Gehen Sie davon aus, dass jeder, den Sie nicht im wirklichen Leben kennen, eine Art Täter ist.

- *Die Täter versuchen, Ihr Vertrauen zu gewinnen und Informationen zu erhalten, mit denen sie Sie später manipulieren können.* Jeder, der online versucht, Ihr Freund zu sein, den Sie im wirklichen Leben nicht kennen, könnte ein Pädophiler oder ein Sexhändler sein. Es gibt viele Sexualstraftäter, die Onlinespiele wie Fortnite und Minecraft nutzen, um Beziehungen und Vertrauen aufzubauen, während sie vorgeben, Kinder zu sein. Sie können Sie einladen, mit ihnen über Online-Plattformen wie Discord in Kontakt zu treten, wo es einfacher ist, Medien und Dateien in privaten Chats auszutauschen. Sie bieten vielleicht an, Videospielkarten, Geld über Paypal oder Spiele im Austausch für unschuldige Fotos zu verschicken, gehen aber mit der Zeit zu Bitten um gewagtere Fotos über.[22] Sie könnten versuchen, mit Ihnen über Sex zu sprechen, und werden Sie auf jeden Fall dazu drängen, niemandem von den Gesprächen zu erzählen.

- *Geben Sie niemals Identitätsdaten an Fremde im Internet weiter, niemals.* Geben Sie niemals Ihren vollständigen Namen, Ihre Adresse, die Adressen von Freunden oder Familienmitgliedern, Ihre E-Mail-Adresse, Ihre Telefonnummer oder den Namen Ihrer Mutter oder Ihres Vaters an jemanden weiter. Dies alles kann dazu verwendet werden, um Gewalt im wirklichen Leben anzudrohen, und es kann zur Erpressung verwendet werden, um Sie dazu zu bringen, zu tun, was sie wollen.

- *Senden Sie niemals Bilder, insbesondere keine Nacktbilder.* Die meisten Fotos sind mit Geotagging-Technologie ausgestattet und können einem Täter verraten, wo er Sie finden kann. Stellen Sie keine Bilder von Orten ein, an denen Hausnummern oder Schulnamen zu sehen sind. Nacktfotos machen Sie später nur erpressbar, wenn der Täter Ihnen droht, sie für alle sichtbar ins Internet zu stellen, wenn Sie nicht die unsittlichen Handlungen ausführen, die er von Ihnen verlangt. Das Versenden von Nacktfotos durch Minderjährige an Erwachsene, die sich als Kinder ausgeben, ist Kinderpornografie und damit höchst illegal. Nehmen Sie es nicht einfach so hin. Anfragen nach Nacktbildern, unabhängig davon, von wem sie kommen (Kind oder Erwachsener), müssen einem vertrauenswürdigen Erwachsenen gemeldet werden.

- *Verwenden Sie nicht die Standorteinstellungen von Apps* wie Facebook, Instagram, WhatsApp oder anderen. Wenn sie verraten, wo Sie sich die ganze Zeit aufhalten, ist das eine Möglichkeit für die Kuratoren von Selbstmord-Challenges und Sexhändler, Sie aufzuspüren und Ihnen im wirklichen Leben zu drohen. Schützen Sie jederzeit Ihre Identität und Ihren Wohnort.

- *Seien Sie vorsichtig, was Sie posten.* Es ist nie eine gute Idee, sexualisierte Bilder oder Videos online zu stellen. Selbst unschuldige Bilder im Badeanzug können leider die falsche Aufmerksamkeit auf sich ziehen. Zwar sollte man ganz man selbst sein können und Rede- und Inhaltsfreiheit haben. Es wird aber immer Menschen geben, die bereit sind, dies auf perverse Weise zu nutzen. Sie sind nicht schuld an ihrer Verderbtheit, aber wenn Sie doch Opfer werden, melden Sie sich bei cybertip.org. Sie können sie anonym melden, wenn Ihnen das lieber ist.

- *Informieren Sie einen vertrauenswürdigen Erwachsenen, wenn online etwas Unangemessenes passiert.* Kinderschänder nutzen Tabus, Schock und Scham, um Sie zu ködern. Sie tun dies, indem sie Nacktfotos verschicken und nach Nacktbildern fragen, indem sie falsches Vertrauen aufbauen und Ihnen oder Ihren Angehörigen im wirklichen Leben Schaden androhen. Egal, was die Täter von Ihnen verlangen oder was die Täter selbst tun, Sie müssen es einem vertrauenswürdigen Erwachsenen melden. 96 Prozent der Minderjährigen melden die Vorfälle nicht einem Erwachsenen, *vor allem* wenn der Täter Nacktfotos schickt. Das ist eine Taktik, die diese Perversen anwenden, um Sie zum Schweigen zu bringen. Spielen Sie ihnen nicht in die Hände.

- *Melden Sie unangemessenes Verhalten.* Wenn jemand Ihnen oder einer Ihnen nahestehenden Person Schaden androht, Sie um unangemessene Bilder bittet oder mit Ihnen über Sex spricht, können Sie dies anonym unter cybertip.org melden. In Notfällen rufen Sie den Notruf.

- *Blockieren Sie den Täter, schalten Sie ihn stumm und melden Sie ihn auf sozialen Medienplattformen.* Nur wenige Minderjährige sind bereit, eine Person wegen unangemessenen sexuellen Verhaltens anzuzeigen, weil sie dies als Strafe empfinden. Stattdessen ziehen sie es vor, die Person zu blockieren.[23] Da viele Täter einfach mit neuen Konten weitermachen und die Belästigung fortsetzen, ist es am besten, einen Täter zu melden – zumindest bei der Social-Media-Plattform, aber vorzugsweise auch bei den Behörden. Lassen Sie sich online überhaupt nicht auf sie ein.

- *Unangemessenen Inhalt melden.* Wenn unangemessene Inhalte automatisch empfohlen werden oder ständig in Ihrem Social-Media-Feed oder auf Ihrer Homepage auftauchen, melden Sie sie dem Social-Media-Unternehmen. Lassen Sie sich nicht darauf ein (das heißt, leiten Sie sie nicht weiter, klicken Sie sie nicht an, spielen Sie sie nicht ab und kommentieren Sie sie nicht). Diese Maßnahmen führen nur dazu, dass die KI noch mehr von dem Schund empfiehlt und möglicherweise sogar noch Schlimmeres.

WAS ELTERN TUN KÖNNEN

- *Führen Sie präventive Gespräche über Online-Sexualstraftäter.* Verwenden Sie die obige Liste. Dies ist DIE beste Maßnahme, die Sie ergreifen können, um Ihren Kindern und Jugendlichen zu helfen.

- *Stellen Sie soziale Medien als ein Privileg dar, das mit elterlichen Rechten einhergeht.* Viele von uns zögern, die Privatsphäre ihrer Kinder zu verletzen, weil sie denken könnten, wir würden ihnen nicht vertrauen. Aber von dem Moment an, in dem Sie Ihrem Kind den Zugang zu sozialen Medien gestatten, sollten Sie dies als ein Privileg betrachten, das mit elterlichen Rechten einhergeht. Zu diesen elterlichen Rechten gehören die Überwachung ungewöhnlicher, unsicherer Interaktionen und die Verfolgung der Kinder in den sozialen Medien.

- *Verfolgen Sie die Beiträge und Reaktionen in den sozialen Medien.* Wenn ein von Ihrem Kind gepostetes Video über Nacht plötzlich mehr als 1.000 Aufrufe verzeichnet, stimmt etwas nicht. Ihr Kind ist vielleicht begeistert, dass es Tausende von Aufrufen hat, aber das sollte Sie alarmieren. Untersuchen Sie die Kommentare nach den Zeitstempeln der Nutzer für die Freigabe. Nehmen Sie das Video sofort herunter und melden Sie unangemessene Nutzer an die Social-Media-Plattform. Denken Sie daran, die wichtigsten Themen für Pädophile/Sexhändler sind: Yoga, Gymnastik, Schwimmen und Twister. Wenn das von Ihrem Kind gepostete Video eines dieser Hauptthemen hat, sollten Sie es auf „nur private Ansichten" umstellen, was bedeutet, dass nur die Personen, für die es freigegeben ist, es sehen können. Oder besser noch, löschen Sie den Inhalt ganz.

- *Melden Sie unangemessene Interaktionen den Behörden.* Wenn etwas Unangemessenes und Illegales im Internet passiert (zum Beispiel die Weitergabe von Nacktfotos oder die Androhung von Schaden), sollten Sie den Nachrichtenverlauf aufzeichnen und den Behörden melden. Die Sperrung des Kontos Ihres Kindes für Kinderschänder ist nicht annähernd wirksam genug, um sie vor Schaden zu bewahren. Sexualstraftäter werden einfach ein neues Konto einrichten und erneut versuchen, Ihr Kind zu erreichen.

- *Achten Sie auf Warnzeichen für Menschenhandel und Selbstschädigung.* Macht Ihr Kind ein Geheimnis daraus, was es online tut oder mit wem es spricht? Hat es kürzlich neue Apps wie Discord, Kik oder Amino heruntergeladen? Gibt es SMS oder Anrufe von Nummern, die Sie nicht kennen? Klappt Ihr Kind seinen Laptop zu oder verändert es seinen Bildschirm so, dass er nicht gesehen werden kann, wenn jemand den Raum betritt? Fragt es nach dem Zugang zu digitalen Geldwechselkonten wie Paypal, Venmo oder Zelle? Hat es Dinge mit digitalen Geschenkkarten gekauft und will nicht erklären, wie es diese bekommen hat? Zieht es sich von Aktivitäten im wirklichen Leben zurück, die ihm früher Spaß gemacht haben, um mehr

Zeit online verbringen zu können? Ist Ihnen bei Selbstverletzungen und Selbstmordgedanken aufgefallen, dass die Betroffenen lange Ärmel tragen, wenn es warm ist, oder dass sie häufiger als sonst lange Ärmel tragen? Gibt es Narben an den Oberarmen oder Oberschenkeln? Beides sind gut versteckte Stellen zum Ritzen. Gibt es Anzeichen dafür, dass Ihr Kind auf seinen Fotos oder in den sozialen Medien schädliche Aktivitäten ausführt?

- *Sprechen Sie mit Teenagern über ihre Ängste und Depressionen.* Die Jugendlichen, mit denen ich gesprochen habe, erzählten mir, dass sie aus Angst entweder mehr und öfter essen oder die Nahrungsaufnahme stark einschränken würden. Sie erklärten auch, man solle auf eine Selbstisolierung achten, die über das normale Maß hinausgeht. Das Beispiel, das mir genannt wurde, war, dass es nicht mehr normal ist, wenn man länger als eine Woche keine SMS schreibt oder nicht mit anderen Teenagern oder Kindern zusammen ist. Auch dass Ihr Kind keine Freunde hat und eher ein Einzelgänger ist, ist ein Warnzeichen. Sie sagten, zu viel oder kaum zu schlafen sei ein wichtiges Zeichen.

Kann KI Menschen polarisieren und radikalisieren?

64 Prozent aller Beitritte zu extremistischen Gruppen sind auf unsere [KI-basierten] Empfehlungstools zurückzuführen.

– Monica Lee, Facebook-Forscherin, 2016

KI-QUIZ: TESTEN SIE IHR WISSEN ÜBER KI UND POLARISIERUNG

1. Die Bekämpfung der Polarisierung bei Facebook:
(Bitte alles Zutreffende auswählen)

    a. könnte mit einem geringeren Engagement erkauft werden.

    b. könnte eine kleine Gruppe von überparteilichen Nutzern abschrecken.

    c. verstößt gegen die Verpflichtung von Facebook zur Neutralität.

d. würde konservative Inhalte insgesamt stärker betreffen als liberale Inhalte.

e. würde pro-russischen Propagandisten helfen, die USA zu spalten.

2. Wie viel Prozent der Beitritte zu extremistischen Gruppen auf Facebook sind auf Facebooks eigene KI-gesteuerte Empfehlungen zurückzuführen?
   (Bitte eines auswählen)

   a. 64 Prozent

   b. 82 Prozent

   c. 23 Prozent

   d. 15 Prozent

   e. 35 Prozent

3. Welche Aussagen sind zutreffend?
   (bitte alles Zutreffende auswählen)

   a. 57 Prozent der Amerikaner glauben, dass die größten Tech-Firmen des Landes das Land weiter spalten.

   b. 74 Prozent der Amerikaner halten die Verbreitung von Fehlinformationen im Internet für „ein großes Problem", das alle anderen Herausforderungen des Medienumfelds in den Schatten stellt.

c.   83 Prozent der Amerikaner glauben, dass die Medien für die politische Spaltung des Landes verantwortlich sind.

d.   90 Prozent der Amerikaner glauben, dass Donald Trump für die Spaltung des Landes verantwortlich ist.

e.   47 Prozent der Amerikaner haben bei den Wahlen 2020 für Trump gestimmt.

4.   Welche der folgenden Inhalte wurden durch die KI von Social-Media-Unternehmen verstärkt, beworben und/oder empfohlen? *(Bitte alles Zutreffende auswählen)*

a.   Hashtags, Nachrichten, Fake News von russischen Trollen und Bots, die einen Informationskrieg gegen Amerika führen

b.   Extremistische politische Memes, die aus den Foren weißer Nationalisten stammen

c.   Botschaften, dass amerikanische Impfstoffe nicht hilfreich und unwirksam gegen Covid sind

d.   Behauptungen, dass Hillary Clinton einen Kinderpädophilie-Ring aus dem Keller einer Pizzeria in Washington, DC, betrieben hat

e.   Desinformation über Wahllokale und Wahlzeiten mit dem Ziel, Wähler vom Wählen abzuhalten

5. Welche der folgenden KI-basierten Tools können verwendet werden, um Menschen online zu spalten?
(Bitte alles Zutreffende auswählen)

a. Desinformation

b. Systeme zur Empfehlung von Inhalten

c. Trolle

d. Bots

e. Deepfakes

Siehe Antworten auf der nächsten Seite.

ANTWORTEN AUF DAS KI-QUIZ:
TESTEN SIE IHR WISSEN ÜBER KI UND
POLARISIERUNG

1. alle außer e.

2. a.

3. alle außer d.

4. alle

5. b., d., e. – Desinformationen sind von Menschen gemachte Inhalte; Trolle sind Menschen.

WAFFEN DER POLARISIERUNG

Zu den Waffen der Polarisierung gehören Trolle, Bots, Meme, Desinformationen, Verschwörungstheorien, Fake News und Deepfakes. *Trolle* sind Personen, die ungebetene kontroverse Kommentare in Internetforen abgeben, um emotionale Reaktionen von ahnungslosen Lesern zu provozieren und einen Streit zu entfachen.[1] *Trollfarmen* oder *Trollfabriken* sind organisierte Gruppen von Trollen, die dafür bezahlt werden, Propaganda zu verbreiten, Menschen zu belästigen oder Kritiker anzugreifen. Bei *Bots* handelt es sich um einen Softwarecode, der mit künstlicher Intelligenz kombiniert werden kann, um zu lernen, wie man Kommentare und Antworten in sozialen Medien postet, die Trolle imitieren oder die Beiträge von Trollen oder extremistischen Inhalten verstärken. Hunderttausende von Bots können zu einem *Botnetz* zusammengeschlossen werden, um die Verbreitung von Online-Inhalten zu maximieren. *Memes* sind Bilder oder kurze Videos mit

Wörtern, die oft mit Humor oder Schockeffekt politische oder soziale Kommentare verbreiten.

Man kann Menschen nicht wirklich polarisieren, ohne psychologische Taktiken anzuwenden oder – im Falle Russlands und einiger extremistischer Gruppen – psychologische und Informationskriegsführungs-Operationen zu organisieren. Bei der *Informationskriegsführung* werden Informationen manipuliert, denen die Zielpersonen vertrauen, ohne dass sie sich dessen bewusst sind. Dazu gehören natürlich auch *Desinformationskampagnen,* die in böswilliger Absicht die Menschen mit falschen Informationen täuschen wollen. Ein Beispiel hierfür sind *Fake News,* das heißt falsche oder irreführende Informationen, die als echte Nachrichten verkauft werden. Bei *Deepfakes* handelt es sich um Videos, bei denen ein vorhandenes Bild oder Video durch das Abbild einer anderen Person ersetzt wird, wobei KI zum Einsatz kommt, die visuelle und akustische Inhalte mit einem sehr hohen Täuschungspotenzial erzeugen kann.

Diese Art der Kriegsführung ist eng mit der *psychologischen Kriegsführung* verwandt, bei der Taktiken eingesetzt werden, die darauf abzielen, emotionale, reaktionäre Reaktionen anstelle von logischen hervorzurufen. Zu diesen Taktiken gehört die Angstmacherei, bei der Menschen glauben, dass ihnen etwas Schlimmes zustoßen wird, wenn sie nicht tun, was der Angstmacher will.

Um zu verstehen, welche polarisierenden Waffen gegen uns eingesetzt werden und wann, müssen wir die Arten der beteiligten Personen oder Gruppen und ihre Motive untersuchen. Die Motive sind insofern wichtig, als dass sie darüber entscheiden können, ob Sie zum Ziel eines Angriffs oder zum unfreiwilligen Anstifter eines Angriffs werden. Wie Sie sich wahrscheinlich denken können, sind die Motive eines echten Verschwörungstheoretikers andere als die eines Präsidentschaftskandidaten, der vielleicht mit Paranoia Geld verdienen will, um den Ausgang einer Wahl zu beeinflussen. Die Motive und Taktiken diktatorischer oder kommunistischer Länder gegen freie Länder müssen ernster genommen werden und sie sind ausgeklügelter als die kleiner Gruppen von weißen Nationalisten oder Antifaschisten.

WILLKOMMEN IN DEN GETEILTEN STAATEN VON KI-MERICA

Die KI wird nicht nur zur Manipulation von Einzelpersonen, sondern auch von Gruppen, Regierungen und sogar ganzen Gesellschaften und Nationen eingesetzt. Trolle, Bots, Deepfakes, Fake News, Verschwörungstheorien, Desinformationen und Social-Media-Plattformen nutzen allesamt maschinelles Lernen, das dazu beiträgt, uns zu spalten. Selbst harmlos erscheinende digitale Tools, die uns helfen sollen – wie zum Beispiel Nachrichtenseiten, die unsere Interessen in den Vordergrund stellen, oder Google-Suchen, die je nach Standort und früherem Suchverlauf maßgeschneiderte „Fakten" liefern –, können zu heimtückischen Mitteln werden, um uns zu isolieren und zu spalten.

Was hinter diesen Gefahren steckt, ist die Fähigkeit von KI-gestützten Algorithmen, Filterblasen und Digital Tribes zu schaffen. Wenn Ihnen Beiträge gefallen haben, die zum Beispiel Black Lives Matter, der Polizeireform oder der Abtreibungsbefürwortung positiv gegenüberstehen, wette ich, dass Ihr Instagram-Feed voller Werbung für das Biden/Harris-Ticket war und keine Werbung für die gegnerischen Kandidaten enthielt. Das Gleiche gilt für jeden Standpunkt oder jedes Anliegen. Dies ist nur ein sehr geläufiges Beispiel dafür, wie KI-Algorithmen uns daran hindern, andere Perspektiven kennenzulernen. Unser Einflussbereich wird dann zu einer Insel, die uns anfällig für Gruppendenken macht: *Das Leiden meines Digital Tribe ist mein Leiden; seine Sorgen sind meine Sorgen; seine Agenda ist meine Agenda* – immer auf Kosten abweichender Ansichten.

Der schlimmste Fall tritt ein, wenn Ihr Digital Tribe mit Desinformationen oder Fake News handelt (oder sich darauf gründet) oder

Sie aktiv zu schädlichen Aktivitäten wie Onlinemissbrauch oder sogar Gewalt auffordert. Der „geschlossene Kreislauf", den KI-Algorithmen herbeiführen, und ihre Fähigkeit, uns zu bestimmten Verhaltensweisen *und* Überzeugungen zu überreden, ist eine der größten Gefahren der KI. Denken Sie zum Beispiel daran, wie eine Verschwörungstheorie wie Pizzagate an Zugkraft gewann und als echte Nachricht legitimiert wurde. KI schlägt Inhalte vor, die auf Ihrem Onlineverhalten und dem der Personen, denen Sie folgen, basieren. Wenn Ihre Freunde, Ihre Familie, Ihre bevorzugten Kandidaten, Ihre Lieblingspromis und all die verschiedenen Aushängeschilder und Autoritäten in Ihrem Online-Ökosystem eine Geschichte glauben und sie durch Weiterleitung der Informationen unterstützen, wird eine verrückte Geschichte wie Pizzagate schnell verbreitet und „echt". Derselbe Mechanismus wurde in Gemeinschaften beobachtet, die sich auf Fehlinformationen stützen, wie zum Beispiel Flat-Earthers, QAnon und Anti-Vaxxers. Das kann bei jedem „Wir-gegen-die"-Szenario vorkommen, sei es Klassenkampf, politische Zugehörigkeit, geschlechtsspezifische Ungleichheiten, Diskriminierung aufgrund der Rasse oder der ethnischen Zugehörigkeit, Altersdiskriminierung, religiöses (oder nicht religiöses) Glaubenssystem und so weiter.

Das Potenzial für massiven Schaden ist wirklich beängstigend, und wir können dies zweifellos an der beispiellosen Polarisierung ablesen, die derzeit unsere Gesellschaft beherrscht. Es geschieht überall auf der Welt, und es ist kein Geheimnis, warum: Es *gibt* wirklich unsichtbare Hebel, die betätigt werden, um uns alle zu manipulieren, damit wir uns gegenseitig hassen. Vieles davon ist darauf zurückzuführen, dass wir uns auf eine Handvoll wichtiger digitaler Plattformen verlassen, die immer wieder dieselben Geschichten und Perspektiven recyceln, und dass wir uns nicht bewusst sind, wie wir von KI-gesteuerten Algorithmen manipuliert werden.

Unsere Waffen gegen all diese Verrücktheiten sind Wachheit und ein gutes Urteilsvermögen, wie wir auf diese Manipulationen reagieren sollen. Zu diesem Zweck zeige ich Ihnen, wie Sie Fake News, Clickbait, Deepfakes und andere Formen der Desinformation erkennen können, und gebe Ihnen eine Checkliste mit Online-Schutzmaßnahmen an die Hand, mit denen Sie betrügerische Threads und Anzeigen eindämmen können. Ich zeige Ihnen auch, wie Sie aus dem geschlossenen Kreislauf ausbrechen können, den die KI Ihrem Newsfeed aufgezwungen hat, wie Sie Ihre Einstellungen zurücksetzen können, um Ihre Weltanschauung zu diversifizieren, und wie Sie die KIs rebooten können, die glauben, alles über Sie zu wissen.

VERTRAUENSPROBLEME MACHEN UNS ANFÄLLIG FÜR POLARISIERUNG

Als ich dieses Kapitel anging, wollte ich echte Antworten auf die Frage finden, wie wir an einen Punkt gelangt sind – nicht nur in den USA, sondern weltweit –, an dem wir in Bezug auf alles so polarisiert sind, von unseren Ansichten über gewählte Vertreter, die Herkunft von Covid über Impfstoffe bis hin zu Wahlbetrug, Unruhen und Protesten. Ich habe mich mit der Frage auseinandergesetzt, ob wir mit diesen Themen durch KI-Empfehlungen in Berührung gekommen sind oder ob KI sie nur zur Waffe gemacht hat, indem sie einige Menschen radikalisiert und die Politik anderer verhärtet hat. Ich denke, die Wahrheit liegt irgendwo dazwischen, und wir sind in einem Teufelskreis gefangen, aus dem wir nur schwer ausbrechen können, da wir uns jetzt alle eingegraben haben.

Bevor wir uns damit befassen, wie KI unsere Probleme verschlimmert hat, müssen wir verstehen, wie es dazu gekommen ist. Beginnen wir mit dem, was uns für die Polarisierung anfällig macht: unsere Vertrauensprobleme. Wenn wir mit Bedrohungen und Problemen konfrontiert werden, entwickeln wir Furcht und Angst und beginnen, nach Menschen und Perspektiven zu suchen, denen wir vertrauen können, damit wir uns besser fühlen. Mit anderen Worten: Wir wollen einen Sinn in unserer Welt finden. In den letzten Jahren haben wir eine große Bedrohung nach der anderen erlebt, denn die Pandemie hat unser Leben, unsere Gesundheit, unser Einkommen, unsere Arbeitsplätze, unsere Bildung, unseren Lebensstil und unsere Sozialisation in Mitleidenschaft gezogen. Wir haben uns an Wissenschaftler, Ärzte, Regierungsbeamte, wissenschaftliche Experten, Fachleute und aneinander gewandt, um Trost zu finden. Das Problem ist, dass viele von uns keine Gruppen gefunden haben, denen sie vertrauen. Hier sind die Statistiken über unser Vertrauen in Gruppen, an die wir uns normalerweise wenden, um wichtige Informationen zu erhalten und in schwierigen Zeiten Probleme zu lösen:

Nachrichtenmedien

- 87 Prozent der Amerikaner glauben, dass die Nachrichten in ihrer Berichterstattung politisch voreingenommen sind.[2]

- 74 Prozent sagen, dass Nachrichtenorganisationen, denen sie misstrauen, versuchen, die Menschen von einem bestimmten Standpunkt zu überzeugen.[3]

Soziale Medien

- 57 Prozent der Amerikaner glauben, dass die sozialen Medien uns mehr spalten als zusammenführen.[4]

- 61 Prozent glauben, dass sie unfaire Angriffe fahren und Gerüchte verbreiten.[5]

- 55 Prozent glauben, dass sie Lügen und Unwahrheiten verbreiten.[6]

Bundesregierung

- 76 Prozent der Amerikaner trauen der Regierung nicht zu, das Richtige zu tun.[7]

- 69 Prozent sind frustriert oder verärgert über die Regierung.[8]

- 64 Prozent der Befragten sagen, dass es schwer ist, zwischen der Wahrheit und der Unwahrheit zu unterscheiden, wenn sie gewählten Vertretern zuhören.[9]

Experten

- 28 Prozent der Amerikaner sind der Meinung, dass es besser ist, sich bei der Lösung großer Probleme auf Menschen zu verlassen, die als Experten gelten, auch wenn sie nicht viel praktische Erfahrung haben,[10] während 66 Prozent sagen, dass es besser ist, sich bei der Lösung großer Probleme auf Menschen mit praktischer Erfahrung zu verlassen.[11]

Miteinander

- 64 Prozent der Erwachsenen in den USA glauben, dass das Vertrauen in andere geschwunden ist.

- 70 Prozent der US-Erwachsenen glauben, dass mangelndes Vertrauen in andere die Lösung von Problemen erschwert.[12]

- 49 Prozent der Amerikaner bringen den Rückgang des zwischenmenschlichen Vertrauens mit der Überzeugung in Verbindung, dass die Menschen nicht mehr so verlässlich sind, wie sie es früher waren.

Kombiniert man diese Vertrauensprobleme mit Online-Umgebungen, die uns mithilfe von maschinellem Lernen nur das zeigen, was uns interessiert, und uns nur mit anderen verbinden, die unsere Ansichten teilen, trägt dies zu mehr Polarisierung und weniger Empathie bei, da wir uns mehr und mehr auf Menschen verlassen, die genau unsere Ideologie teilen.

ES BEGINNT MIT FILTERBLASEN, DIGITAL TRIBES UND ECHOKAMMERN

Wenn Sie online ständig nur Dinge sehen, die Sie interessieren, und sonst nichts, befinden Sie sich in einer Filterblase, die durch Personalisierungsalgorithmen verursacht wird. Diese Algorithmen entscheiden, was Sie sehen wollen, egal ob Sie bei Google stöbern, sich Nachrichten auf Facebook ansehen oder nach Videos auf Youtube suchen. Cookies, die auf diesen Websites verbleiben, sammeln Daten über Ihre Klicks und die von Ihnen besuchten Websites und erinnern sich daran, wo Sie sich zuletzt auf einer Website angemeldet haben. Diese Daten tragen in der Regel dazu bei, warum Sie sehen, was Sie sehen. Haben Sie schon einmal auf Facebook kommentiert, wie hübsch der grüne Pullover von jemandem ist, und dann eine Anzeige für einen grünen Pullover zusammen mit Ihren Google-Suchergebnissen gesehen? Ja, das sind Cookies und Algorithmen für das Ad Targeting bei der Arbeit.

Die Aufgabe der sozialen Medien besteht darin, uns mit Gleichgesinnten zu verbinden. Dazu werden Daten über die Websites gesammelt, die wir besucht haben, bevor wir uns bei Facebook angemeldet haben, wie sehr wir uns mit einem Thema beschäftigen und ob wir bestimmte Inhalte weitergeleitet, kommentiert oder gelikt haben. Der Algorithmus versucht dann, uns mit mehr Gleichgesinnten in Verbindung zu bringen und uns Anzeigen und Inhalte zu zeigen, von denen der Algorithmus glaubt, dass sie uns gefallen werden. Aus diesem Grund treffen wir uns online mit Menschen, die uns ähnlich sind. Oft sind diese KI-basierten Empfehlungen nach politischen Parteien geordnet. Wir werden dann zu Digital Tribes, die ähnliche Kulturen und Überzeugungen teilen, weil wir unsere Informationen von denselben Orten beziehen und immer wieder die gleichen Dinge sehen.

Als soziale Lebewesen überleben wir Bedrohungen besser, wenn wir Teil einer Gruppe sind. Wir glauben, was unser Stamm glaubt, und halten an diesem fest. Da das Leben in der Pandemie-Ära weitgehend digital war, waren viele der persönlichen Gruppen, mit denen wir früher Kontakt hatten, tabu. Wir waren für alles online – isoliert und ohne unsere vertrauten Gruppen, die uns mit dem nötigen abweichenden Denken konfrontierten. Wir wurden polarisierter, vertrauten weniger und klammerten uns an Menschen, die das glaubten, was wir glaubten. In der Zwischenzeit hat uns die KI auf den Social-Media-Plattformen geholfen, unseren Stamm zu finden, indem sie uns neue Kontakte und neue Gruppen zusammen mit ihren Blogs, Bildern, Memes und Videos empfohlen hat. Wir fühlten uns durch unsere Online-Stämme ermutigt, alles auszusprechen und weniger förmlich zu sein, als wir es bei echten Fremden im wirklichen Leben wären.

Im wirklichen Leben würden wir uns die Ansichten einer Person anhören und dann, darauf bedacht, sie nicht zu beleidigen, unsere eigenen Überzeugungen äußern. Aber in dieser digitalen Umgebung ist nichts von dieser Förmlichkeit, dem Einfühlungsvermögen oder dem Zuhören nötig. Schließlich haben diese Leute die gleichen Memes weitergeleitet und gelikt wie ich, also müssen sie ähnliche Überzeugungen haben. Meine mutigen Posts an meinen Tribe zahlen sich nicht nur durch Likes und Weiterleitungen aus, sondern auch durch Kommentare, die meine Aussagen bestätigen, und Links zu noch mehr Gruppen, die meinen Standpunkt unterstützen. Dies alles trägt zu Echokammern bei, in denen Überzeugungen unter Gleichgesinnten bestätigt und verstärkt werden. Es gibt keinen lästigen Widerspruch von anderen mit abweichenden Meinungen. Plötzlich ist meine Meinung unwiderlegbar, und ich kann nicht einmal ansatzweise Verständnis oder Empathie für diejenigen aufbringen, die anderer Meinung sind. Das folgende Zitat eines Befragten aus einer Pew-Research-Studie sagt eigentlich alles. Auf die Frage, warum es kein zwischenmenschliches Vertrauen zwischen den Menschen gibt, antwortete er:

„Kultureller Wandel weg von eng verwobenen Gemeinschaften. Alles durch eine extrem einsitige politische Brille zu betrachten. Die Kunst des Kompromisses ist verloren gegangen. Das Einfühlungsvermögen sowie das allgemeine Bemühen, einander zu verstehen und zu helfen, sind auf einem beunruhigend niedrigen Niveau. Die Menschen sind schnell dabei, andere anzugreifen und zu verunglimpfen, auch ohne eindeutige Beweise, allein auf der Grundlage von Anschuldigungen oder nach parteipolitischen Gesichtspunkten." Mann, 44.[13]

PLATTFORMEN DER POLARISIERUNG

60 Prozent der Amerikaner sind der Meinung, dass die größten Technologieunternehmen des Landes zur weiteren Spaltung des Landes beitragen.[14] Sie haben nicht unrecht. Zwietracht säende Gedanken und Verhaltensweisen mögen die Domäne von Menschen sein, aber das maschinelle Lernen in Social-Media-Plattformen hilft ihnen dabei, effizient Zwietracht auf ihre Ziele herabregnen zu lassen und gleichzeitig mehr Menschen für ihre Sache zu rekrutieren.

Facebooks Algorithmen bevorzugen die hasserfüllte Minderheit gegenüber der gemäßigten Mehrheit

„Unsere Algorithmen nutzen die Faszination des menschlichen Gehirns für Polarisierung aus", heißt es auf einer Folie aus einer Facebook-

Präsentation von 2018. „Wenn es nicht kontrolliert wird", so die Warnung, würde Facebook die Nutzer mit „immer mehr kontroversen Inhalten versorgen, um die Aufmerksamkeit der Nutzer zu gewinnen und die Verweildauer auf der Plattform zu erhöhen".[15] Mark Zuckerberg, CEO von Facebook, wurde mit den Worten zitiert: „Es gibt heute zu viel Sensationslust, Fehlinformationen und Polarisierung in der Welt" und: „Soziale Medien ermöglichen es den Menschen, Informationen schneller als je zuvor zu verbreiten, und wenn wir diese Probleme nicht gezielt angehen, dann verstärken wir sie am Ende noch." Es scheint, dass er sich zumindest der Rolle der sozialen Medien bei der Polarisierung der Menschen bewusst war.[16] Das Problem ist, dass Zuckerberg die Lösung, die ihm von den Leuten vorgeschlagen wurde, die er mit der Lösung des Problems der Spaltung beauftragt hatte, ablehnte.[17] Sie hätte weniger Einnahmen bedeutet.

Es stellte sich heraus, dass die polarisierenden Ansichten von einer kleinen Gruppe von hyperparteilichen Superusern geschaffen wurden. Facebook konnte nicht einmal bestätigen, ob diese Superuser Menschen, Bots oder angeheuerte Propagandisten waren. Sie verhielten sich nicht wie normale Menschen, da einige der Superuser-Konten nie schliefen. Sie posteten, likten, kommentierten und teilten ihre eigenen Inhalte rund um die Uhr, bis ihre Inhalte von der künstlichen Intelligenz von Facebook aufgegriffen und in den News Feeds anderer Personen empfohlen wurden, weil sie so weit verbreitet waren. Der Inhalt war sowohl hyperparteilich als auch sensationslüstern. Ob verärgernd oder bestätigend, auf jeden Fall hat er eine Menge Aufmerksamkeit und Engagement erregt, und das war gut fürs Geschäft.

Die Lösung, die vorgeschlagen wurde, um die Spaltungstendenz von Facebook zu beheben, bestand darin, die Verstärkung des Algorithmus von den wenigen hyperparteilichen Nutzern auf die Mehrheit der Nutzer zu verlagern, die ganz normale Menschen mit moderaten politischen Ansichten sind. Das wäre großartig, denn die polarisierenden Ansichten einiger weniger würden von den gemäßigteren Ansichten der vielen übertönt werden. Aber es würde auch bedeuten, dass Facebook weniger Aufrufe, Weiterleitungen und Kommentare und weniger Schockwert hätte. Mit anderen Worten: weniger Engagement der Nutzer.

Engagement ist eine wichtige Kennzahl für Werbeausgaben. Weniger Engagement bedeutet weniger Nutzer und damit weniger Einnahmen. Warum sollte ein Unternehmen gegen sich selbst arbeiten? Selbst wenn es Zwietracht sät und freiheitsfeindlichen Nationen, die Amerika schaden wollen, oder extremistischen Gruppen, die online Einschüchterungstaktiken anwenden, in die Hände spielt. Solange der allmächtige Dollar verdient wird, wen kümmert das?

Es gab noch einen weiteren Grund, den die Facebook-Führungskräfte für die Ablehnung der moderaten Mehrheit angaben: Facebooks Verpflichtung zur Neutralität. Da die Superuser parteiisch waren, wurde der Verlust ihrer Macht von Facebook als Bevorzugung einer politischen Seite angesehen. Sie waren nicht der Meinung, dass sie den Konflikt auf der Plattform beenden oder mäßigend auf die Meinungen der Menschen einwirken sollten. Sie wollten die Menschen nicht daran hindern, Gemeinschaften zu bilden.[18] Jegliche Versuche, polarisierende Aktivitäten auf der Plattform einzuschränken, könnten sich eher auf Konservative als auf Liberale auswirken, da es ein größeres Kontingent an Accounts und Publizisten auf der Seite der extremen Rechten gibt.

85 Prozent der Personen, die im Zusammenhang mit dem Einbruch in das Kapitol angeklagt wurden, wurden aufgrund von Beweisen angeklagt, die aus sozialen Medien stammen.[19] In 200 Anklagedokumenten hatte Facebook mit 73 die meisten Verweise, gefolgt von Youtube mit 24 und Instagram (ein Unternehmen, das Facebook gehört) mit 23. Parler, auf das die Presse wegen seiner großen, rechtsextremen Nutzerschaft sofort mit dem Finger zeigte, kam nur auf acht.[20] Viele machten Fotos oder übertrugen ihren Einbruch ins Kapitol sogar per Livestream.

Reddit, 4chan, und 8kun: Heimat der anonymen polarisierenden Minderheit

Online-Gemeinschaften bilden sich überall, aber die aktivistischsten Internet-Subkulturen entstehen oft in anonymen Message Boards. Das sind Seiten wie Reddit, 4chan und 8kun (früher 8chan). Diese Websites bieten Menschen die Möglichkeit, mit anderen in Kontakt zu treten, die ähnliche Interessen, Hobbys und Ideen haben, anstatt soziale Netzwerke auf der Grundlage ihrer persönlichen Bekanntschaften zu bilden. Natürlich bedeutet die Tatsache, dass eine Person Reddit nutzt, nicht, dass sie nicht auch auf Facebook geht und einige der gleichen Dinge postet, die sie auf Reddit postet. Einige der berüchtigtsten organisierten Kampagnen für politisches Trolling, Verschwörungstheorien, Fake News und Desinformation wurden in Message Boards gestartet und organisiert und dann über Hashtags auf Twitter, Facebook, Instagram und Youtube verbreitet. Betrachten Sie die Message Boards als Heimatbasis. Es ist wichtig zu verstehen, wie diese Message Boards funktionieren, denn dort entstehen viele spalterische Inhalte und kontroverse Verhaltensweisen, bevor sie in den Mainstream-Bereich wie Facebook überschwappen. Einige dieser politischen Community-Mitglieder sind die kleinen, hyperparteilichen und hyperaktiven Gruppen von Facebook, Twitter, Instagram und Youtube, die spalterische Inhalte posten, kommentieren, liken und teilen.

Auf den ersten Blick scheinen Message Boards alle gleich zu sein, weil jemand eine Nachricht schreibt und viele andere sie kommentieren. Aber die Unterschiede in der Art und Weise, wie die Websites und die einzelnen Untergemeinschaften erstellt, verwaltet und überwacht werden (oder auch nicht), sorgen dafür, dass sich die Menschen auf diesen Websites auf andere Weise engagieren als in den traditionellen sozialen Medien und sogar in anderen Message Boards. Facebook zum Beispiel ist stark kommerzialisiert, mit viel Überwachung, vielen älteren Menschen mit vielen Meinungen darüber, was richtig und falsch ist, und Registrierungsanforderungen, die eine Person leicht identifizierbar machen. Es ist schwer, auf Facebook anonym zu bleiben, wenn man ungefilterte Gespräche über ein bestimmtes Thema führen möchte – vor allem, wenn es extremistisch, tabu oder in der „Mainstream"-Welt einfach nur seltsam ist. Dann kamen Reddit, 4chan und 8chan (jetzt 8kun). Diese Websites ermöglichen es den Nutzern, wirklich anonym zu sein, da sie weder einen Namen noch eine E-Mail-Adresse benötigen, damit Nachrichten und Inhalte veröffentlicht werden können. Anonymität kann zwar echte Meinungsfreiheit ohne Angst vor Repressalien ermöglichen, aber sie kann auch dazu führen, dass sich Menschen hinter ihr verstecken, um andere böswillig anzugreifen und Inhalte zu veröffentlichen, die schockieren oder provozieren sollen.

Die einzige Möglichkeit, dieses Verhalten (das als „Trolling" bezeichnet wird) in den Griff zu bekommen, besteht darin, den Inhalt zu moderieren und Regeln aufzustellen, die den Ausschluss aus der Gemeinschaft oder den vollständigen Ausschluss der Gemeinschaft aus dem Forum vorsehen. Aus diesem Grund gibt es selbst auf diesen Websites unterschiedliche Toleranzniveaus für bestimmte Verhaltensweisen wie Hassreden, Anstiftung zur Gewalt und illegale Inhalte wie Kinderpornografie. Ansonsten scheint praktisch alles möglich zu sein. Und das ist es in der Tat.

Sie nutzen alle möglichen Waffen der Polarisierung, wie Meme, Trolle, Bots, Fake News und Desinformation. Wenn andere Nationen sehen, dass diese extremen Gruppen Zwietracht säen, mischen sie sich ein und verschlimmern die Lage. Ihre Motive sind noch verwerflicher als die der extremen Rechten oder der extremen Linken. Sie versuchen, politische Instabilität zu kreieren in der Hoffnung, dass sie unsere Regierung, unsere Lebensweise und unsere Demokratie von innen heraus schwächen können. Dann lehnen sie sich zurück und beobachten, wie die sozialen Netzwerke ihre polarisierenden Botschaften und die Rekrutierung von Menschen für ihre Sache verstärken.

DIE POLARISIERENDE MINDERHEIT

QAnon

QAnon, das für viele politische Verschwörungstheorien verantwortlich ist, soll 2017 gestartet sein, als eine anonyme Person behauptete, über eine „Q-Level-Sicherheitsfreigabe" zu verfügen (die beim US-Energieministerium erforderlich ist, um Zugang zur höchsten Geheimhaltungsstufe namens „Top Secret Restricted Data" zu erhalten), und eine Reihe von kryptischen Posts auf der „Politically Incorrect"-Untercommunity von 4chan veröffentlichte. Sie behauptete, an einer geheimen, von Trump geleiteten Untersuchung eines globalen Elitenetzwerks von Kinderschändern beteiligt zu sein, zu dem auch Bill Clinton gehörte. Zweifellos hat ein Teil dieses ursprünglichen Beitrags seine Wurzeln im Fall des Sexhandels von Jeffrey Epstein, bei dem die Flugprotokolle von Epsteins Privatjet die Namen von Bill Clinton und anderen globalen Eliten enthielten.[21] Aber er hat sich bis zur Unkenntlichkeit verändert. Eine Theorie besagte, dass Hillary Clinton, Barack Obama und George Soros Teil einer größeren liberalen Kabale von Satansanbetern und pädophilen Sexhändlern seien, die eines Tages von Trump an einem Tag der Abrechnung, dem „Sturm", verhaftet werden würden. Fühlen Sie sich nicht als Verschwörungstheoretiker verurteilt, wenn Sie, wie viele andere, glauben, dass unsere Regierung alle möglichen ruchlosen Dinge im Schilde führt, oder wenn Sie glauben, dass mehr globale Eliten in die Sexhandelsringe von Jeffrey Epstein verwickelt sind. Solche Überlegungen sind normal und basieren auf tatsächlichen Ereignissen. Problematisch wird es, wenn das Ganze auf eine andere Ebene gehoben wird, auf der Fakten keine Rolle mehr spielen und Todesdrohungen und gewalttätige Belästigungstaktiken zur Norm werden. Zum Beispiel, als QAnon-Gläubige die berüchtigte #Pizzagate-Verschwörung starteten.

247

Die Pizzagate-Theorie, die sich angeblich auf gehackte E-Mails der Demokratischen Partei stützt, behauptet, dass Hillary Clinton und ihr Berater John Podesta einen Kindersex-Ring aus dem Keller einer Pizzeria in Washington, DC, betrieben. Nutzer von 4chan und Reddit stellten die Theorie auf, dass Wörter in den E-Mails (die als angebliche „Beweise" gepostet wurden), wie „cheese pizza", ein Code für Kinderpornografie (child pornography) seien, weil sie mit „c" und „p" beginnen. Die Verschwörung unter #pizzagate wurde allein in einem Monat über eine Million Mal auf Twitter geteilt. Menschen, die um das Wohlergehen der missbrauchten Kinder besorgt waren, protestierten vor der Pizzeria, während Menschen in den sozialen Medien Todesdrohungen gegen den Besitzer der Pizzeria, die Angestellten und sogar die Kunden aussprachen. Schließlich war ein Mann so besorgt, nachdem er die Geschichten gelesen und ein Youtube-Video darüber gesehen hatte, dass er mit gezogenen Waffen in der Pizzeria auftauchte, um die Kinder zu befreien, nur um herauszufinden, dass alles nur eine Ente war und es keinen Keller gab.[22] Unnötig zu erwähnen, dass die Pizzagate-Community auf Reddit von den Reddit-Administratoren geschlossen wurde. Aber die Fake News hatten sich verbreitet.

Und genau so entstehen Fake News – sie beginnen mit Menschen und werden dann mithilfe von KI und Schlüssel-Influencern verbreitet. Es begann als Theorie einer kleinen Gruppe auf 4chan und wurde dann auf Reddit verbreitet, wo die Theorie mit „Beweisen" untermauert wurde. Sie wurde dann von InfoWars, einem Verschwörungs-Medienprogramm, veröffentlicht und auch auf Twitter verbreitet, wo sie auf wichtige konservative Influencer traf (von denen einer später Donald Trumps nationaler Sicherheitsberater wurde), die bereit waren, sie zu kommentieren, zu liken und weiterzuleiten. Auf diese Weise beeinflusste die Verschwörungstheorie die öffentliche Meinung und polarisierte die Menschen, gerade als sie 2016 zur Wahl gingen.

QAnon-Verschwörungsgläubige sind der Meinung, dass die Schießerei in der Sandy-Hook-Schule, bei der nachweislich 20 Schulkinder im Alter von sechs bis sieben Jahren ums Leben kamen, nie stattgefunden hat. Sie glauben, dass alles nur ein Trick war, um die Amerikaner für strengere Waffenkontrollgesetze zu gewinnen. (Nein, wenn man für den zweiten Verfassungszusatz ist, ist man kein Extremist.) Viele dieser Ideen sind das Resultat des obsessiven Schauens von Youtube-Videos, die von anderen QAnon-Gläubigen veröffentlicht wurden. Viele Gläubige wurden online und im wirklichen Leben mit Belästigungen, Todesdrohungen, Entführungen, Gewalt und Mord in Verbindung gebracht.[23] QAnon-Gläubige gehörten zu denen, die in das Kapitol eingedrungen sind, und waren ein Grund, weshalb das FBI von Verschwörungstheorien getriebene inländische Extremisten im Jahr 2019 zu einer wachsenden Bedrohung erklärte. Mehrere QAnon-Gläubige glauben fest daran, dass die Wahl 2020 von den Demokraten gestohlen wurde. Nachdem Trump seine Abschiedsrede gehalten hatte, tat dies auch mindestens ein Anführer der Bewegung – Ron Watkins. Ron und sein Vater, Jim Watkins – der 8chan leitete, wo „Q" die inzwischen berühmten Verschwörungs-„Drops" verbreitete – sollen die Rolle von „Q" von einem anderen, ursprünglichen „Q" übernommen haben, der zuerst auf 4chan gepostet hatte. „Nicht lange nachdem Biden vereidigt wurde, veröffentlichte Ron Watkins einen Beitrag auf Telegram, in dem er erklärte, dass es für seine Anhänger an der Zeit sei, „so gut es geht in unsere Leben zurückzukehren".[24]

Alt-Right

Wenn Sie ein Konservativer sind, der an die Werte der Familie glaubt und typischerweise mit den Idealen der Republikaner übereinstimmt, gehören Sie nicht zur Alt-Right. In diesem Buch wird der Begriff „Alt-Right" auf Menschen angewandt, die extremistische Überzeugungen vertreten. Viele von ihnen stammen aus Foren wie der Reddit-Subcommunity „r/the_Donald" oder der /pol/-Seite von 4chan namens „Politically Incorrect". Sie glauben an den weißen Nationalismus, sind frauenfeindlich, antimuslimisch und antisemitisch. Viele stehen unter dem Einfluss von Richard B. Spencer, der 2010 das Webzine *The Alternative Right* ins Leben rief. Sie führen online Verleumdungs- und Belästigungskampagnen (Trolling) gegen Personen durch, die sie nicht mögen. Sie verfolgen und fördern Verschwörungstheorien wie die von Alex Jones von InfoWars und QAnon. Sie unterstützten Donald Trump mit Social-Media-Memes und verbreiteten seine Inhalte auf allen Social-Media-Kanälen einschließlich Youtube. Sie haben das Mem „Crooked Hillary" auf Reddit und 4chan ins Leben gerufen, das dann von Trump, den Mainstream-Trump-Anhängern (nicht Alt-Right oder QAnon) und den Russen aufgegriffen und geteilt wurde.

Trump hat sich viele Meme von dieser Gruppe ausgeliehen, ebenso wie die Russen, die sie verstärkt haben. Von hier stammt das Mem „Pepe the Frog", das Sie vielleicht schon auf Flaggen am Kapitol und in Trumps Wahlkampf 2016 gesehen haben. Er benutzte auch viele ihrer Worte und Themen als Schibboleths in seinen Botschaften, um die Unterstützung für die Alt-Right während des Wahlkampfs 2016 zu verdeutlichen. Nachdem Richard Spencer eine rassistische, antisemitische Rede auf einer Versammlung der Alt-Right gehalten und am Ende „Hail Trump" gerufen hatte, distanzierte sich Trump öffentlich von ihnen. Spencer war einer der Hauptorganisatoren der „Unite the Right"-Kundgebung in Charlottesville, Virginia, im Jahr 2017, bei der Mitglieder der Alt-Right mit Neo-Konföderierten, Neo-faschisten, weißen Nationalisten, Neonazis, Klanführern und verschiedenen rechten Milizen zusammenkamen.

Russland

Wenn es darum geht, freie Gesellschaften dazu zu bringen, sich gegen sich selbst zu wenden, ist Russland zweifellos das effizienteste Land. Die KI-Empfehlungssysteme der sozialen Medien erledigen die meiste Arbeit für sie, sobald ihre Trollfarmen und Botnetze die Dinge so sehr aufgeheizt haben, dass sie bemerkt werden. Sie nutzen jede einzelne Waffe der Polarisierung, oft unter Rückgriff auf bestehende Inhalte, die von gegnerischen Gruppen stammen – je extremer, desto besser. Russlands Ziel ist es, die Demokratien von innen heraus zu schwächen. Das Hauptziel ist es, Zwietracht, Unruhe und Spaltung zu säen, um die Führung, die Wirtschaft und die Bürger zu destabilisieren. Was springt für sie dabei heraus? Wiederherstellung der Großmachtstellung Russlands, zum Beispiel Wiedererlangung des Elitestatus der Gruppe der Acht (G8), Verhinderung der Ausbreitung demokratischer Ideologien in seinem Einflussbereich, Schutz des Putin-Regimes und Steigerung seiner militärischen Effektivität durch Verschleierung und Zermürbung der Unterstützung der Bürger für Militär, Polizei und andere demokratische Institutionen.[25] Der Plan lautet: Erst das Vertrauen der Menschen untereinander zerstören, dann Angst, Hass und Gewalt säen, zum Beispiel in Form eines Putsches oder Bürgerkriegs – der nach Ansicht der Alt-Right kommen würde.[26] Ich habe keinen Zweifel daran, dass Russland sich darüber freute, wie sich die Wahrnehmung der USA in der Welt veränderte, während die Presse Szene für Szene über den Einbruch in unser Kapitol am 6. Januar 2021 berichtete. Die Anti-Rassismus-Proteste, die zunächst gut gemeint waren, aber vor den Kameras oft in chaotische, tumultartige Szenen ausarteten[27], waren auch keine Hilfe, wenn es darum ging, wie Amerika von den führenden Politikern der Welt gesehen wurde (was, wie Sie später lesen werden, auch von den Russen mithilfe von Trollen und Bots geschürt wurde).

Dies waren Schritte zur Verwirklichung von Russlands Ziel, wieder den Status einer Großmacht zu erlangen, denn sie betrachten unseren Verlust an Einfluss als ihren Gewinn. Unabhängig davon, wie man zum Sturm auf das Kapitol und zu den Antirassismus-Protesten steht, waren diese Aktionen für Russland auf der globalen Bühne Gold wert. Noch besser wurde es für Russland, als gegen Donald Trump wegen Anstiftung zur Gewalt ein Amtsenthebungsverfahren angestrengt wurde. Das schwindende Ansehen der USA auf der Weltbühne bedeutete, dass Russland wieder einen Platz am Tisch einnehmen könnte. Russland war von 1997 bis 2014 Mitglied der G8, bis es die Krim annektierte und die USA unter Barack Obama dazu beitrugen, das Land aus der G8 zu werfen. Wenn ihnen das gelänge, hätten sie wieder ein Mitspracherecht bei wichtigen Entscheidungen, die ihre nationalen Interessen bedrohen. Während wir als Land dysfunktional erscheinen, bearbeiten sie die anderen G7-Mitglieder, um zu versuchen, ihren Sitz zurückzubekommen.

Die Russen wissen, dass die Meinungsfreiheit in demokratischen Ländern einen hohen Stellenwert hat und dass die Zensur von Äußerungen an sich schon Unfrieden stiften kann. Da wir keine Kontrolle über das Narrativ haben, sind wir ein perfektes Ziel für Desinformationskampagnen, die eine Menge Propaganda beinhalten. *Propaganda* ist eine Form der Überzeugung, die häufig in den Medien – auch in den sozialen Medien – eingesetzt wird, um eine Agenda zu fördern, indem eine emotionale Reaktion beim Publikum hervorgerufen wird. Sie beinhaltet die bewusste Weitergabe von Realitäten, Ansichten und Philosophien, die das Verhalten verändern und die Menschen zum Handeln anregen sollen.

Welche Rolle hat Russland bei dieser Polarisierung genau gespielt? Sie setzten KI, Bots, Trolle und Hacker ein, um bereits bestehende Spaltungen in unserer Gesellschaft aufzuspüren und zu verstärken in der Hoffnung, das Vertrauen der Öffentlichkeit in den demokratischen Prozess in den USA zu untergraben und Hillary Clinton während des Wahlkampfs 2016 zu verunglimpfen.[28] Putin hat die ehemalige Außenministerin Clinton beschuldigt, bei den russischen Parlaments- und Präsidentschaftswahlen 2011–2012, als er für das Präsidentenamt kandidierte, Regimewechsel-Proteste unterstützt zu haben. Ganz zu schweigen davon, dass ihr damaliger Chef, der ehemalige Präsident Barack Obama, dabei half, ihn aus der G8 zu verdrängen.

Russland hat die Inhalte der Alt-Right-Bewegung am meisten verstärkt, da sich deren Ziele mit seinen deckten. Was normalerweise als unzivilisiertes, fast auf dem Niveau eines Spielplatz-Tyrannen angesiedeltes Material angesehen worden wäre, wie Memes von Hillary mit Davidsternen und Geld im Hintergrund zusammen mit dem Schriftzug „Crooked Hillary", diente dazu, jeden an die Skandale um sie kurz vor dem Wahltag 2016 zu erinnern. Mit ein wenig Hilfe der Russen und von Trump wurde es sogar noch weiter verbreitet. Auf Facebook erreichten Links zu russischen Inhalten, die von der russischen Trollfabrik, der Internet Research Agency (IRA), verbreitet wurden, 125 Millionen Amerikaner. Im Grunde haben sie nur Anzeigen auf Facebook geschaltet, wie es jedes Unternehmen oder jede Marke tun würde, und Memes, gefälschte Nachrichten und andere spaltende Inhalte geteilt, die dann mithilfe von Trollen und KI-generierten Botnetzen verstärkt wurden.

Russland beschränkte sich nicht auf rechtsradikale Botschaften, sondern setzte Bots und Trolle ein, um über Black Lives Matter und Aspekte der schwarzen Kultur zu twittern.[29] Sie haben auch Bernie Sanders unterstützt und Hillary Clinton verunglimpft. Sie griffen viele Verschwörungstheorien auf und schufen sogar einige eigene, darunter eine, die behauptete, ein Mitarbeiter des Demokratischen Nationalkomitees namens Seth Rich sei 2016 ermordet worden, weil er DNC-E-Mails geleakt habe.[30]

Um sicherzustellen, dass sie es nicht versäumen, eine Spaltung zwischen Impfbefürwortern und Impfgegnern herbeizuführen, haben sich Russland und China im Juli 2021 zusammengetan, um Fehlinformationen über Impfstoffe zu verbreiten.[31] In der Zwischenzeit haben sie Impfstoffe an andere Länder verteilt, um sich als Weltmarktführer zu profilieren, während sie gleichzeitig die Botschaft verbreiteten, dass Impfstoffe westlichen Ursprungs „unwirksam und nicht hilfreich" seien. Stellen Sie sich nun vor, was sie mit KI, die Ihre emotionalen Trigger analysieren kann (genannt Emotion AI), und Deepfakes machen könnten. Es wird nur noch komplizierter werden, die Wahrheit herauszufinden.

SCHLUSSFOLGERUNG

Kann KI uns polarisieren und radikalisieren? Ja. Die spaltenden Ideen sind menschlichen Ursprungs, aber dank der KI können sie innerhalb von Minuten Hunderttausenden geschickt werden. Dank der KI kann sich Propaganda nicht nur blitzschnell verbreiten, sondern auch ihre Ziele so präzise finden, dass einem Schwarzen gefälschte Nachrichten geschickt werden können, die ihn falsch über Zeiten und Orte informieren, an denen er seine Stimme abgeben sollte, während ein unentschlossener Wähler in einem „Swing State" schockierende Memes über einen Präsidentschaftskandidaten erhält. Diese beiden Beispiele sind wahre Geschichten.[32] Die Art und Weise, wie sich extreme Politik ausbreitet und mehr Aufmerksamkeit erhält, lässt selbst gemäßigte Menschen glauben, dass die Welt extremer und polarisierter geworden ist. Aber in Wirklichkeit ist es eine kleine Gruppe von Trollen – manchmal einheimisch, manchmal von Russland unterstützt –, die den Großteil der Inhalte erstellt. So stellte der ständige Geheimdienstausschuss des US-Repräsentantenhauses fest, dass nur *zwölf* russische Trollkonten mehr als 39.000 Facebook-Nachrichten generiert hatten. Sie säen Zwietracht, indem sie die sozialen Medien nutzen, um ihre spalterischen Botschaften rund um die Uhr in unseren Feeds zu verbreiten.

Einer Pew-Research-Studie zufolge stellt die Mehrheit der Menschen nicht einmal politische Inhalte ins Internet. Alle Untersuchungen zur Polarisierung deuten darauf hin, dass ein kleiner Teil sensationslüsterne Inhalte teilt, die im Umlauf bleiben, weil andere, die sich entweder bestätigt oder beleidigt fühlen, sie teilen und kommentieren. Das bedeutet nicht, dass wir in einer Welt leben, in der unsere Nachbarn in Wirklichkeit furchtbare Trolle sind, die nichts Nettes zu sagen haben. Aber das Traurigste ist, dass unsere Überzeugungen, die auf dem beruhen, was wir online gesehen haben, mit Sicherheit zu einer sich selbst erfüllenden Prophezeiung werden, bevor wir den Menschen überhaupt eine Chance geben.

EMPFEHLUNGEN

Woran man Fake News erkennt

1. Prüfen Sie die Quelle
   - Wenn es sich um eine Website handelt, von der Sie noch nie gehört haben, führen Sie eine Internetsuche nach „Fake-News-Seiten" durch oder suchen Sie die Quelle einfach per Internetsuche. Wenn es eine Wikipedia-Seite dazu gibt, dann wird dort aufgeführt, um welche Art von Unternehmen es sich handelt. Wikipedia enthält auch Listen bekannter „Fake-News-Seiten" und „satirischer Nachrichtenseiten". Fake-News-Seiten sind solche, die absichtlich Falschmeldungen und Desinformationen veröffentlichen.

2. Übermäßig sensationslüsterne Schlagzeilen
   - In der heutigen Zeit kann es schwierig sein, bei sensationellen Schlagzeilen zu unterscheiden, was echt und was gefälscht ist. Aber sehen Sie sich auch den Rest des Artikels an. Wenn er nicht mit der Überschrift übereinstimmt, handelt es sich wahrscheinlich um Clickbait, um Sie auf die Website des Unternehmens zu locken.

3. URL wird ausgeschaltet sein
   - Oft verwenden Fake-News-Seiten Namen, die anderen Websites ähneln, um echt zu erscheinen. CBSnews.com .co ist ein gutes Beispiel dafür. Die beiden zusätzlichen Buchstaben „.co" am Ende führen Sie auf eine Fake-News-Seite und nicht zu CBS.

4. Andere Nachrichtenseiten berichten über die Geschichte
   - Normalerweise berichten mehrere Nachrichtensender über wichtige Ereignisse. Wenn andere Nachrichtenseiten seriös über etwas berichtet haben, handelt es sich wahrscheinlich um echte Nachrichten.

5. Prüfen Sie Snopes.com und Factcheck.org
   - Diese Websites berichten in der Regel über Fake News, sobald sie viral gehen.

So erkennen Sie, ob Sie auf Social Media mit einem Bot sprechen

1. Benutzerprofil
   - Bei einfachen Bots fehlen ein Foto, ein Link und eine Biografie. Bessere Versionen können Bilder oder Avatare aus dem Internet verwenden. Der Name kann auch ein wenig ungewöhnlich sein oder umgekehrt sehr allgemein wie „John Smith".

2. Wort-Kontext
   - Bots können wahllos themenrelevante Wörter aneinanderreihen, die keinen Sinn ergeben.

3. Besessenheit
   - Bots verstärken die gleichen Themen, Links und Hashtags wiederholt. Das ist ihr Ziel.

4. Ungewöhnliches Timing
   - Haben Sie schon einmal Konten gesehen, die scheinbar rund um die Uhr tweeten? Mit ziemlicher Sicherheit handelt es sich um Bots.

5. Sie folgen nicht
   - Bots folgen möglicherweise nur einigen wenigen anderen Bots und können deren Tweets endlos verstärken. Menschen folgen in der Regel vielen verschiedenen Personen und Gruppen.

Wenn Sie weitere Fragen zu Bot-Aktivitäten haben, können Sie jederzeit eines dieser Tools ausprobieren. Starten Sie eine Internetsuche, um sie zu finden.

- Botometer: bewertet einen Twitteraccount und hilft festzustellen, ob es sich um einen Bot handelt.

- Bot Sentinel: ein Dashboard, das die von Desinformations-Bots getwitterten Informationen zusammenfasst und mit den von ihnen als falsch erkannten Informationen vergleicht.

- Hoaxy: Verfolgen Sie die Verbreitung von Online-Desinformationen.

Wie man irreführende Themen und Anzeigen einschränkt

Diese Empfehlungen beziehen sich auf Ihre Datenschutzeinstellungen in den sozialen Medien. Auf Facebook können Sie das Menü „Settings & Privacy" aufrufen und „Ads" auswählen. Auf diese Weise können Sie die Inserenten sehen, die sich in Ihrem Feed befunden haben. Das ist wichtig zu wissen, wenn Russland einfach nur für Werbung bezahlt hat wie jedes andere Unternehmen auch. Russland hat Anzeigen unter anderen Tochtergesellschaften und auch unter ihrer RT-Nachrichtengruppe geschaltet, also halten Sie die Augen offen. Sie können auch die Seite „Ad Preferences" aufrufen und auf „Advertisers" klicken. Dann können Sie auf einen beliebigen Werbetreibenden in der Liste klicken und auf „Hide Ads". Die beste Einstellung bietet Ihnen jedoch die Möglichkeit, unter „Ad Preferences" Ihre „Ad Topics" einzuschränken, sodass Ihnen Wahlen, Politik und soziale Themen weniger angezeigt werden. Sie können Ihre „Ad Topics" über Ihr Instagram-Konto in ähnlicher Weise aktualisieren. Außerdem würde ich vorschlagen, dass Sie einstellen, wer Ihre sozialen Interaktionen sehen kann. Es ist immer eine gute Idee, den Kreis derer, die Ihre Beiträge sehen können, einzuschränken und Ihr soziales Netzwerk auf Freunde und Familie zu beschränken. Es ist zwar immer noch möglich, dass sie Ihnen betrügerische Inhalte weiterleiten oder sie in ihrem Feed posten, was bedeutet, dass Sie sie sehen, aber das ist zumindest eine viel geringere Belastung durch betrügerische Inhalte, als wenn Sie ständig die Inhalte von allen sehen würden.

Bringe deine Filterblase zum Platzen

Es ist interessant, wie man etwas über andere erfährt, die zu denselben Themen recherchieren wie man selbst, indem die KI einem andere interessante Artikel empfiehlt. Als ich anfing, KI-Ethik bei anderen Experten zu recherchieren, die auf Medium gepostet hatten, landeten Artikel über KI-Ethik in meinem Feed, aber auch viele LGBTQIA-Inhalte. Es war interessant, mehr über diese Kultur zu erfahren, aber ich musste mich auf andere Forschungsgebiete konzentrieren. Ich brauchte einen Reset. Manchmal vergisst man, wofür man sich angemeldet hat. Es ist gut, die Prioritäten für die Nachrichten auf den von Ihnen genutzten Online-Plattformen zu überdenken.

1. Ändern Sie die Einstellungen für Ihren News Feed
   - Auf Facebook können News Feeds in „Settings and Privacy" unter „News Feed Preferences" geändert werden. Wählen Sie aus, was Sie priorisieren möchten, und denken Sie daran, fragwürdige Gruppen oder Organisationen zu entfolgen, damit sie nicht mehr in Ihren Feeds auftauchen.

2. Privates Browsen und Suchen
   - Verwenden Sie Datenschutz-Browser wie Epic oder Mozilla Firefox oder Datenschutz-Suchmaschinen wie DuckDuckGo. Damit können Sie browsen oder suchen, ohne getrackt zu werden.

3. Tracking-Informationen löschen
   - Löschen Sie Browserverläufe und blockieren Sie Cookies. (Achtung! Dies könnte die Suche und das Surfen im Internet etwas weniger bequem machen, da fast alle Websites verlangen, dass Sie ihre Cookies akzeptieren.) In den meisten Browsern finden Sie die Option zum Blockieren von Cookies unter „Einstellungen" und dann „Datenschutz". Von dort aus haben Sie in der Regel die Möglichkeit, einige oder alle Cookies zu blockieren. Möglicherweise gibt es auch einen Schieberegler, mit dem Sie den Grad der Privatsphäre einstellen können.

4. Melden Sie sich nicht bei Google an, um Youtube-Videos zu suchen oder anzusehen.
   - Ich persönlich benutze sowohl Epic als auch DuckDuckGo, aber wenn Sie das nicht tun wollen, melden Sie sich ab und zu bei Google ab (wenn Sie ein Konto haben), löschen Sie Ihre Cookies und den Suchverlauf in Ihrem Browser und versuchen Sie es dann erneut mit Ihrer Suche. Ihre Ergebnisse werden wahrscheinlich anders ausfallen als vor der Löschung Ihres Verlaufs.

10

Verletzt KI meine Rechte und Freiheiten?

„Wir halten diese Wahrheiten für selbstverständlich, dass alle Menschen gleich geschaffen sind, dass sie von ihrem Schöpfer mit bestimmten unveräußerlichen Rechten ausgestattet sind, darunter Leben, Freiheit und das Streben nach Glück."
– *Unabhängigkeitserklärung, 1776*

DIE RECHTE UND FREIHEITEN, DIE KI MIT FÜSSEN TRETEN KANN

Ich gebe zu, dass ich die Begriffe „Rechte" und „Freiheiten" wahrscheinlich etwas großzügiger verwenden werde, als es ein Jurist tun würde. Ich bin kein Rechtsanwalt. Ich bin nicht qualifiziert, Ihnen Rechtsberatung zu bieten. Mit diesem Kapitel möchte ich Sie jedoch darauf aufmerksam machen, dass es staatliche und bundesstaatliche Gesetze gibt, die Sie vor schlechter KI schützen können. Wenn Ihnen jemand einen undurchsichtigen Algorithmus als eine Art Rechtfertigung für schlechtes Verhalten vor die Nase hält, sollten Sie diese Gruppen um der Gesellschaft willen nicht einfach damit davonkommen lassen. Es spielt keine Rolle, ob es sich bei dem Verursacher eines Verbrechens oder eines zivilrechtlichen Schadens um eine KI oder einen Menschen handelt. Bestimmte Rechte sind unveräußerlich – zum Beispiel darf man keine Menschen töten und damit davonkommen.

Meine Freundin und Anwältin Karen Suber erinnert mich daran, dass „Anwälte sich oft an Präzedenzfällen orientieren, um 1) festzustellen, ob ein Schaden entstanden ist, und 2) wie der Schaden zu beheben ist. Aber jetzt sehen Anwälte *Schäden*, die sie noch nie zuvor gesehen haben und die auf eine *Art und Weise* verursacht werden, die sie noch nie zuvor gesehen haben – zum Beispiel neue KI-basierte Systeme, die in unserem privaten und beruflichen Leben weitverbreitet sind. Das hat zur Folge, dass Anwälte die Rechtsprechung mit anderen Augen betrachten müssen." Zu diesem Zweck möchte ich Ihnen einige konkrete Beispiele nennen, bei denen Anwälte aktiv an der Abwehr von Algorithmen beteiligt waren, und ein Zukunftsszenario. In den ersten beiden Fällen geht es um vorausschauende Polizeiarbeit und Fahrlässigkeit bei selbstfahrenden Autos – hier geht es um Ihre tatsächlichen Freiheiten, das heißt, die Regierung kann Sie buchstäblich ins Gefängnis werfen. Im dritten Fall geht es um wirtschaftliche Freiheiten – so kann eine Bank Sie aus Ihrem Zuhause werfen. Dann wenden wir uns der Frage zu, was mit unseren Freiheiten in einer Gattaca-ähnlichen Welt geschehen könnte, in der wir alle dank der Allgegenwart der CRISPR-Geneditierung so manipuliert werden, dass wir in bestimmten Berufen gut sind.

VORAUSSCHAUENDE POLIZEIARBEIT KANN DAZU FÜHREN, DASS DIE POLIZEI ZU SCHIKANEN ERMUTIGT WIRD

Der fünfte Verfassungszusatz gibt Ihnen das Recht auf ein ordentliches Gerichtsverfahren. Der vierte Verfassungszusatz garantiert das Recht, nicht ohne triftigen Grund durchsucht oder verhaftet zu werden. Der 14. Verfassungszusatz gibt Ihnen das Recht auf ein ordnungsgemäßes Verfahren und das Recht, sich frei mit anderen zusammenzuschließen (was bedeutet, dass die Regierung – in diesem Beispiel die Polizei –

ihren Unmut über Sie nicht an Ihrer Familie, Ihren Freunden oder Ihren Kollegen auslassen kann). Wo ist der Schutz vor allgemeiner polizeilicher Schikane, wenn der Algorithmus fälschlicherweise vorhersagt, dass man ein „Intensivtäter" ist? Wie können Sie Gerechtigkeit für sich selbst erlangen, wenn ein skrupelloser Sheriff beschließt, einen fehlerhaften und verborgenen Algorithmus zu verwenden, um seine eigenen Polizeibeamten zu veranlassen oder zu zwingen (je nachdem, was nötig ist), Menschen, die der Algorithmus aufgelistet hat, zu verhaften und zu schikanieren?

Ein 15-jähriger Junge aus Pasco County, Florida, wurde innerhalb von etwa drei Monaten 21-mal von Polizeibeamten schikaniert, nachdem ein undurchsichtiger, selbst entwickelter Algorithmus ihn als „Intensivtäter" eingestuft hatte.[1] Ein „Intensivtäter" wurde als jemand beschrieben, der ein kriminelles Leben ohne Hoffnung auf Besserung geführt hat. Verzeihen Sie mir, wenn ich zynisch klinge, aber ein 15-Jähriger erscheint mir kaum als jemand, der keine Hoffnung auf Besserung hat. Im Rahmen einer Einschüchterungskampagne, die darauf abzielte, den Straftäter dazu zu bewegen, „umziehen zu wollen" (das heißt aus dem Bezirk wegzuziehen), suchten die Beamten nach Verstößen – und sei es etwas so Harmloses wie fehlende Hausnummern –, um ihn, seine Familienmitglieder und Freunde zu verhaften oder mit einer Geldstrafe zu belegen. Sie verhörten ihn und alle, die mit ihm zu tun hatten, zu jeder Tageszeit und parkten sogar vor seinem Haus, dem Arbeitsplatz seiner Mutter und den Häusern seiner Freunde. Nach einem Polizeibesuch brach der Junge zusammen, bekam keine Luft mehr und wurde ins Krankenhaus gebracht. Der Arzt sagte, es sei eine Panikattacke, die durch Angst ausgelöst wurde. Wir können davon ausgehen, dass es an den ständigen Schikanen der Polizei lag.

Leider war er nur einer von Hunderten auf der von einem Algorithmus erstellten Liste, zu deren Terrorisierung diese Polizeibehörde angeregt wurde. Zehn Prozent von ihnen waren unter 18 Jahre alt. Was war sein Hauptvergehen? Hat er jemanden getötet oder ein grausames

Gewaltverbrechen begangen? Nein. Er hatte ein motorisiertes Fahrrad aus einem Carport gestohlen. War er zumindest ein Serientäter? Nein. Es ist nur einmal passiert. Er hatte bereits einen Bewährungshelfer, bei dem er sich regelmäßig meldete, als die Polizei ihn auf die Liste der „Intensivtäter" setzte. Wenn es Ihnen wie mir geht, fragen Sie sich, was der Algorithmus herausgefunden hatte, das dazu führte, dass ein *einmaliger* Täter als *„Intensivtäter"* eingestuft wurde. Zu den Faktoren, die in den Algorithmus einflossen, gehörten das Vorstrafenregister einer Person, die einer Straftat beschuldigt oder verdächtigt wurde, die Zeuge einer Straftat war oder sogar *Opfer* einer Straftat wurde. Wenn Sie sich jetzt verwirrt den Kopf kratzen, sind Sie nicht allein. Das ist mein Punkt. Es handelt sich um undurchsichtige Systeme ohne objektive Überprüfung von außen. Schlimmer noch, dieser Algorithmus hat jedes Quartal 100 weitere Namen für die Polizei priorisiert und in eine Rangfolge gebracht, um sie in die Liste der „Intensivtäter" aufzunehmen. Nach der Veröffentlichung der Liste wurden die Polizeibeamten an der Zahl der von ihnen durchgeführten Kontrollen von Intensivtätern gemessen. Mehrere Beamte wehrten sich gegen diese Politik und wurden zum Gehorsam gezwungen oder entlassen.

Die Geschichten vieler Familien von Personen, die auf die Liste der Intensivtäter gesetzt wurden, sind in der *Tampa Bay Times* nachzulesen – zusammen mit Aufnahmen von Polizeibeamten mit einer Körperkamera. Ich empfehle dringend, die ganze Geschichte zu lesen.[2] Allerdings muss ich Sie warnen: Es wird noch schlimmer, wenn Sie herausfinden, dass einige der Zielpersonen Mittelschüler und Menschen mit psychischen Erkrankungen wie Autismus und Depressionen waren.

Ich habe Ihnen diese Geschichte erzählt, um Ihnen eine Vorstellung von den schrecklichen Folgen zu vermitteln, die durch vorausschauende Polizeialgorithmen entstehen können. Einige von uns können sich nur schwer vorstellen, dass die Polizei so etwas jemals tun würde, vor allem in einem Vorort, in dem die Kriminalitätsrate ohnehin gering ist. Falls Sie sich fragen, ob die Taktik der Polizei bei der Verringerung der Kriminalität erfolgreich war ... die Eigentumsdelikte entsprachen denen in den sieben nächstgelegenen Bezirken, aber die Gewaltverbrechen in Pasco County stiegen im Vergleich zu den benachbarten Bezirken. All diese Mittel – 2,8 Millionen US-Dollar, um genau zu sein – für Algorithmen und Teams zu ihrer Durchsetzung, ganz zu schweigen von den Klagen wegen all der Belästigungen, und es gab keine quantifizierbaren Ergebnisse, die über die der nahe gelegenen Bezirke hinausgingen.

Alle Polizeidienststellen wollen in gewissem Umfang vorausschauende Polizeiarbeit betreiben, um Kriminellen einen Schritt voraus zu sein. Einige Gebiete des Landes sind stärker von Gewaltverbrechen betroffen als andere, und die Bürger schreien nach einem Eingreifen. Aber wie bei allem im Leben steckt der Teufel immer im Detail, wenn es darum geht, wie gute Absichten in die Praxis umgesetzt werden. PredPol, das jetzt Geolitica heißt, ist eines der am häufigsten verwendeten Predictive-Policing-Tools auf dem Markt. Geolitica identifiziert Gebiete in einem Viertel, in denen schwere Straftaten in einem bestimmten Zeitraum wahrscheinlicher sind. Geolitica behauptet, über Forschungsergebnisse zu verfügen, die belegen, dass die Software doppelt so genau ist wie menschliche Analysten, wenn es darum geht, vorherzusagen, wo Verbrechen geschehen werden. Das Wichtigste ist jedoch, dass das Ausmaß der Voreingenommenheit in diesen KI-Programmen variieren kann, je nachdem, ob Verhaftungsdaten, Opferberichte oder tatsächliche Verurteilungen verwendet werden. Verhaftungsdaten sind eher verzerrt, da sie polizeiliche Entscheidungen widerspiegeln und nicht die tatsächlichen Verurteilungen.[3] Das bedeutet, dass der Algorithmus im Grunde nur das Verhalten der Polizei vorhersagt, nicht das kriminelle Verhalten.

Hier ist eine andere Geschichte, die einen weiteren Beweis liefert. In Chicago, das eine der höchsten Mordraten des Landes aufweist, hat die verzweifelte Polizei noch einen draufgesetzt und geht mit ihrer „Strategic Subject List" sogar so weit, vorherzusagen, „wer" Verbrechen begehen wird. Dabei handelt es sich um eine von einem Algorithmus erstellte Liste, in der die Personen aufgeführt sind, die am wahrscheinlichsten in eine Schießerei verwickelt sein werden – sowohl der potenzielle Täter als auch das Opfer. Die beiden Hauptziele, die mit der Erstellung der Liste verfolgt wurden, waren 1) die Bereitstellung von Diensten wie Beratung für gefährdete Personen und 2) zu verhindern, dass ein Schütze jemals eine Waffe in die Hand nimmt.[4] Die Polizei tauchte in den Häusern dieser Personen auf in der Hoffnung, mögliche Morde zu verhindern, bevor sie begangen wurden. Es wurden jedoch nachträglich Auswertungen über die Effektivität der Liste erstellt, und es wurde festgestellt, dass sie in erster Linie dazu verwendet wurde, Personen zu verhaften. Toll, wenn sie sich etwas zuschulden kommen ließen, nicht so toll, wenn sie noch nichts getan haben. Die vorausschauende Polizeiarbeit ist allgegenwärtig. Wie in Kapitel 2 erwähnt, könnte in Ihrer Stadt, wenn es ein gewisses Maß an Kriminalität gibt, prädiktive Polizeiarbeit eingesetzt werden. Nehmen Sie an Bürgerversammlungen teil und fragen Sie die Verantwortlichen in Ihrem Stadtbezirk, ob das Programm in Ihrem Bezirk eingesetzt wird. Wenn Sie ein falsches Spiel vermuten, wenden Sie sich an einen lokalen Enthüllungsjournalisten. Wenn Sie direkt von der vorausschauenden Polizeiarbeit, auch „intelligence-led policing" genannt, betroffen sind, sollten Sie einen Anwalt einschalten.

IHR SELBSTFAHRENDES AUTO HAT GERADE JEMANDEN GETÖTET, WAS NUN?

Eine Frau namens Elaine Herzberg wurde auf tragische Weise zum ersten Todesopfer eines selbstfahrenden Autos, als sie im März 2018 beim nächtlichen Überqueren einer Straße in Tempe, Arizona, von einem Uber-Testfahrzeug erfasst wurde. So tragisch ihr Tod auch war, was danach geschah, schuf einen beängstigenden rechtlichen Präzedenzfall für alle, die darüber nachdenken, ein selbstfahrendes Auto zu besitzen und zu betreiben, und wurde selbst zu einer Tragödie. Das mächtige Technologieunternehmen, das das Auto programmiert hatte, wurde überhaupt nicht für schuldig befunden; Uber wurde in dem Fall nicht einmal angeklagt. Stattdessen wurde eine Uber-Aushilfsfahrerin namens Rafaela Vasquez wegen fahrlässiger Tötung verurteilt. Hätte sie angeklagt werden müssen oder Uber oder beide? „Uber arbeitete ‚Hand in Hand' mit der Polizei von Tempe, die einen Großteil der Ermittlungen an Uber delegierte, und der Einfluss des Unternehmens hatte Auswirkungen auf die Schlussfolgerungen des Tempe Police Department (TPD)."[5] Schließlich war es der Bürgermeister von Tempe, der die Vereinbarung mit Uber getroffen hatte, damit das Unternehmen seine selbstfahrenden Autos dort testen kann.

Der Einfluss des Bürgermeisters auf die Polizei und die anschließenden Ermittlungen von Uber bedeuteten einen erheblichen Interessenkonflikt, der vereitelte, dass Vasquez ein rechtmäßiges Verfahren bekam. Ganz zu schweigen davon, dass Vasquez' Verteidigung behauptet, die Geschworenen hätten nicht einmal von den zahlreichen Sicherheitsverstößen von Uber erfahren, bevor sie beschlossen, sie anzuklagen. Es wird behauptet, dass sie unmittelbar vor dem Unfall eine beliebte Fernsehsendung namens „The Voice" auf ihrem Mobiltelefon angesehen hat, und es gibt ein Video, das dies zu bestätigen scheint – allerdings ist umstritten, was sie sich genau angesehen hat. Dieser Videobeweis ist höchstwahrscheinlich der Grund dafür, dass die Staatsanwaltschaft den Fall so schnell abschließen konnte. Aber „Selbstgefälligkeit bei der Automatisierung" ist ein bekanntes Phänomen, das auftritt, wenn ein System gut und die Arbeit langweilig ist, sodass ein Mensch aufhört, bei der Überwachung automatisierter Geräte aufzupassen. Die Selbstgefälligkeit bei der Automatisierung in Verbindung mit der Zusicherung, dass das automatische Bremssystem aktiviert war und mit den autonomen Funktionen zusammenarbeitete (was nicht der Fall war), trug dazu bei, dass Vasquez nicht schnell genug reagierte, um einzugreifen.

Diese Faktoren wurden von Uber nicht als Sicherheitsproblem betrachtet, obwohl das Unternehmen zuvor standardmäßig zwei Fahrer in seinen Testfahrzeugen eingesetzt hatte, wahrscheinlich aus diesem Grund. In der Woche vor dem Tod der Fußgängerin hat ein Informant bei Uber namens Robbie Miller die Führungskräfte des Unternehmens per E-Mail vor Sicherheitsproblemen gewarnt: „Im Februar wurde fast jeden zweiten Tag ein Auto beschädigt", erklärte er gegenüber Topmanagern. „Wir sollten nicht alle 15.000 Meilen etwas anfahren." „Mehrere der Fahrer wurden offenbar nicht ordnungsgemäß überprüft oder geschult."[6]

Zu diesem Zeitpunkt haben Vasquez' Anwälte beantragt, den Fall an die Grand Jury zurückzuverweisen, mit dem Argument, dass die Grand Jury nicht alle relevanten Informationen zu dem Fall gehört hatte und dass sie unzureichend über die relevanten Gesetze informiert worden war. Die Anwälte der Verteidigung weisen insbesondere darauf hin, dass Verursachung ein Element der fahrlässigen Tötung ist und dass die Anklage zusätzliche kausale Ergebnisse wie die nie aufgedeckten Sicherheitsprobleme von Uber hätte berücksichtigen müssen.

Aber was sollten wir anderen aus diesem Fall mitnehmen? Gewöhnen Sie sich nicht zu sehr an die Möglichkeiten autonomer Fahrzeuge. Die Technologie ist noch sehr anfällig. In einer Studie des Insurance Institute of Highway Safety und des MIT taten Fahrer von Autos mit autonomen Funktionen – die auch über mehr Sicherheitsmerkmale verfügen – im Grunde das Gleiche wie Vasquez. Sie achteten nicht mehr so sehr darauf, was das Auto tat, je mehr sie auf die automatischen Funktionen vertrauten.[7] Das ist vernünftig. Diese Fahrer zahlen nicht extra dafür, dass sie das Auto einfach überwachen können. Ich vermute, dass der Grund für den Autokauf und den Aufpreis darin liegt, dass sie nicht die ganze Zeit aufpassen wollen. Es gibt sogar ein Video, das einen Tesla-Fahrer und seinen Beifahrer im Tiefschlaf zeigt, während das Auto auf einer stark befahrenen Autobahn in Los Angeles mit 55 Meilen pro Stunde fährt.[8] Versuchen Sie, sich an diesen Fall zu erinnern, wenn Sie auch nur daran denken, am Steuer eines selbstfahrenden Autos einzunicken. Sie wollen nicht für Ihren eigenen Tod oder den Tod eines anderen verantwortlich sein, und Sie wollen auch nicht wegen Fahrlässigkeit am Steuer im Gefängnis landen.

ZWANGSVERSTEIGERT WEGEN DES ALGORITHMUS

Ein Underwriting-Algorithmus bei Wells Fargo hat dazu geführt, dass 545 Menschen ihr Zuhause verloren haben, weil er fälschlicherweise entschieden hat, ihre Hypothek nicht zu verlängern. Nach dem wirtschaftlichen Zusammenbruch im Jahr 2008 sollte das Home Affordable Modification Program (HAMP) Menschen dabei helfen, ihre Häuser zu behalten, indem es ihre Hypotheken verlängerte, damit sie sich ihre Zahlungen leisten konnten. Sie mussten bestimmte Voraussetzungen erfüllen, aber sobald ihr Antrag angenommen wurde, erhielten sie einen „Probezahlungszeitraum".[9] Der von Wells Fargo entwickelte Underwriting-Algorithmus versagte, und 545 Häuser wurden zwangsversteigert. Wells Fargo bot schließlich eine mickrige Entschädigung von 15.000 US-Dollar an, nachdem der „Berechnungsfehler" mehr als sechs Jahre später entdeckt worden war. Die Tatsache, dass man wegen eines Fehlers des Algorithmus buchstäblich sein Zuhause verlieren kann, trat nur allzu klar zutage. Einer derjenigen, die ihr Zuhause verloren hatten, sagte dazu Folgendes: „Das ist nicht einmal ansatzweise vergleichbar mit der Kette von Ereignissen, die durch die Verweigerung der Unterstützung durch Wells Fargo ausgelöst wurde." Er verglich es damit, dass jemand sagt: „Tut mir leid, dass ich dir den Arm abgehackt habe. Hier ist ein Pflaster." Er fügte hinzu: „Und schieben Sie die Schuld nicht nur auf die Software. Wo war die menschliche Aufsicht?"[10] Diese Fehler sollten ein Weckruf sein. Wir sollten alle direkt in die Büros unserer Kongressabgeordneten marschieren und die Aufsicht über diese Art von Algorithmen fordern.

Der Bundesstaat Kalifornien, in dem eine Sammelklage erhoben wurde, entschied zugunsten der gekündigten Hauseigentümer. Leider erhielten sie nur jeweils 10.000 US-Dollar als Teil ihres Vergleichs. Die Gesetze des Bundesstaates, auf deren Grundlage die Klage eingereicht wurde, umfassen „Fahrlässigkeit", „Umwandlung" (wenn ein privater Akteur Ihr Eigentum an sich reißt) und „Gesetz gegen unlauteren Wettbewerb" (das „jede ungesetzliche, unlautere oder betrügerische Geschäftshandlung oder -praxis" umfasst).[11]

Die Teilnahme an finanziellen Kreditsystemen ist eine der wichtigsten Freiheiten überhaupt. Die Kreditvergabe kann den Unterschied zwischen einem Schulbesuch und einem Nichtbesuch ausmachen. Es kann bedeuten, ein Unternehmen zu gründen und eine Hypothek auf ein Haus aufzunehmen. Vieles in der modernen Gesellschaft – und Ihr Status darin – hängt von Ihrer Fähigkeit ab, sich finanzielle Mittel zu sichern. Da sie ein so grundlegender Aspekt der Gesellschaft ist, sind ihre Fairness und Gleichheit von größter Bedeutung für unsere Freiheit. Die Kreditvergabe war jedoch schon immer von menschlicher Voreingenommenheit geprägt. Als die Kreditgeber daher begannen, auf Algorithmen umzusteigen, ging man davon aus, dass diese eine gerechtere Methode der Kreditvergabe darstellen würden.

Fast alle Kreditinstitute stützen sich auf FICO-Scores, die in der Regel mit Einkommen und Herkunft korrelieren.[12] Sowohl die Kreditsachbearbeiter als auch die softwarebasierten Underwriting-Engines verlangen von lateinamerikanischen und afroamerikanischen Kreditantragstellern sechs bis neun Prozentpunkte höhere Zinssätze als von weißen Antragstellern mit dem gleichen FICO-Score und Beleihungsauslauf.[13] Der höhere Zinssatz ist derselbe, unabhängig davon, ob er von einem Kreditsachbearbeiter, der Online-Kreditabteilung einer Bank oder einem Fintech-Hypothekengeber wie Quicken oder SoFi festgelegt wird.

Einige Online-Kreditgeber wie Upstart haben erklärt, dass ihre Algorithmen dazu beitragen, die Kreditkosten zu senken und mehr Menschen bessere Preise zu bieten als traditionelle Kreditgeber. Upstart verwendet „alternative" Daten über Ausbildung, Beruf und sogar Kreditantragsvariablen in seinen Underwriting-Modellen. (Zum Beispiel sind Leute, die nach runden Zahlen wie 20.000 US-Dollar fragen, ein höheres Risiko als Leute, die nach ungeraden Zahlen wie 19.900 US-Dollar fragen.) „Viele Variablen, die tendenziell mit Schnelligkeit oder mangelnder Vorsicht korrelieren, sind hoch korreliert mit Zahlungsausfällen", sagte Upstart-Mitbegründer Paul Gu kürzlich in einem Interview, „und Anzeichen dafür, dass jemand das Geld sofort dringend benötigt, korrelieren mit Zahlungsausfällen." Als Nächstes wollen wir uns einer nicht allzu fernen Zukunft zuwenden, in der eine modifizierte Genetik Ihre Rechte, Ihre Freiheiten und Ihr Streben nach Glück in der Gesellschaft bestimmen könnte.

CRISPR, KI, Eugenik und eine „Gattaca"-ähnliche Zukunft

In einer Szene aus dem Kultfilm „Gattaca" von 1997 sitzen ein Mann und seine Frau vor einem Genetiker, um das Erbgut ihres Babys zu bestimmen. Der Genetiker beginnt mit den Worten: „Sie haben haselnussbraune Augen, dunkles Haar und helle Haut angegeben. Ich habe mir die Freiheit genommen, alle potenziell nachteiligen Bedingungen zu streichen. Vorzeitige Glatze, Kurzsichtigkeit ... Alkoholismus und Suchtanfälligkeit, Gewaltbereitschaft, Fettleibigkeit und so weiter", worauf die Eltern antworten: „Wir wollten nicht ... Ich meine, Krankheiten, ja, aber ... Wir haben uns nur gefragt, ob es gut ist, ein paar Dinge dem Zufall zu überlassen." Der Genetiker antwortet: „Sie wollen Ihrem Kind den bestmöglichen Start ermöglichen. Glauben Sie mir, wir haben schon genug Unvollkommenheit in uns eingebaut. Ihr Kind braucht keine zusätzlichen Belastungen. Vergessen Sie nicht, dass dieses Kind immer noch Sie selbst sind. Einfach das Beste von Ihnen. Sie könnten tausendmal auf natürlichem Wege schwanger werden und nie ein solches Ergebnis erzielen." Später erfährt man, dass die nicht gentechnisch veränderten Kinder von der Gesellschaft als „degeneriert" oder „invalide" angesehen werden. Alle Traumjobs gehen an diejenigen mit überlegenen Genen, während die nicht genetisch veränderten Menschen ihr Leben von anderen, höher gestellten Personen kontrollieren lassen. Könnten wir eines Tages aufgrund unserer genetischen Veränderungen in unseren Rechten und Freiheiten eingeschränkt sein? Wir haben die „Technologie", also lassen Sie uns dieses Thema weiter untersuchen.

CRISPR ermöglicht es Wissenschaftlern, Gene zu bearbeiten, indem sie ein bestimmtes Stück DNA finden, das ein Problem verursacht, und es dann ändern oder entfernen können – wie beim Ausschneiden und Einfügen in der Textverarbeitung. CRISPR steht für „Clustered Regularly Interspaced Short Palindromic Repeats" und ist eine natürlich vorkommende Sequenz des genetischen Codes in Bakterien, die oft als Technologie oder Werkzeug bezeichnet wird. Wissenschaftler entdeckten, dass sie damit unsere DNA gezielt beeinflussen können, um Gene zu verändern, die Krankheiten wie Sichelzellenanämie und bestimmte Krebsarten verursachen. Die künstliche Intelligenz trägt dazu bei, die Genauigkeit der Genbearbeitung zu verbessern, indem sie die besten Stellen in der DNA-Sequenz zum Schneiden des Gens ausfindig macht und so die Nebenwirkungen der Gentherapie verringert, wenn zu viel oder zu wenig geschnitten wird.[14]

Krankheiten sind aber wahrscheinlich nicht die einzige Art von genetischem Code, der ersetzt werden kann; es ist nur der Bereich, auf den sich die Wissenschaftler im Moment konzentrieren. CRISPR könnte potenziell dazu verwendet werden, unerwünschte genetische Eigenschaften zu eliminieren, wenn es in embryonalen Zellen eingesetzt wird – JEDE unerwünschte genetische Eigenschaft. Benutzen Sie Ihre Fantasie. Die Wissenschaftler schätzen an der CRISPR-Entdeckung, dass sie genetische Veränderungen „billig und einfach" macht.[15] Was früher über 5.000 US-Dollar und den Arbeitsaufwand einer großen Zahl an Fachpersonal gekostet hat, kann jetzt mit nur 30 US-Dollar und viel weniger Aufwand erledigt werden.[16] Welche Hindernisse stehen also Wissenschaftlern im Weg, die einfach nur reich werden wollen, indem sie Designerbabys schaffen, die genetisch so verändert werden können, dass sie stärker, größer oder intelligenter sind? Wenn Sie mir erzählen wollen, dass Wissenschaftler eine Art moralischen Kodex haben, der sie davon abhält, etwas Schlechtes zu tun, werde ich die Augen verdrehen, bis man nur noch das Weiße sieht. Und ich erinnere Sie an den Nutzen aus der Funktionsforschung, der höchstwahrscheinlich die Stärke der Fledermaus-Coronaviren erhöht hat, was – meiner nicht wissenschaftlichen Meinung nach – zu der Pandemie führte. Diese Wissenschaftler hätten nie gedacht, dass eine Pandemie ausgelöst werden könnte, aber wir befinden uns jetzt im zweiten Jahr und haben Millionen von Menschenleben verloren. Unbeabsichtigte Folgen einer vermeintlich sicheren Wissenschaft sind nicht auf die leichte Schulter zu nehmen – vor allem, wenn es sich um genetische Folgen handelt.

Die aktuelle Gruppe von Genetikern hat beschlossen, dass es schlecht ist, CRISPR bei Embryonen einzusetzen, weil die genetischen Veränderungen dann über Generationen weitergegeben werden können. Doch He Jiankui, ein wohlmeinender Wissenschaftler in China, schuf zwei HIV-resistente Kinder, indem er ihre Gene mit CRISPR veränderte, als sie noch Embryonen waren. Schlagen Sie ihn nach. Er versuchte, einem HIV-positiven Paar zu helfen, das sich ein Kind wünschte, aber Angst hatte, es zu vererben. Ironischerweise werden die Kinder des Paares die HIV-Resistenz anstelle von HIV weitergeben. Das ist nicht per se etwas Schlechtes. Aber alles hat zwei Seiten. Wenn Sie eine Sache reparieren, riskieren Sie eine andere. Ein Wissenschaftler äußerte die Befürchtung, dass die von Jiankui vorgenommene Veränderung des CCR5-Gens zur Einschränkung des HIV-Wegs dazu führen könnte, dass die Zwillinge infolgedessen viel anfälliger für West-Nil sind.[17] Eine 2019 durchgeführte Studie ergab außerdem, dass Menschen mit doppelt mutierten CCR5-Genen – wie die Zwillinge – wahrscheinlich ein erhöhtes Risiko haben, an einer Grippe zu sterben, und mehr als 20 Prozent weniger wahrscheinlich 76 Jahre alt werden.[18] Ein anderer Wissenschaftler gab zu bedenken, dass ein Zusammenhang zwischen einem einzelnen Gen und einer Krankheit selten ist und dass viele Krankheiten das Ergebnis einer Wechselwirkung zwischen Genen und Umwelt sind, was bedeutet, dass Gen-Editing möglicherweise nicht die Antwort auf die meisten Krankheiten ist.[19] Es besteht auch die Sorge, dass unbeabsichtigt langfristige Erbkrankheiten entstehen, die über Generationen hinweg bestehen bleiben könnten.

Und dann sind da noch die moralischen Dilemmata und Auswirkungen zu bedenken. Wird die Gesellschaft die Beseitigung potenzieller Krankheiten in unseren Genen als moralischen Imperativ betrachten? „Ich glaube nicht, dass ich Gott spiele", sagt Shoukhrat Mitalipov, ein Forscher auf dem Gebiet der Embryonenforschung. „Wir haben die Intelligenz, Krankheiten zu verstehen und Leiden zu beseitigen. Und das ist meiner Meinung nach das Richtige."[20] Wird die Gesellschaft die CRISPR-basierte Gentherapie vorschreiben, damit unser Gesundheitssystem nicht überfordert wird, so wie es bei den Covid-Impfungen der Fall war? Werden sich Arbeitgeber weigern, nicht gentechnisch veränderte Arbeitnehmer einzustellen, weil sie die gesundheitliche Belastung, die diese Arbeitnehmer oder deren Angehörige darstellen könnten, nicht wollen? Wird es in Zukunft moralisch falsch sein, NICHT gentechnisch verändert zu sein?[21] Das hoffe ich nicht!

Was ist, wenn aufgrund von genetischen Veränderungen schlimme Dinge passieren? Könnten wir in der Zukunft alle zur selben Zeit krank werden und sterben, weil wir einen unbekannten Defekt haben, den wir versehentlich selbst verursacht haben, indem wir genetisch verändert wurden? Werden kommunistische Gesellschaften, die den Menschen nach seinem Nutzen bewerten, behinderte Bürger als unangemessene Belastung für ihr Wirtschaftssystem betrachten und deshalb genetische Veränderungen verlangen oder, schlimmer noch, würden sie ausgerottet werden? In dem Bestreben, den genetischen Code für verschiedene Aufgaben zu optimieren – etwa Kraft für manuelle Arbeit und Landwirtschaft, Intelligenz für wissenschaftliche und technische Arbeit –, werden unbeabsichtigt Herrenrassen geschaffen? Würde die Optimierung der Genetik auf bestimmte Berufe in demokratischen Ländern zu einer Gattaca-ähnlichen Zukunft führen, in der sich die nicht genetisch Verbesserten gar nicht erst bewerben müssen und das Schicksal der Menschen nicht von ihrem eigenen Willen, sondern von dem ihrer Eltern oder Genetiker bestimmt wird? Das sind alles futuristisch anmutende Themen, doch CRISPR und KI haben uns in Rekordzeit hierhergebracht. Es ist jetzt an der Zeit, unseren Standpunkt zu diesen Fragen festzulegen, denn sonst sind wir mit Normen, Vorschriften und Gesetzen nicht mehr auf der Höhe der Zeit, wenn die genetischen Veränderungen allgegenwärtig sind. Die mRNA-Covid-Impfstoffe haben vielen Wissenschaftlern die Augen für die Wirksamkeit und Effizienz der Verwendung von mRNA geöffnet. Hat diese Akzeptanz von mRNA-Therapien den Weg für riskantere Gentherapien geebnet? Als Gesellschaft müssen wir uns mit diesen Fragen auseinandersetzen und Entscheidungen über die Auswirkungen breit angelegter genetischer Veränderungen treffen, damit wir uns proaktiv statt reaktiv darauf vorbereiten können, sie zu regeln, und zwar nicht mit ein paar wohlmeinenden Wissenschaftlern, sondern als ganze Gesellschaft, die Freiheiten und Individualität schätzt.

EMPFEHLUNGEN

Wir, das Volk, müssen eine stärkere Regulierung, Transparenz und Rechenschaftspflicht für KI-Algorithmen fordern, die unser Leben stark beeinflussen. Wir werden die Hilfe von vorausschauenden politischen Entscheidungsträgern, technisch versierten Anwälten und Aktivisten brauchen, um die KI auf breiter Ebene zu bekämpfen, die die von uns geschätzten Freiheiten gefährden kann.

- Arbeiten Sie mit Überwachungsgruppen wie der Electronic Frontier Foundation, ACLU und EPIC zusammen.

- Klagen Sie, um die Rolle der KI bei bereits geschützten Rechten anzufechten.

- Melden Sie der EEOC und der Federal Trade Commission (FTC) wahrgenommene Diskriminierung bei der Kreditvergabe, im Bildungs- und Wohnungswesen und bei der Beschäftigung.

- Wenden Sie sich an Ihre Kongressabgeordneten, um Ihre Besorgnis über den unethischen Einsatz von KI zum Ausdruck zu bringen, damit sie Gesetze und Vorschriften vorschlagen können, um die Freiheiten in Zukunft zu schützen.

Kennen Sie die Rechte und Freiheiten, die Sie vor schlechter KI schützen können?

Die *Freiheitsrechte* werden uns durch die ersten zehn Zusatzartikel der US-Verfassung, die sogenannte Bill of Rights, gewährt. Sie sollen uns vor Tyrannei bewahren. Ich habe sie nachstehend zur Erinnerung aufgelistet.

Die Bill of Rights und der 14. Zusatzartikel

a. Religionsfreiheit, Redefreiheit, Pressefreiheit, Versammlungsfreiheit, Vereinigungsfreiheit und Petitionsfreiheit.

b. Das Recht, Waffen zu behalten und zu tragen, um eine gut geordnete Miliz zu unterhalten.

c. Keine Kasernierung von Soldaten.

d. Schutz vor unangemessenen Durchsuchungen und Beschlagnahmungen.

e. Das Recht auf ein ordentliches Gerichtsverfahren, das Recht, sich nicht selbst belasten zu müssen, Schutz vor Doppelbestrafung.

f. Rechte der Angeklagten (zum Beispiel Recht auf ein zügiges und öffentliches Verfahren).

g. Das Recht auf ein Verfahren vor einem Schwurgericht in Zivilangelegenheiten.

h. Schutz vor überhöhten Kautionen, grausamen und ungewöhnlichen Strafen.

i. Andere Rechte des Volkes.

j. Befugnisse, die den Staaten vorbehalten sind.

k. Gleicher Schutz durch das Gesetz, ordentliche Gerichtsverfahren und andere.

Rechte sollen Diskriminierung aufgrund geschützter Merkmale wie Geschlecht, Alter, Rasse, Behinderung und so weiter verhindern. Diese Rechte sind in einer Reihe von Bundesgesetzen verankert, unter anderem in den Bereichen Wohnungswesen, Kreditvergabe, Wahlrecht, Beschäftigung und Bildung. Dies sind nur einige wenige Beispiele für die Auswirkungen, die KI auf uns hat.

- *Federal Trade Commission Act (Abschnitt 5):* Verbietet „unlautere oder betrügerische Handlungen oder Praktiken im oder mit

Bezug auf den Handel". Dieses Verbot gilt für alle im Handel tätigen Personen, einschließlich Banken. Wird von der FTC durchgesetzt. „Die FTC betont in den Leitfäden 2021 und 2020, dass Unternehmen die Verbraucher darüber informieren sollten, wie und wann personenbezogene Verbraucherdaten von KI verwendet oder zur Entwicklung von KI eingesetzt werden, insbesondere wenn es sich um sensible Daten handelt. Die FTC weist darauf hin, dass das Versäumnis, ordnungsgemäß zu erklären, wie Verbraucher die Verwendung personenbezogener Daten zur Entwicklung von Algorithmen kontrollieren können, zu einer Durchsetzung gemäß Abschnitt 5 führen kann."[22]

- *Fair Credit Reporting Act (FCRA) (Gesetz zur Regelung des Datenschutzes bei Konsumentenkrediten):* US-Bundesgesetz zur Förderung der Korrektheit, der Fairness und des Schutzes der Privatsphäre von Verbraucherinformationen, die in den Dateien von Verbrauchermeldeagenturen enthalten sind. Es sollte die Verbraucher vor der vorsätzlichen und/oder fahrlässigen Aufnahme unrichtiger Informationen in ihre Kreditauskünfte schützen. Das FCRA wird von der FTC und dem Consumer Financial Protection Bureau durchgesetzt. Zu diesen Schutzmaßnahmen gehört vor allem die Feststellung, dass es keine geheimen Datenbanken geben darf, in denen Entscheidungen über das Leben einer Person getroffen werden, dass Einzelpersonen das Recht haben sollten, die in solchen Datenbanken gespeicherten Informationen einzusehen und anzufechten, und dass die Informationen in einer solchen Datenbank nach einer angemessenen Zeitspanne verfallen sollten. Gemäß dem FCRA müssen Arbeitgeber, die Verbraucherberichte zur Überprüfung von Bewerbern oder Mitarbeitern verwenden, bestimmte Verfahren einhalten:

a. Der Arbeitgeber holt Ihre schriftliche Erlaubnis ein.

b. Er teilt Ihnen mit, wie er Ihre Kreditauskunft verwenden will.

c. Er darf Ihre Informationen nicht missbrauchen.

d. Der Arbeitgeber gibt Ihnen eine Kopie Ihrer Kreditauskunft, wenn er beschließt, Sie nicht einzustellen, oder Sie entlässt.

e. Er muss Ihnen die Möglichkeit geben, die in Ihrer Kreditauskunft enthaltenen Informationen anzufechten, bevor eine endgültige negative Entscheidung getroffen wird.

- „Wenn eine Organisation einen Bericht oder eine Bewertung über einen Verbraucher von einem Hintergrundprüfungsunternehmen erwirbt, der/die mithilfe von KI-Tools erstellt wurde, und diese Bewertung oder diesen Bericht verwendet, um dem Verbraucher eine Wohnung zu verweigern, dann muss diese Organisation dem Verbraucher eine Mitteilung über nachteilige Maßnahmen zukommen lassen, wie es das FCRA verlangt. Die FTC hat auch darauf hingewiesen, dass Organisationen, die Daten bereitstellen, die für KI-basierte Versicherungs-, Kredit-, Beschäftigungs- oder ähnliche Eignungsentscheidungen verwendet werden können, als ‚Informationslieferanten' Verpflichtungen nach dem FCRA haben können."[23]

- *Equal Credit Opportunity Act 1974 (ECOA) (Gesetz über die Chancengleichheit im Kreditwesen von 1974):* Verbietet Kreditgebern die Diskriminierung von Kreditantragstellern. Nicht jeder, der einen Kredit beantragt, bekommt ihn oder erhält die gleichen Konditionen. Faktoren wie Einkommen, Ausgaben,

Schulden und Kreditvergangenheit werden von den Kreditgebern zur Bestimmung der Kreditwürdigkeit herangezogen.

- *Fair Housing Act (FHA) (Gesetz über fairen Wohnraum):* Verbietet die Diskriminierung im Wohnungswesen aufgrund von Rasse, Religion, Geschlecht, Familienstand und Behinderung.

- *Civil Rights Act of 1964 (Bürgerrechtsgesetz von 1964):* Weitreichende Gesetzgebung, die Diskriminierung aufgrund von Rasse, Hautfarbe, Religion, Geschlecht oder nationaler Herkunft in den Bereichen Beschäftigung, Bildung, Wahlrecht und öffentliche Einrichtungen verbietet.

- *Age Discrimination Act of 1975 (Gesetz gegen Altersdiskriminierung von 1975):* Verbietet die Diskriminierung aufgrund des Alters in Programmen und Aktivitäten, die *vom Bund* unterstützt werden, wie zum Beispiel Bildungsprogramme, Gesundheitsdienste, Wohnraum, Sozialhilfe, Lebensmittelmarken und Rehabilitationsprogramme.

- *Age Discrimination in Employment Act (ADEA) (Gesetz gegen Altersdiskriminierung am Arbeitsplatz):* Verbietet die Diskriminierung von Bewerbern und Arbeitnehmern, die älter als 40 Jahre sind, in Bezug auf Vergütung, Aufstiegsmöglichkeiten und andere Beschäftigungsbedingungen.

- *Americans with Disabilities Act (ADA) (Gesetz für Amerikaner mit Behinderungen):* Verbietet die Diskriminierung aufgrund einer (tatsächlichen oder vermeintlichen) Behinderung in den Bereichen Beschäftigung, staatliche und kommunale Verwaltung, öffentliche Unterkünfte, kommerzielle Einrichtungen, Verkehr und Telekommunikation.

- *Rehabilitation Act of 1973 – Section 504 (Rehabilitationsgesetz von 1973 – Abschnitt 504):* Verbietet die Diskriminierung von Menschen mit Behinderungen in Programmen, die finanzielle Unterstützung des Bundes erhalten. Zu den behinderten Menschen gehören auch Menschen mit psychischen Erkrankungen.

- *Voting Rights Act of 1965 (Wahlrechtsgesetz von 1965):* Wurde erlassen, um die Jim-Crow-Gesetze im tiefen Süden und andere Hindernisse für Minderheiten bei der Teilnahme an Wahlen zu beseitigen. Aspekte dieses Gesetzes könnten bei Desinformationskampagnen zur Unterdrückung von Wählern, die auf Minderheiten abzielen, von Nutzen sein.

Wucherische Kreditvergabepraktiken werden häufig durch einzelstaatliche Gesetze und bis zu einem gewissen Grad durch die Bundesgesetze ECOA und FHA geregelt. Kreditgebern ist es nicht gestattet, räuberische Kreditvergabepraktiken anzuwenden, die sich gegen die schwächsten Personen richten, zum Beispiel gegen Personen, die vor Kurzem ihren Arbeitsplatz verloren haben, eine schlechte Bonität haben oder einfach nicht wissen, worauf sie achten müssen. Schwarze und Latinx-Gemeinschaften sind vielen dieser missbräuchlichen Kreditvergabepraktiken zum Opfer gefallen.[24] Dies sind Ihre bestehenden Rechtsschutzmöglichkeiten. Ich hoffe, dass Sie diese Liste von Gesetzen nutzen, wenn Sie das Gefühl haben, dass Ihre Rechte oder Freiheiten verletzt worden sind. Fühlen Sie sich nicht hilflos gegenüber KI-Verletzungen, wie bereits erwähnt, Sie haben unveräußerliche Rechte, die immer noch gelten, unabhängig davon, ob ein Algorithmus, ein Mensch oder beides sie verletzt haben.

Gesundheitswesen: Ist KI in Situationen involviert, in denen es um Leben und Tod geht?

Die Patienten werden möglicherweise nie erfahren, was passiert ist, wenn ein KI-Modell eine fehlerhafte Empfehlung ausspricht, die dazu beiträgt, dass ihnen eine notwendige Behandlung verweigert wird oder sie sich einem unnötigen, kostspieligen oder sogar schädlichen Eingriff unterziehen müssen.
– Rebecca Robbins und Erin Brodwin
Investigativjournalisten von StatNews

KI-QUIZ:
WAS WISSEN SIE ÜBER KI IM GESUNDHEITSWESEN?

1. Im Gesundheitswesen wurde KI bereits für Folgendes eingesetzt: *(Bitte alles Zutreffende auswählen)*

    a. Triage der Covid-Patienten für die Notaufnahme

    b. Feststellen, ob Patienten bald sterben werden

    c. Vorhersage, ob bei hospitalisierten Patienten Komplikationen auftreten oder ob sich der Zustand verschlechtern wird

d. Bewahren Ihrer Erinnerungen für die Transzendenz in ein Robotergehirn und einen Roboterkopf

e. Dirigieren von mikroskopischen Robotern zu kranken oder krebsartigen Zellen in Ihrem Blut

2. Ärzte sind gesetzlich verpflichtet, Sie zu informieren, wenn sie im Rahmen Ihrer Behandlung künstliche Intelligenz einsetzen. Richtig oder falsch?

3. KI könnte Entscheidungen über Leben und Tod beeinflussen: *(Bitte alles Zutreffende auswählen)*

   a. Empfehlung, dass Sie länger auf lebensrettende Maßnahmen warten könnten

   b. Vorhersage, dass Sie sterben werden, und die Empfehlung von Palliativpflege anstelle von interventioneller Pflege

   c. Fehldiagnosen, die zu falschen Behandlungen führen

   d. Fehlende wichtige Daten aufgrund von Verzerrungen, die gezeigt hätten, dass Sie in einem schwererem Krankheitsstadium sind als ursprünglich angenommen

   e. Anhand der Kosten, die Sie bisher für die Pflege gezahlt haben, wird Ihr Pflegebedarf ermittelt

4. Welche der folgenden Aussagen über KI im Gesundheitswesen treffen zu? *(Bitte alles Zutreffende auswählen)*

    a. Die Wirksamkeit der meisten Anwendungen von KI im Gesundheitswesen ist nicht bewiesen.

    b. Einige Algorithmen sind nicht auf den Gesundheitsbedarf, sondern auf den Versicherungsstatus und die Bonität programmiert.

    c. Algorithmen im Gesundheitswesen können ungewollt bestimmte Rassen, Geschlechter, Altersgruppen und sogar Krankheiten wie Bluthochdruck und Diabetes benachteiligen.

    d. KI-Entscheidungen werden immer klar erläutert, damit der Arzt sie versteht.

    e. Ärzte sind bereit, Informationen aus tragbarer Gesundheitstechnologie zur Behandlung von Patienten mit Vorhofflimmern und Bluthochdruck zu nutzen.

5. Die Zukunft der KI im Gesundheitswesen könnte bedeuten: *(Bitte alles Zutreffende auswählen)*

    a. Verlängerung des Lebens und der Lebensqualität von Krebspatienten mit der richtigen Mischung von Medikamenten für ihren Krebs und ihren Körper

    b. Ältere Menschen können länger in ihrer Wohnung leben, was in vielen Fällen ihr Leben verlängert.

c. Präzisere medizinische Behandlungen mit weniger Nebenwirkungen und besserer Lebensqualität

d. Senkung der Kosten für die medizinische Versorgung durch
   Reduzierung unnötiger Tests, Medikamente und chirurgi-
   scher Eingriffe

e. Schnellere Diagnosen, die dazu beitragen könnten, Krankheiten zu stoppen, bevor sie schwerwiegend oder sogar
   tödlich werden

Siehe Antworten auf der nächsten Seite.

ANTWORTEN AUF DAS KI-QUIZ: WAS WISSEN SIE ÜBER KI IM GESUNDHEITSWESEN?

1. Alle außer d.

2. Falsch.[1]

3. Alle der oben genannten Punkte.

4. a., b. und c.

5. Alle der oben genannten Punkte.

WER BEKOMMT DIE LEBENSRETTENDEN GERÄTE?

Stellen Sie sich folgendes Szenario vor: In einem überfüllten Krankenhaus wachen Sie panisch und außer Atem in einem scheinbar endlosen „Parkplatz" voller Betten auf. Jedes Bett hat am Ende ein rotes, gelbes oder grünes Licht. Ihr Bett hat keine Farbe. Sie stellen fest, dass die Menschen in den Betten mit den grünen Lichtern die ganze Aufmerksamkeit des Pflegepersonals zu bekommen scheinen, das mit Tätigkeiten wie dem Intubieren der Patienten beschäftigt ist. *Das müssen die schlimmsten Fälle von Covid sein*, denken Sie sich. Ihnen fällt auf, dass die meisten Menschen auf den Betten mit den roten Lichtern älter sind, etwa so alt wie Ihre Großmutter. Ab und zu kommt eine Krankenschwester vorbei, um die Infusionen zu überprüfen und zu fragen, ob sie sich wohlfühlen. Eine Krankenschwester hat sich einen Moment Zeit genommen, um mit der Familie eines Patienten per Video zu chatten. Verglichen mit dem Rest des Raumes geht es dort fast friedlich zu. Ein rot gekennzeichneter Patient wird sogar nach Hause geschickt.

Ihr Licht geht endlich an. Es ist gelb. Aber man sieht keine anderen Gelbtöne in dem Raum. Was bedeutet das? Wer legt diese Ampelfarben für jede Person fest? Beeinflussen sie in irgendeiner Weise die Art der Betreuung, die Sie erhalten? Sie verlieren gerade wieder das Bewusstsein, als eine Krankenschwester Ihnen einen durchsichtigen Schlauch über die Ohren zieht und eine Nasenkanüle einführt, die Sauerstoff in Ihre Nasenlöcher bläst. Die letzten Worte, an die Sie sich erinnern, sind: „Sie sind der Nächste."

Es klingt wie etwas aus einem Science-Fiction- oder Horrorfilm, aber eine Version dieser Art von Algorithmus wird im Vereinigten Königreich verwendet, um zu bestimmen, wer Operationen und andere Pflegeleistungen sofort erhält und wer nicht. Der Unterschied besteht darin, dass Sie das Ampelsystem nicht zu sehen bekommen, sondern nur das Pflegepersonal. Sie werden vielleicht empört sein, wenn Sie hören, dass diese Algorithmen den Ärzten in den Epizentren von Covid bei der Entscheidung helfen, welche Patienten leben und welche sterben sollen, aber vielleicht nicht so, wie Sie es sich zunächst vorstellen. In Situationen, in denen Krankenhausbetten und spezifische Ressourcen wie Beatmungsgeräte aufgrund von weitverbreiteten, erdrückenden Notfallsituationen extrem begrenzt sind, sind Krankenhausärzte gezwungen, unvorstellbare Entscheidungen zu treffen.

Wenn die lebensrettenden Ressourcen nicht ausreichen, gehen die Krankenhäuser zu „Krisenstandards" über, das heißt zu Leitlinien, die der Rettung der meisten Leben Vorrang einräumen.[2] In solchen Situationen – nicht nur bei Covid, sondern auch bei Wirbelstürmen und anderen Naturkatastrophen – ist jede Sekunde, die man mit dem Lesen einer langen Patientenkartei verbringt, eine Sekunde, die man zur Rettung eines Menschenlebens hätte nutzen können. Hier kommt die KI ins Spiel. Ärzte konzentrieren sich auf Patienten, die wohl überleben, wenn sie behandelt werden. Ärzte wenden sich an die KI, die Patienten auf der Grundlage ihrer Überlebenswahrscheinlichkeit (Morbidität) einstuft und dabei alles von Ihren elektronischen Gesundheitsakten

(EHR) bis hin zu Ihren Antworten aus digitalen Fragebögen zur Patientenaufnahme nutzt, die Sie möglicherweise im Voraus ausgefüllt haben. Dabei werden bestehende Symptome und Begleiterkrankungen wie Bluthochdruck, Diabetes sowie Herz-, Lungen- und Lebererkrankungen evaluiert. Wenn die Prognose eines Patienten nicht gut ist, gehen die Ärzte dazu über, es dem Patienten angenehm zu machen, anstatt zu versuchen, ihn zu retten – wie die Rotlicht-Patienten in der Geschichte.

Es wäre zwar einfach, die KI für ihre Kaltschnäuzigkeit am Krankenbett zu tadeln, aber es sind die Menschen hinter den Algorithmen, die darüber entscheiden, wer lebt, wer stirbt und wer noch ein wenig warten kann. Oft hängt die Entscheidung von der Funktion der Person ab, die die Entscheidung trifft (zum Beispiel Arzt, Krankenhausverwalter, Bioethiker), und von den angestrebten Ergebnissen. In der italienischen Region Lombardei – einem der ersten Länder außerhalb Chinas, das am stärksten von Covid betroffen war – entschieden sich Ärzte wiederholt und mit sich ringend dafür, jüngere Patienten zu beatmen, weil sie der Meinung waren, dass diese eine bessere Überlebenschance hätten. In vielen Teilen Europas basiert das Entscheidungskriterium auf der Rettung von *mehr Lebensjahren* und nicht von *mehr Leben*. In der Praxis bedeutet dies, dass immer dann, wenn eine jüngere Person ein Beatmungsgerät benötigt, sie es mit größerer Wahrscheinlichkeit erhält als eine ältere Person. Da ältere Menschen am häufigsten die schwersten Symptome aufwiesen, bedeutete dies, dass mehr ältere Menschen sterben würden – daher gaben sie Lebensjahren den Vorrang vor mehr Leben. Auf die unverblümte Frage eines Journalisten des *New England Journal of Medicine*, ob altersabhängige Grenzwerte verwendet werden, um zu entscheiden, wer ein Beatmungsgerät erhält, antwortete ein italienischer Arzt entschuldigend, dass man, wenn man zwei Patienten mit Atemversagen hat, einen 65-Jährigen und einen 85-Jährigen, die gleichzeitig erkrankt sind und ein Beatmungsgerät benötigen, den 65-Jährigen intubieren würde.[3] Auf dem Höhepunkt der Krise durfte niemand, der älter als 75 Jahre war, eines der wenigen Beatmungsgeräte in Italien erhalten. Nach Angaben der Ärzte eines Krankenhauses in Bergamo waren 70 Prozent der Betten auf der Intensivstation für Coronavirus-Patienten reserviert, die „eine gute Überlebenschance" hatten. „Ältere Patienten", sagten sie, „werden nicht wiederbelebt und sterben allein."

Die Ärzte, die es gewohnt waren, unter allen Umständen Leben zu retten, waren nun gezwungen, über Leben und Tod zu entscheiden, und das zusätzlich zu der Gefahr, sich selbst mit der tödlichen Krankheit anzustecken, der Erschöpfung und dem Verlust von Patienten, Mitarbeitern und geliebten Menschen durch Covid. Überwältigt wandten sie sich ethischen Rahmenordnungen zu (die später in KI-Triage-Lösungen umgewandelt werden könnten), die ihnen bei der Entscheidungsfindung helfen und sie gegen den Gegenwind wappnen sollten – nicht nur den durch die Gesellschaft, sondern auch von ihren Schuldgefühlen. Ein solcher Rahmen, der vom Johns Hopkins Hospital vor Covid entwickelt wurde, versuchte, die Prioritäten der Gesellschaft einzubeziehen, indem er Fokusgruppen durchführte, um die Präferenzen der Gemeinschaft zu verstehen. Ihre Ergebnisse zeigen, dass die Gesellschaft die Rettung von Menschen mit der größten kurzfristigen Überlebenschance bevorzugt, gefolgt von Menschen mit der größten langfristigen Überlebenschance. Diejenigen, die die größte Chance auf ein kurzfristiges Überleben haben, müssten in der Lage sein, eine Sedierung und medizinische Lähmung zu überleben, einen großen Schlauch in den Hals geschoben zu bekommen und wochenlang im Koma zu liegen. Dann müssten sie es überleben, von alldem zurückgebracht zu werden. Es stellt sich heraus, dass dies eine große Herausforderung ist, wenn man bedenkt, dass die Sterblichkeitsrate nach der Notwendigkeit einer Intubation und eines Beatmungsgeräts bei den 65- bis 74-Jährigen 29 Prozent und bei den über 80-Jährigen 50 Prozent beträgt.[4] Diejenigen, die die größten Chancen auf ein langfristiges Überleben haben, haben keine Begleiterkrankungen wie Bluthochdruck, Diabetes oder Herz- und Lungenerkrankungen.

Das Problem bei der Codierung dieser Rahmenordnungen in eine KI-Covid-Triage-Lösung ist, dass sie keine ethischen Fragen lösen, wenn die Ergebnisse für den Patienten nicht so einfach vorhergesagt werden können. Wird eine verarmte 30-jährige alleinerziehende Mutter mit Brustkrebs einen gestressten 55-jährigen Geschäftsmann mit Prädiabetes, Bluthochdruck und Herzerkrankungen überleben? Wer hat die besseren Chancen, sowohl kurz- als auch langfristig zu überleben? Während die Covid-bezogene Pflege in den USA dank der Zuschüsse der Regierung und der Krankenversicherungen abgedeckt ist, könnten sich Patienten, die nach einem Beatmungsgerät eine kontinuierliche Pflege benötigen, die Behandlungen leisten? Würde sich die Zahlungsfähigkeit eines Patienten auf sein langfristiges Überleben auswirken, weil er teure Behandlungen, die er sich nicht leisten kann, oder Termine, für die er von der Arbeit freigestellt werden muss, ausfallen lassen müsste? Dies sind natürlich rhetorische Fragen, die die Dramatik der Entscheidungen verdeutlichen sollen, die bei Covid und insbesondere bei KI-gestützten Covid-Triage-Systemen anstehen. Manchmal wurden diese Entscheidungen im Vorfeld von aus verschiedenen Gemeindemitgliedern, Bioethikern und Ärzten bestehenden Teams sorgfältig durchdacht. Doch in Zeiten der Pandemie haben opportunistische Teams von Technologie-Codierern in aller Eile Algorithmen zur Bewertung der Patientendaten zusammengebastelt und wie Schlangenöl an Gesundheitssysteme verkauft, die verzweifelt versuchten, die bereits physisch und psychisch ausgebrannten Pflegeteams bei der Entscheidungsfindung zu entlasten.

KI IM HEUTIGEN GESUNDHEITSWESEN

Vielleicht fragen Sie sich, warum KI im Gesundheitswesen überhaupt relevant ist. Schließlich sprechen wir alle über das Verhalten unserer Ärzte am Krankenbett, das darüber entscheidet, ob wir sie mögen oder nicht. Warum sollten wir uns über KI im Gesundheitswesen freuen, wenn wir dadurch wahrscheinlich weniger Zeit mit dem Arzt verbringen werden? Ob Sie es glauben oder nicht: KI kann Ihnen tatsächlich dazu verhelfen, mehr Zeit mit Ihrem Arzt zu verbringen und eine *bessere* Behandlung zu erhalten. Im Moment haben Sie wahrscheinlich nur ein paar hektische Minuten Zeit, um Ihr Leiden zu erklären, bevor der Arzt Ihnen Medikamente oder Behandlungen verschreibt und zum nächsten Patienten eilt.

Das liegt zum Teil daran, dass sie mit Patienten überlastet sind. Unsere Bevölkerung wird immer älter und mit dem Alter kommen mehr Beschwerden. Leider hat die Zahl der Ärzte nicht Schritt gehalten – und das war schon vor Beginn der Pandemie so. Die psychische Belastung, die viele Ärzte durch die Pandemie erfahren haben, wird sicherlich dazu führen, dass sich noch mehr von ihnen für den vorzeitigen Ruhestand oder die Aufgabe ihres Berufs entscheiden. Das bedeutet, dass es viel mehr bedürftige Patienten geben wird als Ärzte, die sie behandeln können, und das wird auch in Zukunft so bleiben. Wir brauchen KI mehr denn je, um die Fähigkeiten der Ärzte zu verbessern, Krankheiten schneller und effizienter zu erkennen, zu diagnostizieren und zu behandeln.

Die wichtigste Anwendung von KI in Krankenhäusern und Kliniken ist die klinische Entscheidungshilfe (CDS). Sie hilft Ärzten, Entscheidungen über die Versorgung ihrer Patienten zu treffen.[5] CDS-Tools dienen vielen Zwecken. Einige sollen helfen, Patienten mit einem erhöhten Risiko für bestimmte Krankheiten wie Covid, COPD oder Bluthochdruck zu identifizieren. Einige versuchen, die Ergebnisse bestimmter Behandlungen vorherzusagen, indem sie die Besonderheiten der Krankengeschichte der Patienten berücksichtigen. Einige versuchen, die Sterblichkeit eines Patienten vorherzusagen, damit der Arzt ein Gespräch über das Lebensende führen kann, lange bevor ein Ereignis eintritt, das den Patienten handlungsunfähig machen könnte. Einige CDS-Tools nehmen Tausende von Patientendatensätzen zu einem bestimmten Zustand oder einer bestimmten Krankheit auf und bieten dem Arzt dann Prognosen darüber, ob Sie auf der Grundlage Ihrer aktuellen Symptome, Tests und Therapien an diesen spezifischen Zuständen erkranken werden. Das Ziel dieser Art von CDS-Instrumenten besteht darin, *proaktiv* die Ursachen zu beseitigen, die zu dem Zustand oder der Krankheit beitragen, damit Sie nicht mit einem schweren Ausbruch enden, der Ihre allgemeine Gesundheit weiter verschlechtern könnte. In einigen Fällen kann der Arzt durch die frühzeitige Feststellung eines Risikos einer ernsten Erkrankung wie Sepsis vorbeugende Maßnahmen wie Antibiotika verschreiben, um sicherzustellen, dass Sie die Krankheit gar nicht erst bekommen.

Covid hat die Einführung von KI im Gesundheitswesen beschleunigt, weil Entscheidungen nicht schnell genug getroffen werden konnten, um mit der schieren Menge an Patienten Schritt zu halten. Vor Covid wurde KI bereits eingesetzt, um riesige Mengen an Gesundheitsdaten zu sammeln und zu tracken, Krankheiten zu diagnostizieren (oft genauso gut oder besser als Ärzte), Behandlungsempfehlungen zu geben, psychologische Unterstützung durch Chatbots anzubieten, die Einhaltung von Behandlungsprotokollen durch Patienten zu verfolgen und zu fördern, Patienten mit dem höchsten Risiko für lebensbedrohliche Krankheiten sowie solche, die am ehesten auf eine Behandlung ansprechen, zu identifizieren, Epidemiemodelle und -simulationen zu erstellen, die dabei helfen, Ausbrüche zu verhindern (und sie einzudämmen, wenn sie auftreten), bei der Findung von Medikamenten und klinischen Studien zu helfen und Operationen durchzuführen. Während ich diese Zeilen schreibe, werden die Supercomputer immer leistungsfähiger, und die KI erhält immer mehr Zugang zu Daten, wird immer besser trainiert und kann immer breiter eingesetzt werden.

Andere Anwendungen der KI umfassen Dinge, die oberflächlich betrachtet banal erscheinen, aber dazu beitragen, Ineffizienzen zu verringern, die Ärzte ausbremsen und die Gesundheitskosten für uns alle erhöhen. Während Covid haben Gesundheitssysteme KI-Funktionen für alles genutzt, von der Betten-, Personal- und Geräteverwaltung bis hin zur Dateneingabe, dem Ausfüllen von Formularen, der Vorabgenehmigung von Versicherungen und einer genaueren medizinischen Codierung. Die Ärzte in der Notaufnahme diagnostizierten Covid innerhalb von Minuten, da die KI in der Lage war, das einzigartige „Shattered glass"-Muster in medizinischen Bildern der Lunge des Patienten zu erkennen, während es bei PCR-Tests vier Tage dauerte. Als der Unterschied zwischen Minuten und Tagen über das Leben eines Patienten entscheiden konnte, trug die KI dazu bei, Diagnosen zu beschleunigen, damit sich die Ärzte auf die kritischsten Fälle konzentrieren konnten.

Ärzte müssen endlosen Papierkram erledigen, um den Anforderungen der Krankenversicherungen, der Krankenhäuser und Kliniken sowie den staatlichen Vorschriften gerecht zu werden. Um dies effizient zu bewerkstelligen, setzten Ärzte auf KI in Verbindung mit Automatisierung, um Routineformulare auszufüllen, und auf Diktierassistenten, die natürliche Sprache verarbeiten, um ihre Notizen aufzuzeichnen.

WIE KI ENTSCHEIDUNGEN ÜBER LEBEN UND TOD BEEINFLUSSEN KANN

Alles, was so viel Macht und positives Potenzial hat wie KI, kann übergroße negative Auswirkungen haben – vor allem, wenn Menschenleben auf dem Spiel stehen. Wenn die KI im Gesundheitswesen nicht gut erklärt oder geschult wird – sei es aufgrund minderwertiger oder unvollständiger Daten – oder wenn die Gesundheitsdienstleister nicht im Umgang mit ihr geschult werden, dann könnte sie zu Problemen bei der Patientensicherheit, zu Fehldiagnosen oder dazu führen, dass Patienten nicht die Pflege oder die Medikamente erhalten, die sie benötigen. Sie könnte zu Verletzungen des Datenschutzes der Patienten und zu Entscheidungen, die sich oft auf den Patienten und seine Familie auswirken, führen – und zwar weit über das gesundheitliche Problem hinaus, für dessen Behandlung sie ursprünglich gedacht war.

Die KI hilft den Leistungserbringern bereits bei der Einteilung von Patienten, die in die Notaufnahme kommen (und ja, das gilt auch für Covid-19-Patienten,[6, 7]), bei der Feststellung der Anspruchsberechtigung für Krankenversicherungen und der zu zahlenden Tarife und regt Ärzte sogar zu Gesprächen über das Lebensende mit Patienten an, bei denen die KI ein hohes Sterberisiko innerhalb eines Jahres feststellt. Aber was ist, wenn die KI mit fehlerhaften Informationen gefüttert wird? Was ist, wenn die Daten mit Vorurteilen behaftet oder unvollständig sind? Was ist, wenn Ihnen der Versicherungsschutz verweigert wird, den Sie dringend benötigen, oder Ihnen ein Tarif berechnet wird, den Sie sich nicht leisten können? Ist es angemessen, dass Maschinen in heikle und intime Entscheidungen wie die Betreuung am Lebensende einbezogen werden? Und was ist, wenn all die hochsensiblen Daten, auf denen die KI ihre Entscheidungen basiert, nicht gesichert sind? Dies ist ein unglaublich komplexer Bereich, was die Auswirkungen auf die Qualität und Länge des menschlichen Lebens, die Ethik, die Finanzen und die Datensicherheit betrifft. Was kann der Durchschnittsbürger tun, wenn so viel auf dem Spiel steht?

Leider bedarf es dazu äußerster Wachsamkeit und Selbstbehauptung, denn der Einsatz von KI im Gesundheitswesen ist bereits recht weit verbreitet, auch wenn das keineswegs offensichtlich ist. Ein Harvard-Juraprofessor drückte es so aus: „Es ist wie mit Asbest: Er ist überall und man weiß nicht, dass er existiert, bis man Probleme hat – und dann ist es unglaublich schwierig, ihn zu entfernen." Es liegt also an Ihnen, Fragen zum Einsatz von KI durch Ihr Gesundheitsteam, die Krankenhausverwaltung und den Versicherungsanbieter zu stellen. Im Folgenden finden Sie eine Checkliste mit Fragen, die Sie Ihrem Pflegeteam stellen können, sowie Vorschläge für Folgemaßnahmen.

SOLLTEN SIE KI IHR LEBEN ANVERTRAUEN?

Haben Sie darüber nachgedacht, woher das System Informationen über Ihre Gesundheit haben könnte – woher könnten die Gesundheitsdaten kommen? Wie viel wissen *Sie* über Ihre eigene Gesundheit und wie viel ist bei Ihren Ärzten dokumentiert? Kennen Sie zum Beispiel die Krankengeschichte Ihrer Familienmitglieder, auch die der entfernteren? Vertrauen Sie Ärzten und verlassen Sie sich auf sie, wenn es um Ihre Beschwerden geht? Haben Sie das Gefühl, dass einer der Ärzte, die Sie aufgesucht haben – sowohl Fachärzte als auch Allgemeinmediziner –, eine vollständige Akte über Ihren Gesundheitszustand hat? Haben Sie jemals freiwillig angegeben, dass Sie oder ein Mitglied Ihrer Familie illegale Drogen konsumiert haben? Haben Sie schon einmal auf Behandlungen beim Arzt verzichtet, weil Sie sich diese entweder nicht leisten konnten oder keine Zeit hatten? Haben Sie, als Sie nach Ihrem Schmerzlevel gefragt wurden, eine niedrigere Zahl angegeben, weil Sie nicht als Weichei gelten wollten?

Wenn Sie wie alle anderen auf diesem Planeten sind und entweder die Antworten nicht wussten, diese Fragen nicht beantworten wollten oder unwahre Antworten gegeben haben, dann seien Sie alarmiert, denn die Algorithmen haben wahrscheinlich nicht genug Daten über Sie, um Ihre Chancen auf Leben oder Tod in einer Notsituation zu bestimmen. Sie müssen besonders wachsam sein, um herauszufinden, wann und wo diese Algorithmen verwendet werden, um Ihre Versorgung zu beeinflussen. All die Dinge, die die Ärzte bei Ihrem Besuch über Sie wissen wollen, sind für Ihre Gesundheit von Bedeutung. Selbst die scheinbar irrelevante Frage nach der Art Ihrer Arbeit bei der Patientenaufnahme hilft ihnen, viele Umweltfaktoren zu ermitteln, die Ihre Gesundheit beeinträchtigen könnten. Wenn Sie beispielsweise den ganzen Tag mit Menschen zu tun haben, besteht für Sie ein erhöhtes Risiko für übertragbare Krankheiten (zum Beispiel Covid); oder wenn Sie ein Berater sind, der häufig in bestimmte Regionen reist, in denen bestimmte Krankheiten häufig vorkommen (zum Beispiel Gelbfieber oder Malaria); oder auch wenn Sie ein Bauarbeiter sind, der sich möglicherweise in der Sonne aufhält und unter chronischer Dehydrierung leidet, die zu chronischen Kopfschmerzen führt. Wenn Sie nicht zum Arzt gehen, wo Ihre Beschwerden in Form von Daten dokumentiert werden, oder die Antworten auf die unendliche Liste der oben aufgeführten Fragen nicht kennen, dann können auch die Algorithmen nicht wissen, wie sie für Sie eingreifen sollen.

Die Ärzte hätten sich zweifellos über ein kleines grünes oder rotes Licht am Ende der Patientenbetten während der Covid-Spitzenzeiten gefreut, das ihnen mitgeteilt hätte, welche Patienten eine längere Wartezeit überstehen können und welche nicht. Stattdessen verbrachten sie lebensrettende Minuten damit, lange Krankenblätter und Aufnahmefragebögen zu lesen, während einige Patienten buchstäblich an ihrer mit Flüssigkeit gefüllten Lunge erstickten.

Es gibt jedoch Anwendungen zum Tracken von Krankheiten, die nach Ansicht vieler nicht nur die Privatsphäre verletzen, sondern auch die Menschen stigmatisieren, die als krank gemeldet wurden. Die Ärzte hingegen argumentieren, dass sie selbst entscheiden müssten, wie sie die Patienten einteilen und einstufen, wenn sie müde, überarbeitet und in Eile sind und nicht in der Lage sind, alle Gesundheitsdaten der einzelnen Patienten zu lesen. Sie konnten einfach nicht mithalten. Sie betrachteten diese Anwendungen als buchstäbliche Lebensretter für diejenigen Patienten, die die Krankheit überleben konnten. Dies allein, ohne Berücksichtigung der KI-gestützten Entscheidungsfindung, ist jedoch umstritten. Noch umstrittener wurde es, als sich herausstellte, dass diese Algorithmen häufig Bevölkerungsgruppen ausblendeten, die dem Gesundheitswesen nicht so sehr vertrauen wie andere – vor allem schwarze und hispanische Amerikaner, die sich die Versorgung nicht leisten konnten.

DIE MIT KI VERBUNDENEN HOFFNUNGEN
UND IHRE ZUKUNFT IM GESUNDHEITSWESEN

KI ist an so vielen verschiedenen Aspekten des Gesundheitswesens beteiligt: Verwaltungsaufgaben in der Krankenpflege, bildgebende Diagnostik, Krebsdiagnostik und Behandlungspläne, Arzneimittelforschung und klinische Studien, Optimierung von Krankenversicherungsplänen und -tarifen, Einteilung von Patienten in der Notaufnahme, Entscheidung darüber, wer aufgrund seiner Vorgeschichte Vorrang hat, KI-unterstützte Operationsroboter, Arztnotizen, Anmerkungen und sogar Ratschläge an Ärzte für Gespräche am Lebensende.

Die Auswirkungen des Einsatzes von KI im Gesundheitswesen sind unterschiedlicher Art. Positiv ist, dass die Versorgung dadurch erschwinglicher wird und mehr Patienten behandelt werden können. Andererseits könnte es Ihre Gesundheit gefährden – oder schlimmer noch, Sie töten. Ganz zu schweigen von all den Daten, die über Sie und Ihren Gesundheitszustand gesammelt werden: Wo gehen sie hin, und wer hat Zugriff auf sie? Während der HIPAA die Privatsphäre der Gesundheit im Gesundheitswesen schützt, fällt die Verwendung Ihrer Daten durch KI-Unternehmen nicht in den Zuständigkeitsbereich der üblichen Aufsichtsbehörden.

Die Frage ist: Was können Sie tun? Leider ist dies ein schwieriges Thema, weil der Einsatz von KI im Gesundheitswesen eher heimlich und flächendeckend erfolgt. Krankenversicherer weisen Ihnen finanzielle Risikoeinstufungen zu (das heißt, werden Sie Ihre Rechnungen wahrscheinlich bezahlen können?), und Krankenhäuser und Ärzte weisen Ihnen Morbiditätseinstufungen zu (das heißt, werden Sie wahrscheinlich sterben?), was sich manchmal auf das Niveau der Pflege auswirken kann, die Sie erhalten. Warum? Weil Sie von diesen Ergebnissen nichts wissen. Die Undurchsichtigkeit dieser KI-Bewertungen wird noch dadurch verstärkt, dass Ärzte KI als ein Hilfsmittel für Ihre Behandlung ansehen, das Sie nicht zu interessieren braucht. Sie werden

Sie nicht freiwillig über den Einsatz von KI bei Ihrer Behandlung informieren. Sie sind auch nicht gesetzlich verpflichtet, Ihnen mitzuteilen, dass sie bei ihren Überlegungen KI-Modelle verwendet haben.

Sie werden eine Menge Fragen über den Einsatz von KI durch Ihre Ärzte und die Krankenhausverwaltung stellen müssen, die an Ihrer Behandlung beteiligt sind. Viele Gruppen im Gesundheitswesen verwenden „Kostenvorhersagen" als Schlüsselmaßstab für den Erfolg. Diese Algorithmen zur Kostenvorhersage wurden von den Pflegegruppen fälschlicherweise zur Beurteilung des „Pflegebedarfs" der Patienten verwendet. Der Kernpunkt ist folgender: Wenn Sie dem Krankenhaus mehr Kosten verursachen oder wenn Sie als Person eingestuft werden, die „wahrscheinlich nicht zahlen kann", dann kann es sein, dass man Ihnen die Behandlung verweigert. Ab dem Zeitpunkt, an dem Sie den Verdacht haben, dass Sie eine schwere Krankheit haben, müssen Sie für sich selbst eintreten. Wenn Sie das Gefühl haben, dass Sie nicht die Pflege erhalten, die Ihnen zusteht, oder wenn Ihr Pflegepersonal Sie ignoriert, müssen Sie einen Anwalt einschalten, der Ihnen mit juristischen Mitteln helfen kann, Antworten zu finden. Auch wenn es nicht ideal ist, wenn Sie krank sind, sollten Sie sich nach Gruppen umsehen, die sich für Sie bei Kongressabgeordneten einsetzen, die Anhörungen durchführen, um KI-Firmen zur Rechenschaft zu ziehen (Sie haben Google, Facebook und andere vor Kongressausschüssen gesehen ...) und Gesetze verabschieden, die Sie in Zukunft schützen.

EMPFEHLUNGEN

Wissen Sie um die Bereiche, in denen der Einsatz von KI-Systemen und -Bewertungen schiefgehen kann

- *Geringe Wirksamkeit:* Die meisten Anwendungen von KI im Gesundheitswesen, insbesondere die „Entscheidungsunterstützung", sind nicht erprobt (die Bilddiagnostik hat jedoch eine hervorragende Erfolgsbilanz in puncto Genauigkeit von KI). Von 130 von der FDA zugelassenen KI-Geräten basierten 126 auf irrelevanten Daten. Das bedeutet, dass sie zwar zugelassen, aber nicht anhand von Daten aus der Praxis erprobt wurden.[8]

- *Undurchsichtig und unerklärlich für Patienten und Ärzte:* KI-Entscheidungen werden nicht klar erläutert, damit der Arzt sie versteht, und die Ärzte sind nicht gesetzlich verpflichtet, Ihnen mitzuteilen, wenn sie KI zur Unterstützung ihrer Entscheidungen über Ihre Behandlung einsetzen, und sie ziehen es sogar vor, dies den Patienten *nicht* mitzuteilen, weil sie das Gefühl haben, dass dies Fragen aufwirft, die einige Ärzte als „ungerechtfertigt" abtun.

- *Die Ärzte sind nicht bereit dafür:* Die Ärzte sind nicht bereit, Informationen aus tragbaren Gesundheitstechnologien zur Behandlung von Patienten mit Vorhofflimmern und Bluthochdruck zu nutzen. Häufig werden KI-Systeme und Informationen Ärzten an die Hand gegeben (zum Beispiel im Fall der KI-gestützten Roboterchirurgie), die nicht immer ausreichend in der Anwendung geschult sind.

- *Auf der Grundlage falscher Werte:* Einige Algorithmen werden nicht nach den gesundheitlichen Bedürfnissen, sondern nach der Zahlungsfähigkeit und dem Versicherungsstatus des Patienten programmiert.

- *Voreingenommen:* Algorithmen im Gesundheitswesen können ungewollt bestimmte Rassen, Geschlechter, Altersgruppen und sogar Krankheiten wie Bluthochdruck und Diabetes benachteiligen.

- *Unethischer Einsatz von KI:* Einige Krankenhäuser haben beschlossen, ihre bevorzugten finanziellen Szenarien zu verwirklichen, indem sie den Pflege-„Bedarf" einer Person auf der Grundlage von Finanzmodellen ermitteln.

- *Fehlfunktionen des Systems:* Wie jedes Computerprogramm kann auch die künstliche Intelligenz manchmal Pannen haben. Die Daten könnten beschädigt worden sein, oder die KI arbeitet einfach nicht gut mit den anderen Krankenhaussystemen zusammen.

FRAGEN AN IHR PFLEGETEAM

1. Setzen Sie KI zur Unterstützung bei meiner Pflege ein?

2. Welche Art von KI-Tools verwenden Sie?

3. Wenn zu den Instrumenten eine KI-gestützte Roboterchirurgie gehört, wie viele Operationen hat der Arzt mit genau dieser Ausrüstung durchgeführt und wurde er oder sie darin geschult? Fragen Sie auch, was passieren würde, wenn das System eine Störung hätte oder während der Operation ausfiele.

4. Wenn es sich um ein Instrument zur Unterstützung klinischer Entscheidungen handelt, sollten Sie mehr Transparenz über die Daten verlangen, die in die Entscheidung eingeflossen sind, und darüber, ob es weitere diagnostische Tests geben wird, um die KI-Entscheidung zu bestätigen.

5. Wer hat das KI-Tool entwickelt? Wenn es sich um einen externen Anbieter handelt, schauen Sie im Internet nach, ob es Be-

schwerden oder Bewertungen gibt. Sie können sich auch beim Better Business Bureau erkundigen.

6. Erkundigen Sie sich, ob Ihre Patientendaten bei dem KI-Anbieter sicher sind, und fordern Sie *eine schriftliche Bestätigung*, dass die Daten aus dem System gelöscht werden, sobald Sie die Dienstleistung nicht mehr benötigen. Verlangen Sie außerdem, dass der Anbieter Ihnen umgehend eine schriftliche Bestätigung über die Erledigung Ihrer Anfrage zukommen lässt. (Der Grund, warum Sie danach fragen sollten, ist, dass KI-Anbieter in der Vergangenheit sehr sorglos mit Patientendaten umgegangen sind. Mindestens ein KI-Konzern hat Bilder von Patienten und ihre persönlichen Daten in normalen, unverschlüsselten Datenbanken gespeichert, in die jeder Hacker eindringen konnte.)

12

Meine Vision und Hoffnung für die Zukunft der KI

Das eigentliche Risiko bei KI ist nicht Böswilligkeit, sondern Kompetenz. Eine superintelligente KI wird extrem gut darin sein, ihre Ziele zu erreichen – und sollten diese Ziele nicht mit unseren übereinstimmen, bekommen wir Probleme. – *Stephen Hawking*

VISIONEN FÜR DIE ZUKUNFT

Künstliche Intelligenz ist im Moment der Wilde Westen, aber das liegt daran, dass es noch keine kulturellen Normen oder Vorschriften gibt, die sie regulieren. Ich kann es kaum erwarten, diese gefährliche Ära der KI hinter mir zu lassen und in die Ära einzutreten, in der KI uns helfen kann, sowohl auf der gesellschaftlichen als auch der individuellen Ebene Transformationen anzustoßen.

Stellen Sie sich die Zukunft der künstlichen Intelligenz einmal kurz mit mir vor. Vergessen Sie die heutige Realität und lassen Sie uns die Zukunft erkunden ...

Ich wache am Morgen erschöpft auf. Mein intelligentes Bett teilt mir mit, dass ich mich die ganze Nacht herumgewälzt habe, nachdem ich um zwei Uhr morgens aufgestanden bin, um auf die Toilette zu gehen. Meine Gesundheits- und persönliche Assistentin, die ich Q getauft habe, teilt mir mit, dass ich laut dem Sensor an meiner Wasserflasche um Mitternacht zu viel Wasser getrunken habe, als ich mich für die Nacht hingelegt habe. Und weil ich den KI-Thermostat so trainiert habe, dass er sich auf Kosteneinsparungen statt auf Komfort konzentriert, ist mein Haus zu kalt für mich, um meine optimale Körpertemperatur zum Schlafen zu halten. Die Zeit, zu der ich ins Bett gegangen bin, ist auch ein Problem für Q, und sie erinnert mich daran, dass acht Stunden mein persönliches Schlafziel sind. Wenn ich nicht die vollen acht Stunden schlafe, werde ich unkonzentriert und habe Lust auf Süßigkeiten, um meine Müdigkeit für den Rest des Tages zu kompensieren. Q weiß das, weil sie auch meine Essensprotokolle und meinen Aktivitätstracker (auch bekannt als Smartwatch) analysiert. Vier Stunden Schlaf zu bekommen ist etwas, das Q nicht tolerieren kann, seit sie das neue KI-Trainingsmodul meines Arztes für Herzgesundheit in ihr Algorithmus-Repository aufgenommen hat.

Der neue Algorithmus von Q für die Herzgesundheit verschreibt mir alle vier Stunden zwei Schluck Espresso, damit ich mich trotz Schlafmangels konzentrieren kann, und Q stellt meine Espressomaschine entsprechend ein. Außerdem erhalte ich eine sofortige Benachrichtigung über einen Kalendereintrag für ein 30-minütiges Nickerchen um 15 Uhr, das Q festgelegt hat. Ich denke, das ist völliger Unsinn. Was bin ich, ein Kleinkind? Ich storniere dieses Maßnahmenpaket. Ich laufe schnell in die Küche, wo ich auf dem eingebauten Bildschirm am Kühlschrank sehe, dass Q sich die Freiheit genommen hat, meine Lieblingsartikel zu bestellen, die ich nicht mehr habe, aber sie weigert sich immer noch, den Speck und die Hotdogs zu bestellen, die ich liebe. Ich verdrehe die Augen. Während ich in der Küche nach dem Frühstück krame, erinnert mich Q daran, dass ich mein Multivitaminpräparat und meine Herzmedikamente noch nicht eingenommen habe. Q teilt mir auch mit, dass die Ergebnisse meiner Gentherapie eine Veranlagung für Herzinfarkte zeigen, aber wenn ich die Routinen, die sie auf der Grundlage des Algorithmus des Arztes für die Herzgesundheit für mich zusammengestellt hat, gewissenhaft befolge, kann ich ein langes Leben führen.

Als ich mit Q meine persönlichen Gesundheitsziele festlegte, gab ich an, dass ich jeden Tag Dehnübungen machen und knapp zwei Liter Wasser trinken wollte. Q signalisiert dem intelligenten Kühlschrank, einen Viertelliter in ein Glas einzuschenken. Plötzlich taucht ein holografischer KI-Stretching-Trainer, der genauso aussieht wie ich, neben mir auf, während ich mein Wasser trinke. Ich stottere und verschlucke mich fast vor Überraschung. „Q!" Ich schreie aus Leibeskräften: „Du musst mir eine Countdown-Warnung geben, wenn du etwas neben mir auftauchen lässt – vor allem, weil es ein Hologramm ist. Du *sorgst* noch dafür, dass ich einen Herzinfarkt kriege." Q antwortet: „Okay, möchtest du, dass ich das in mein Lernprogramm aufnehme?" „Ja! Denk auch daran, dass ich mich in der Küche nicht stretchen kann!" Ich laufe durch den virtuellen Trainer, um ins Wohnzimmer zu gelangen, wo ich Platz habe, um mich zu stretchen.

Dort sehe ich das Hologramm besser, und das, was es trägt, sieht verdammt gut aus. Da Q auch für den Verkauf von Trainingskleidung konzipiert ist, hatte ich die Möglichkeit, den Avatar des virtuellen Trainers genau nach meinen Proportionen zu gestalten. Es war einfach. Ich bin im Grunde nur in ein beleuchtetes Gitter getreten, das von einem Scanner auf mich projiziert wurde, der sofort meine Proportionen hochgeladen hat. Ein KI-Matching-Algorithmus wählte dann Outfits aus, die auf meinen Favoriten auf den von mir am häufigsten genutzten Online-Händlerseiten basierten. Um ehrlich zu sein ist der Anreiz für mich größer, zu trainieren, weil ich es kaum erwarten kann, die neueste Activewear an meinem Avatar zu sehen, als mich zu dehnen und Yoga zu machen. Aber hey, alles, was motiviert, richtig?

Gerade als ich Q sagen will, dass sie das Outfit für den KI-Avatar bestellen soll, kommt der Avatar meiner Mutter an. Ich wusste, ich hätte die Hologramm-Kommunikation auf „Bitte nicht stören" einstellen sollen. Ich gebe dem Avatar die Erlaubnis, trotzdem einzutreten. Der Avatar meiner Mutter sitzt, und es fällt ihr schwer zu atmen. Sie kann nicht sprechen. Ihr KI-Assistent hat ein Notfallpflegeprotokoll aktiviert, das mir mitteilen und zeigen soll, was mit meiner Mutter passiert, vor allem, wenn sie es nicht selbst tun kann. Mein Avatar projiziert auf sie zurück: „Mama, kannst du sprechen?" Sie fasst sich an die Brust. Die KI meiner Mutter teilt mir mit, dass sie einen plötzlichen Herzinfarkt erlitten hat. Ihre KI hat den Notruf gewählt. Hilfe ist auf dem Weg. Die KI meiner Mutter war von der Bedside Cardiologists Group (BCG) trainiert worden. Meine Mutter und ich haben uns für diese KI entschieden, weil sie dafür bekannt ist, dass sie ihre Herzgesundheitsassistenten mit einem zusätzlichen Einfühlungstraining ausstattet. Das Einfühlungstraining umfasste auch die Kontaktaufnahme mit Familienangehörigen und nahestehenden Personen in Notfällen. Laut BCG ist die Einstellung der Patienten der Schlüssel zum Überleben in diesen Situationen, in denen es um Leben und Tod geht. Ironischerweise danke ich Gott dafür, dass ich für meine Mutter da sein kann, obwohl sie zwei Staaten von mir entfernt lebt. „Mama, ich bin hier bei dir. Bitte halte durch." Ich beobachte, wie eine kleine Drohne ihr Nitroglyzerintabletten und Wasser bringt. Sie nimmt sie, und ihr KI-Assistent entriegelt die Türen des Smarthome, damit das Notfallteam schnell zu ihr gelangen kann. Dann passiert das Schlimmste: Sie wird ohnmächtig.

Q teilt mir mit, dass mein Blutdruck dramatisch ansteigt und ich auch ohnmächtig werden könnte, wenn ich mich nicht beruhige. Ich beobachte, wie ein Defibrillator-Roboter unter der Couch hervorkommt, meine Mutter findet und ihr sofort einen Energiestoß verpasst. Sie erwacht wieder, und ich seufze erleichtert auf. Mama war für ihren Defibrillator-Roboter auf die gleiche Weise angepasst worden wie ich für meinen Bekleidungs-Avatar, nur dass ihre Maße genommen wurden, während sie in verschiedenen Positionen auf dem Boden lag. Damals scherzte sie: „Was ist, wenn ich zu dick für meinen AED-Bot [automatisierter externer Defibrillator] werde?"

Q hat während des Notfallprotokolls vollen Zugriff auf die Vitaldaten auf Mamas Smartwatch, wie von Mama und mir im Voraus vereinbart.

Um mich zu beruhigen, teilt Q mir mit, dass sich Mamas Herzschlag wieder normalisiert hat, und erinnert mich daran, zu atmen. Q hat aus anderen Notfällen gelernt, dass ich mich schneller beruhige, wenn ich mich auf eine Sache konzentriere. Je hilfloser ich mich fühle, desto mehr eskaliere ich. Um mich abzulenken und meine Aufmerksamkeit auf etwas Hilfreiches zu lenken, bittet Q um die Erlaubnis, mich auf den nächstmöglichen Flug zu buchen. Ich sage: „Ja, Q. Diesmal keine Budgetbeschränkungen. Bring mich einfach hin." Q sagt mir: „Bin dabei! Jetzt atmen. Wenn wir deine Herzfrequenz um fünf Schläge pro Minute senken können, wirst du bestimmt nicht in Ohnmacht fallen." Q hat recht, mir ist absolut übel und schwindelig. Ich beobachte, wie die Sanitäter Mama auf einer Bahre abtransportieren. Ich frage, in welches Krankenhaus sie gebracht wird, damit Q Blumen bestellen und einen Fahrdienst organisieren kann, der mich am Flughafen abholt und bei meiner Ankunft direkt zu ihr bringt. Ich nehme mir einen Moment Zeit, um zu atmen und fange an, mich weniger panisch und übel zu fühlen.

Q teilt mir mit, dass sie, wie beim letzten Mal, den persönlichen KI-Assistenten meiner Mutter überwachen wird. Meine Mutter und ich haben im Voraus vereinbart, dass, falls ihr etwas zustoßen sollte, mein KI-Assistent ihre Arbeit beaufsichtigen würde, um sicherzustellen, dass Aufgaben, die ihre Zustimmung erfordern, stattdessen von mir erledigt werden. Daraufhin teilt mir Q mit, dass Mamas KI ihr die Erlaubnis erteilt hat, ihre Herzinfarkt-Warnsymptome an die Bedside Cardiologist Group zu übermitteln, um ihnen bei der Schulung ihrer KI zu helfen. Auch ich stimme zu. Meine Mutter hätte es so gewollt, und ich fühle mich dieser Gruppe gegenüber besonders loyal, da sie unsere Privatsphäre nie als selbstverständlich ansieht, und – oh ja – sie haben ihr bereits zweimal das Leben gerettet. Die Warnsymptome werden von ihrem KI-Assistenten aufgezeichnet und zusammen mit ihrer einheitlichen Pflegeakte und personalisierten Medikamentenroutinen digital an ihren Arzt geschickt.

Ich könnte ewig mit Beispielen aus allen Branchen – vom Gesundheitswesen über den Einzelhandel bis hin zu Behörden – fortfahren, wie KI uns als Einzelpersonen und als Gesellschaft helfen kann. Der eigentliche Spaß beginnt mit der Kombination mehrerer Lernsysteme mit anderen lustigen Technologien wie Augmented Reality (bei der Kameras und Bildschirme oder digitale Brillen verwendet werden, um uns digitale Dinge neben dem realen Leben zu zeigen, wie die Pokémon-Kreaturen im Spiel Pokémon Go); Virtual Reality (bei der Brillen verwendet werden, um uns ganze interaktive digitale Welten und Menschen zu zeigen); Hologramme (Lichtprojektionen, die Bilder von Menschen oder Orten direkt neben uns abbilden, als wären sie im Raum); Drohnen (wie die, die die Nitroglyzerinpillen meiner Mutter geliefert hat); Roboter (wie der AED-Bot); vernetzte Sensoren und Geräte (wie der Wasserflaschensensor und der Kühlschrank, die Espressomaschine, das Smarthome und der Thermostat).

KI könnte buchstäblich Ihr Leben retten, Sie umherfahren, Ihre Termine buchen, sich um Ihre Medikamentenversorgung kümmern, es älteren Menschen ermöglichen, länger zu Hause wohnen zu bleiben, unser Leben verlängern, uns dabei helfen, Unfälle zu vermeiden, Orte zu erleben, die wir nie betreten könnten (wie das Innere von Vulkanen), und Menschen vor biologischen Gefahren und Waffen schützen. Sie könnte uns dabei helfen, die richtige Jeans zu finden, anstatt 50 Paare im Laden anprobieren zu müssen, um eine zu finden, die tatsächlich passt. (Frauen wissen, wovon ich spreche.) Sie könnte uns helfen, gleichzeitig bei dem Konzert unseres Kindes als auch bei einem wichtigen Geschäftstreffen am anderen Ende der Welt dabei zu sein. Aber keines dieser erstaunlichen Szenarien ist möglich, wenn wir der KI oder den Unternehmen, die hinter der KI stehen, nicht vertrauen können. In der Beispielgeschichte gibt es Grundlagen, die es lohnend machen, der KI zu vertrauen.

DAS KI-VERTRAUENSVERSPRECHEN UND DIE ZWÖLF GRUNDSÄTZE DES VERTRAUENS

Es gibt zwölf Grundsätze, die diejenigen, die KI-Lösungen finanzieren und entwickeln, befolgen müssen, wenn wir KI jemals vertrauen sollen. So wie die Anonymen Alkoholiker ein 12-Schritte-Programm haben, um die Verhaltensweisen der Alkoholsüchtigen zu verändern, ist dies ein 12-Schritte-Programm für Datenwissenschaftler und -entwickler, um eine Führungsrolle bei der Veränderung der „Move Fast and Break Things"-Kultur zu übernehmen, in der KI herangewachsen ist. Wenn Sie dieses Buch bis hierher gelesen haben, wissen Sie, was alles Schlimmes passieren kann, wenn KI aus dem Ruder läuft. Helfen Sie mir, Unternehmen und ihre KI-Entwickler und -Investoren dazu zu bringen, das KI-Vertrauensversprechen abzulegen, indem Sie sich auf der Website AI Truth.org anmelden. Das Versprechen ist nicht nur eine Floskel – es ist ein Programm mit Rechenschaftspflicht, Mentorenschaft und Messung, das auf den folgenden zwölf Grundsätzen des Vertrauens basiert.

1. Menschlich

   Manchmal gehen die Entwickler von KI-Lösungen nicht von der grundlegenden Frage aus, *ob dies ein angemessener oder humaner Einsatz von KI ist. Könnte die KI mehr Schaden als Nutzen anrichten, wenn sie entwickelt wird?* So sind viele im Bereich der KI-Ethik der Meinung, dass autonome Waffen niemals hätten entwickelt werden dürfen und dass die Gesichtserkennung für Überwachungs- und Strafverfolgungszwecke voreingenommen und fehlerhaft ist, ganz zu schweigen von einer massiven Verletzung der Privatsphäre. Alle Anwendungen der KI, bei denen auch die Sicherheit eine große Rolle spielt, sollten von einem objektiven und diversen KI-Ethikbeirat gründlich geprüft werden.

2. Einvernehmlich
   Wurde die Erlaubnis aktiv eingeholt und für den Zweck der spezifischen KI, die entwickelt wurde, erteilt, oder wurden meine Daten gestohlen oder in einem Kontext verwendet, in dem sie nicht genehmigt waren? Ich denke an Fälle von KI bei Einstellungen, bei denen Social-Media-Daten wie Facebook- oder Twitter-Feeds verwendet wurden, um Arbeitgebern eine Verhaltensanalyse zu liefern, von der ein Bewerber nichts wusste und wo er ausgeschlossen wurde, bevor er überhaupt wusste, dass er sich bewerben konnte. Der Zeitpunkt und der Kontext sind entscheidend für das Verständnis der Aussagen und Meinungen von Bewerbern. Sie von einer Arbeitsstelle auszuschließen, nur weil sie in ihrer Jugend etwas auf Twitter gepostet haben, erscheint unfair.

3. Transparent
   Weiß ich überhaupt, wann KI eingesetzt wird, um Entscheidungen zu beeinflussen, die mein Leben, meinen Lebensunterhalt oder mein Lebensglück betreffen? Wenn Sie nicht wissen, dass ein Algorithmus im Rahmen Ihrer Gesundheitsversorgung verwendet wird, kennen Sie möglicherweise nicht die Entscheidungsfunktionen, die ihm zugrunde liegen. Sie werden definitiv nicht die Möglichkeit haben, falsche Informationen zu korrigieren oder die Logik der KI infrage zu stellen, wenn Sie nicht wissen, dass sie überhaupt existiert. Transparenz ermöglicht es Ihnen, in den nächsten drei Schritten zu handeln.

4. Erreichbar
   Gibt es einen Ort, an dem ich online oder in einer App die Dokumentation zu allen Aspekten der Entwicklung der KI einsehen kann? Dazu gehören die verwendeten Daten, der Zeitpunkt der Datenerfassung, die Art der Datenerfassung, die verwendeten

Entscheidungskriterien und die allgemeine Logik, die dem Algorithmus zugrunde liegt.

5. Agentur-durchdringend
   Kann ich die Empfehlung oder die Eingabedaten des Algorithmus ändern, wenn er falsche Informationen über mich enthält? Natürlich setzt die Agentur auch voraus, dass Sie wissen, dass Ihre Daten überhaupt verwendet wurden, dass Sie Zugang zu den Informationen haben und eine Erklärung darüber erhalten können, was der Algorithmus tut und wie er sich auf Sie auswirkt. Wenn die Entwickler von KI-Lösungen den Kunden die Möglichkeit geben, Input in ihre Algorithmen einzubringen, entsteht eine menschliche Feedbackschleife, die für die Genauigkeit unerlässlich ist.

6. Erklärungsbedürftig
   Kann ich die Schlussfolgerungen, zu denen die KI gekommen ist, und die Gründe dafür verstehen? Ärzte, die an einem Programm zur Vorbeugung einer Sepsis – einer lebensbedrohlichen Infektion, an der einer von drei Menschen, die in einem Krankenhaus sterben, erkrankt – teilnahmen, beachteten die Empfehlungen einer künstlichen Intelligenz zu Patienten, die möglicherweise an einer Sepsis erkranken könnten, nicht, weil sie nicht verstehen konnten, *warum* die KI die empfohlenen Patienten empfahl. Da es keinen triftigen Grund gab, Antibiotika zu verschreiben, bevor sich eine Sepsis entwickelt, wurde dies ignoriert. Der Schlüssel zum Vertrauen liegt darin, KI erklärbar zu machen, insbesondere in dieser Wildwest-Phase der KI. Einige renommierte Datenwissenschaftler werden argumentieren, dass der Sinn von KI darin besteht, riesige Datenmengen zu erfassen – jenseits der Fähigkeit des Menschen, diese zu verarbeiten und zu verstehen – und die Algorithmen Empfeh-

lungen oder sinnvolle Erkenntnisse ausspucken zu lassen, damit wir dann handeln können. Es ist einfach, eine Erklärung abzugeben, wenn vereinfachende Algorithmen wie lineare Regressionen verwendet werden. Aber es ist unglaublich schwierig, die Schlüsseldaten zu verstehen, die ein komplexes neuronales Netz möglicherweise stärker gewichtet hat. Datenwissenschaftler würden Ihnen erzählen, dass sie die Fähigkeit eines komplexen neuronalen Netzes zur Vorhersage eines Ergebnisses mit einer Genauigkeit von 96 Prozent testen könnten, oder sie könnten eine einfachere Methode verwenden, die die Genauigkeit auf 76 Prozent senken würde. Wenn es um Leben oder Tod geht, würden sie sagen: „Was würden Sie vorziehen?" Aber in dieser Zeit des Wilden Westens bevorzuge ich die einfache Variante: die menschliche Entscheidungsfindung. Denn zum jetzigen Zeitpunkt haben sich die Datenwissenschaftler nicht als aufmerksame Beobachter und Beschützer der Menschen erwiesen. Stattdessen werden sie Algorithmen so schnell zusammenschustern, wie sie glauben, mit dem Wort „künstliche Intelligenz" zum Start ihrer Produkte Geld verdienen zu können. Solange sich diese Mentalität nicht ändert und bei der Entwicklung hochwirksamer Algorithmen nicht mehr Strenge waltet, bin ich, genau wie die Ärzte im Sepsis-Programm, nicht bereit, KI-Entscheidungen über mich zu akzeptieren – ungeachtet der „Genauigkeitsraten".

7. Privat und sicher
Gefährdet die KI meine Daten oder macht sie diese für jeden Zweck, ob gut oder schlecht, verfügbar? Wenn zum Beispiel eine von Hass getriebene Gruppe einen Journalisten davon abhalten will, sich gegen sie zu äußern, könnte sie dann leicht Zugang zu einer KI-Kalender-/Mapping-App erhalten, die ihr anzeigen würde, wann und wo sich der Journalist aufhält? Er-

öffnen die Daten die Möglichkeit, dass ich gehackt werde, weil alle meine wertvollen Daten wie ein Topf voll Gold an einem Ort gesammelt und dann die Türen weit offen gelassen werden, damit sich jeder an ihnen bedienen kann? Ein KI-Anbieter im Gesundheitswesen wurde kürzlich für schuldig befunden, für ein Krankenhausprojekt große Mengen an Patientendaten zu speichern, ohne dass die Patienten davon wussten. Dieser Anbieter ließ die Daten ungesichert, sodass die Patienten dem Risiko von Identitätsdiebstahl und Betrug ausgesetzt waren.

8. Unvoreingenommenheit und Korrektheit
    Basierten die Daten, die für das Training und die Entwicklung des KI-Systems verwendet wurden, auf soliden Datenstandards, wie im Folgenden beschrieben?

    Datenqualität. Kann das Data-Science-Team garantieren, dass sein Modell aufgrund von Problemen mit der Datenqualität nicht „überangepasst" wird? Wenn das Data-Science-Team seine Datenquellen nicht auf Dinge wie fehlende Felder, spärlich ausgefüllte Felder und inkonsistente oder falsch beschriftete Daten und Felder überprüft, kann dies zu einer Situation führen, die als „Überanpassung" bezeichnet wird und bei der der Algorithmus nicht genügend Informationen hat, um gute Entscheidungen zu treffen. Ein Beispiel für ein fehlendes Feld ist, wenn das Feld „Staat" als im Datensatz vorhanden aufgeführt ist, aber bei der Überprüfung des Feldes „Staat" überhaupt keine Daten enthalten sind. Eine unzureichende Belegung von Feldern liegt vor, wenn zum Beispiel „Stadt" nur in der Hälfte der Datenzeilen aufgeführt ist, wenn Felder zu viele verschiedene Einträge haben, um für die Analyse konsistent zu sein (zum Beispiel Tx/Texas/TX), oder wenn die Daten falsch beschriftet sind (zum Beispiel ein Bild von Texas, das als New York beschriftet ist).

Eine kürzlich durchgeführte Studie zeigte, dass Daten aus den am häufigsten verwendeten Datensätzen für KI in bis zu 30 Prozent der Fälle falsch beschriftet waren.

Datenzustand und Datenverzerrung. Es hört sich blöd an, aber Datenwissenschaftler prüfen nicht immer, ob die Daten, die sie zum Trainieren ihrer Algorithmen verwenden, überwiegend aus neuen Daten oder aus älteren, veralteten Daten bestehen. Viele der am häufigsten verwendeten Datensätze enthalten nicht nur Fehler, wie oben im Abschnitt über die Datenqualität erwähnt, sondern auch Verzerrungen in Bezug auf Geschlecht, Rasse und Kultur. Beispiele dafür, warum dies wichtig sein kann, sind KI für den Einsatz bei der Einstellung von Personal und bei der Polizeiarbeit. Bei der Einstellung von Mitarbeitern enthalten viele historische Datenbanken überwiegend Daten männlicher Mitarbeiter. Wenn aber der erklärte Zweck eines Algorithmus darin besteht, vielfältige Bewerber aus einem Pool von Frauen und Männern einzustellen, dann kann man den Algorithmus nicht mit überwiegend männlichen Daten trainieren. Es werden auch Daten über Frauen benötigt. Das Gleiche gilt für einen Algorithmus, der polizeiliche Maßnahmen empfehlen würde. Wenn Sie die Zahl der Verurteilungen erhöhen wollen, können Sie Ihre Trainingsdaten auf ungerechtfertigterweise ausgesprochene Verwarnungen aus älteren Daten aus einer Zeit stützen, als Einschüchterungsverwarnungen die Norm waren. Einschüchterungsverwarnungen haben jedoch nicht zu Verurteilungen geführt. Wir brauchen Datenwissenschaftler, die die Beschaffenheit der Daten und die Verzerrungen, die dazu führen, dass sie für die Zwecke, für die sie sie zu verwenden versuchen, ungeeignet sind, genau verstehen. Dies wird zu weniger ungerechtfertigten Verhaftungen führen und die Diversität beim Einstellungsprozess erhöhen.

Daten-Proxies. Datenwissenschaftler können es auch eilig haben, ein Patent zu erhalten oder als Erste auf den Markt zu kommen, und beschließen, einfach einen „Proxy" für die benötigten Daten zu verwenden. Sie tun dies, weil es manchmal schwierig sein kann, Daten zu finden, oder weil sie zwar in der Lage sind, die Daten zu erstellen, dies aber viel Geld und Zeit kosten würde. Stattdessen versuchen sie oft, einen Ersatz für diese Daten zu finden. Ein Beispiel dafür ist die Tendenz von Datenwissenschaftlern, Kreditwürdigkeitswerte zu verwenden, um herauszufinden, ob eine Person „verantwortungsbewusst" ist. In der Versicherungsbranche ist das gängige Praxis. Man geht davon aus, dass Sie, wenn Sie verantwortungsbewusst mit Ihrem Geld umgehen, auch verantwortungsbewusst mit dem Vermögenswert sind, den man für Sie versichert, zum Beispiel ein Auto oder ein Haus. Das Problem ist, dass die Kreditwürdigkeit nicht unbedingt ausschlaggebend dafür ist, ob ich ein sicherer Fahrer bin, wenn ich lange Strecken pendle und entsprechend länger der Gefahr von Verkehrsunfällen ausgesetzt bin. Es gibt viele Menschen, die eine hohe Kreditwürdigkeit, aber eine schlechte Fahrhistorie haben. Die Verwendung von Kredithistorien zur Bestimmung von Kfz-Versicherungstarifen könnte sogar die Armen benachteiligen, die günstige Versicherungstarife am dringendsten benötigen.

9. Verantwortlich
    Hat das Unternehmen für den Fall, dass ein Teil des KI-Systems nicht funktioniert, Personen benannt, die für die Behebung des Problems verantwortlich sind? Dies ist ein weiterer Punkt, der zunächst einmal banal klingt. Aufgrund der Art und Weise, wie Data Science in Unternehmen gehandhabt wird, ist dies aber eine Lücke, die beachtet werden muss. Da die Nachfrage nach Datenwissenschaftlern so groß ist, gibt es eine hohe Fluktuation,

und oft bleibt niemand übrig, der mit dem ursprünglichen Algorithmus vertraut ist, um ihn zu reparieren und zu warten.

10. **Rückverfolgbarkeit**
Kann ein Unternehmen feststellen, welcher Teil eines KI-Systems fehlerhaft war und wann der Fehler auftrat? Könnte ein KI-Entwickler oder -Partner über die Datenquellen bis zur endgültigen Anwendung und den Ergebnissen, die die KI liefert, hinweg herausfinden, wie viele Menschen durch einen Algorithmus oder fehlerhafte Daten beeinträchtigt wurden, und sie darüber informieren? Als der Cambridge-Analytica-Skandal ausbrach, konnte Facebook nicht genau feststellen, welche Personen durch Anzeigen des Datenbrokers auf seiner Plattform manipuliert worden waren. Die Auswirkungen waren enorm – etwa 87 Millionen US-Wähler waren davon betroffen. Die Möglichkeit, benachrichtigt zu werden, wenn etwas kräftig schiefläuft oder für uns höchst manipulativ sein könnte, ist sehr wichtig.

11. **Feedback einbeziehend**
Bietet die KI-Lösung den Nutzern oder Experten die Möglichkeit, Beiträge zum laufenden Lernprozess des KI-Systems zu leisten? In der Eröffnungsgeschichte dieses Kapitels schickte meine Mutter immer ihre Warnsymptome ein, um das kontinuierliche Feedback für das Training des BCG-Algorithmus zu unterstützen. Feedbackschleifen sind der beste Weg, um Verzerrungen vorzubeugen und einen Daten- oder Algorithmen-Drift zu verhindern. Bei einer KI wäre es so einfach, dass die Nutzer für jede Empfehlung oder Klassifizierung, die die KI vornimmt, einen Daumen nach oben oder unten verteilen. Wenn es sich um eine KI in einer Einstellungsbewerbung handelt, könnten die Personalverantwortlichen bei jeder Einstellung den Daumen nach oben oder unten vergeben. Wenn es sich um eine

Kreditwürdigkeitsprüfung oder um Daten handelt, die für die Festlegung von Versicherungsprämien relevant sind, dann könnte sich der Daumen nach oben oder unten auf die Korrektheit oder Relevanz der Daten beziehen. Andere Feedbackschleifen könnten in Form von regelmäßigen Quiz erfolgen: „Möchten Sie uns ein paar Fragen beantworten, damit wir Ihre Auswahl besser anpassen können?" Die Nutzer können dann zu ihrem eigenen Profil beitragen. Dadurch werden auch die Zustimmung und die Handlungsfähigkeit einbezogen.

12. Gesteuert und korrigierbar

Steuerung. Datenwissenschaftler, die KI entwickeln, neigen dazu, sie einzustellen und sie dann buchstäblich zu vergessen – ein großer Fehler, denn die KI lernt ständig dazu. Zu diesem Zweck bezieht sie kontinuierlich Daten ein, die ihre Empfehlungen, Klassifizierungen und – im Verbund mit Automatisierung – Aktionen beeinflussen. Es gibt zwei häufige Probleme, die dazu führen können, dass die KI *nach* ihrer Einrichtung nicht mehr funktioniert. Eines davon ist *Datendrift*, das heißt eine unerwartete und nicht dokumentierte Änderung der Datenstruktur, der Semantik oder der Infrastruktur. Ein Beispiel: Ein Landwirt könnte den aus amerikanischer Produktion stammenden defekten Sensor seiner Erntemaschine durch einen chinesischen ersetzen, und der Sensor gibt die Werte nicht mehr in Pfund, sondern in Kilogramm an. Diese scheinbar unbedeutende Reparatur führte dazu, dass der Algorithmus für die Erntevorhersage das Erntevolumen falsch berechnete, weil er darauf trainiert war, die Messwerte in Pfund und nicht in Kilogramm zu erfassen.

Das zweite Problem ist *Modelldrift*. Dies ist der Fall, wenn sich die Beziehungen zwischen der Sache, die man vorherzusagen versucht, und den Dingen, die man als Indikatoren für die Vorhersage verwendet, ändern. Zum Beispiel ändert sich ein Schwellenwert für eine Entscheidung. Nehmen wir an, die Einkommensgrenze für Kreditwürdigkeit war früher mit 50.000 US-Dollar angesetzt, ist inzwischen aber auf 80.000 US-Dollar angehoben worden. Mein Modell würde weiterhin versuchen, Kredite für das untere Einkommenslevel anzubieten. Aus diesem Grund ist eine ständige Überwachung, Anpassung und Korrektur der Daten und KI-Modelle von entscheidender Bedeutung, um sicherzustellen, dass die KI weiterhin wie geplant funktioniert und auf den richtigen Daten basiert.

Richtigstellung. Verfügt der Anbieter von KI-Lösungen über etablierte Verfahren für den Fall, dass etwas schiefläuft? Können diese Prozesse von der breiten Öffentlichkeit oder von Regulierungsbehörden überprüft werden? Wenn 60 Millionen Menschen mithilfe eines fehlerhaften KI-Algorithmus anvisiert werden und beispielsweise falsche Wahlinformationen erhalten, hat das Unternehmen dann einen Plan, um das Problem zu lösen? Hätten sie einen Plan zur Benachrichtigung der betroffenen Personen? Dies setzt natürlich voraus, dass es eine Überwachung und Steuerung der KI gibt, die die Menschen überhaupt erst auf das Problem aufmerksam macht. Die meisten Unternehmen sind nicht so gut vorbereitet. Nur selten finden wir Unternehmen, die sich auf mögliche Katastrophen vorbereiten, geschweige denn einen Plan für den Ernstfall haben. Ich gehe davon aus, dass im Falle einer Katastrophe zu einer PR- und Rechtskampagne gegriffen würde und nicht zu einem proaktiven Plan, der die Öffentlichkeit beruhigen würde. Dies ist umso besorgniserregender, wenn wir an selbstfahrende Autos, robotergestützte Operationen und automatische Waffen denken. Oder auch KI-gesteuerte Ölplattformen im Meer, die möglicherweise eine weitere Deepwater Horizon auslösen könnten.

Die Unternehmen halten sich derzeit nicht an alle Grundsätze des AI Trust Pledge (KI-Vertrauenszusage). Sie halten sich vielleicht an einige von ihnen, aber sicher nicht an alle. Und warum? Weil die Einhaltung dieser Grundsätze Geld, Zeit, Personal und Mühe kostet. Bislang gab es für sie keine ausreichende externe Belohnung oder Bestrafung, um diese Probleme anzugehen. Die finanziellen Anreize sind nicht groß genug, um Unternehmen von der Entwicklung oder dem Einsatz unkontrollierter KI abzuhalten. Deshalb muss der Gesetzgeber handeln. So wie wir in wichtigen Bereichen wie dem Finanzwesen und den Bürgerrechten eine kritische Regulierungsaufsicht haben, um die Interessen der normalen Bürger zu schützen, brauchen wir Gesetze und Vorschriften, die auf den zwölf Grundsätzen des Vertrauens basieren, um die Unternehmen, die anspruchsvolle KI-Lösungen entwickeln, für die beabsichtigten und unbeabsichtigten Folgen ihres Handelns zur Rechenschaft zu ziehen.

WIE MAN DIE GRUNDPRINZIPIEN UMSETZEN KANN

Was können Sie in einer Zeit, in der die Stimme des Durchschnittsbürgers leicht untergeht, tun, um Ihr neu gewonnenes Bewusstsein für die unzähligen Probleme, die KI verursachen kann, zu nutzen? Was können Sie tun, um etwas zu verändern?

Nehmen Sie Ihre Rechte wahr: Stimmen Sie für KI-erfahrene politische Entscheidungsträger, die bereit sind, Maßnahmen zu ergreifen, und schreiben Sie Ihren Kongressabgeordneten, um sie über den AI Trust Pledge zu informieren. Ermutigen Sie die politischen Entscheidungsträger auf lokaler, bundesstaatlicher und föderaler Ebene, sich über diese KI-relevanten Themen zu informieren, sich dem AI Trust Pledge zu verpflichten und Gesetze zu verabschieden, die Unternehmen und staatliche Stellen für die Folgen ihres Handelns bei der Entwicklung und Nutzung von KI zur Verantwortung ziehen.

Nutzen Sie Ihr Geld: Investieren Sie in Unternehmen, die sich an diese Grundsätze halten, und trennen Sie sich von Aktien der Unternehmen, die gegen die zwölf Grundsätze des Vertrauens verstoßen. Unternehmen, die sich wirklich zur Einhaltung des Pledge verpflichten und ihre Fortschritte dokumentieren, werden finanziell weniger riskant sein und ihre Infrastruktur wird nicht im Chaos versinken, wenn politische Maßnahmen zum Schutz der Daten der Bürger erarbeitet und umgesetzt werden.

Organisieren Sie sich für den Wandel: Wenn Sie in einem Unternehmen arbeiten, das KI in einer Weise einsetzt, die Ihnen unangenehm ist – oder wenn Sie einfach nur sicherstellen wollen, dass Sie bei der Entwicklung von KI verantwortungsbewusst vorgehen –, stellen Sie eine interne Gruppe auf die Beine, die sich gemeinsam mit den zwölf Grundsätzen des Vertrauens auseinandersetzt. Machen Sie ein Brainstorming, wie die zwölf Grundsätze umgesetzt werden können. Formulieren Sie dann Ihren eigenen Plan, wie Sie jeden der zwölf Punkte angehen wollen.

Die Entscheidungen, die KI-Systeme von Unternehmen über uns treffen, werden unsere Zukunft bestimmen. Es gibt einige wichtige Gruppen, die sowohl intern als auch extern Druck auf die Unternehmen ausüben können. In den vorangegangenen Kapiteln habe ich Ihnen viele Möglichkeiten aufgezeigt, wie Sie in dieser Zeit der **Wild-West-KI** für sich selbst eintreten können. Es gibt jedoch noch einige andere Gruppen, die Sie kennen sollten und die uns allen als Gesellschaft helfen können. Wir sollten sicherstellen, dass wir unsere **kollektive Verhandlungsmacht als „Wir, das Volk"** nutzen, um die Unternehmen zu beeinflussen, damit sie ihren Teil zum Schutz unserer Zukunft in der KI-Ära beitragen.

TRAGEN SIE IHREN TEIL ZUR RETTUNG DER WELT BEI

KI-Einkauf

Sie sind: Eine Führungskraft aus den Bereichen Marketing, Gesundheitswesen, Behörden, Versicherungen, operatives Geschäft, Finanzen und Personalwesen, die KI-Programme finanziert oder initiiert? Sie können eine Schlüsselrolle dabei spielen, uns auf den Weg zu einer zivilisierten KI zu bringen.

Problem: Die meisten Führungskräfte, die KI-Initiativen finanzieren, wissen nicht viel darüber, wie KI funktioniert oder wie sie entwickelt wird. Es klafft eine große Lücke zwischen dem, was sie wissen, und dem, was die Datenwissenschaftler wissen. Da sie nicht wissen, wie KI entwickelt wird, können diese Führungskräfte unrealistische Zeitrahmen und Kostendruck vorgeben, die dazu führen, dass Datenwissenschaftler bei der Erfüllung der Ziele Abstriche machen. Das Ergebnis kann eine voreingenommene KI sein, die Proxydaten verwendet, anstatt richtige Daten zu erstellen, und die nicht in der Praxis getestet wird, was zu Sicherheitsproblemen führen kann – will jemand ein unzureichend trainiertes autonomes Fahrzeug?

Handlungsaufruf: Nehmen Sie Ihre treuhänderische Verantwortung als Geldgeber für KI-Programme wahr oder tragen Sie die Konsequenzen.

- KI, die nicht skalierbar ist. KI, die nicht genutzt werden kann.

- KI, die keinen Return on Investment erzielt.

- Negative Auswirkungen auf Marke und Bekanntheitsgrad.

- Große Sicherheitsprobleme, die zum Tod und zu gesellschaftlichem Schaden führen können.

Um diesen Risiken vorzubeugen, sollten Sie Ihre Netzwerke nutzen, um Ihre Mitinitiatoren und Geldgeber im Bereich der KI zu beeinflussen und zu ermutigen, die folgenden Schritte in Richtung einer zivilisierten KI zu unternehmen:

- Beauftragen Sie einen KI-Ethikberater.

- Richten Sie ein KI-Ethik-Beratungsgremium ein.

- Stellen Sie sicher, dass das Gremium mit einer Vielzahl von Experten unterschiedlicher Herkunft, Geschlechter, Kulturen, sozioökonomischer und politischer Interessen besetzt ist.

- Eine KI-Ethikabteilung sollte eine proaktive Rolle übernehmen und sicherstellen, dass KI-Initiativen nicht die Linie zum Gruseligen überschreiten oder Kostensenkungen oder Effizienzsteigerungen über die Sicherheit, die Freiheiten und das Wohlergehen der Menschen stellen.

Unterm Strich: Wenn Sie nicht wollen, dass das KI-Produkt, das Sie entwickeln, bei Ihnen eingesetzt wird, dann lassen Sie es nicht auf ahnungslose Menschen los.

KI-Safekeepers

Sie sind: Jemand, dessen Aufgabe es ist, Risiken und rechtliche Gefahren abzuwehren, die Rentabilität von Investitionen zu gewährleisten, gesetzliche Richtlinien einzuhalten und Kunden und Stakeholdern Sicherheit, Datenschutz und Seelenfrieden zu bieten? Sind Sie eine Führungskraft in den Bereichen Daten, Datenwissenschaft, Analytik, Informationstechnologie, Informationssicherheit, Datenschutz, Recht, Ethik und Compliance?

Problem: Als Gesellschaft brauchen wir sie für die interne Überwachung von KI-Projekten. Zurzeit lassen sich diese Führungskräfte in zwei Kategorien einteilen: 1) diejenigen, die nicht genug über die Funktionsweise von KI wissen, um in ihren Unternehmen angemessene Sicherheitsvorkehrungen zu treffen, und 2) diejenigen, die genug über KI wissen, aber nicht wissen, wann, wie oder was sie dagegen unternehmen sollen.

Handlungsaufruf:

- Arbeiten Sie mit KI-Ethikern zusammen, um unternehmensweite KI-Richtlinien und obligatorische Schulungsprogramme zu entwickeln: Kümmern Sie sich um die Steuerung und Überwachung bestehender KI-Projekte. Stellen Sie sicher, dass Systeme der Rechenschaftspflicht vorhanden sind, um Anreize für verantwortungsvolles Verhalten zu schaffen und gleichzeitig von riskantem Verhalten abzuschrecken.

- Verhindern Sie, dass unethische KI-Anbieter in Ihrem Unternehmen Eingang finden, indem Sie die Einhaltung von Rahmenbedingungen für die Anbieterauswahl vorschreiben.

- Schließen Sie Anbieter, die unverantwortliche KI-Praktiken anwenden, von der Beschaffung aus, indem Sie speziell für diesen Zweck entwickelte Rahmenwerke für die Anbieterauswahl nutzen. Das Weltwirtschaftsforum hat beispielsweise einige nützliche Rahmenwerke für verschiedene Führungskräfte (zum Beispiel den Chief Human Resources Officer) herausgegeben, die Sie bei der Zusammenarbeit mit KI-Dienstleistern verwenden können.

Unterm Strich: Als Gesellschaft brauchen wir Sie für die interne Überwachung von KI-Projekten, damit wir alle sicher sind.

KI-Anbieter

Sie sind: Sie sind KI-Berater, Produktentwickler oder Designer und bieten dem Markt KI-Lösungen an? Sind Sie jemand, dessen Betriebsmodelle, oder das Fehlen davon, bestimmen, wie verantwortungsvoll und ethisch KI im Moment ist?

Problem: Die meisten KI-Initiativen werden von KI-Start-ups, größeren Beratungsunternehmen wie IBM, Accenture oder Tata, die maßgeschneiderte Lösungen entwickeln, und Anbietern von Geschäftsprozessautomatisierung wie UiPath, AntWorks oder Automation Anywhere durchgeführt. Enge Zeitrahmen und fragmentierte KI-Ethik-Doktrinen führen dazu, dass die meisten KI-Beratungsexperten und Produktentwickler frustriert die Hände über dem Kopf zusammenschlagen. Auch wenn man verantwortungsbewusst innovieren möchte, hat man oft weder die Zeit noch das Budget dafür.

Handlungsaufruf:

* Durchsetzung strenger Normen für die KI-Entwicklung und die Arbeitsmethoden. Wenn Sie ein KI-Berater sind, sollten Sie Ihre Firmenkunden vor Ort über diese Methoden aufklären und sie anleiten.

* Stellen Sie KI-Ethiker ein und beziehen Sie sie in jede Phase eines KI-Projekts ein, von der Entwurfsphase an. Wenn möglich, stellen Sie zertifizierte KI-Entwickler ein und lassen Sie sich für Ihre KI-Initiativen zertifizieren.

* Erstellen Sie Richtlinien, die es Beratern oder Entwicklern ermöglichen, unethische Arbeiten, die ein Kunde verlangt, einfach abzulehnen.

* Wenn Sie ein KI-Entwickler sind, können Sie sich und Ihre KI-Initiative oder Ihr Produkt zertifizieren lassen. Es gibt neue Zer-

tifizierungen von Organisationen für technologische Standards wie dem Institute of Electrical and Electronics Engineers (IEEE) sowie das AI Trust Pledge meiner gemeinnützigen Organisation AI Truth.

Unterm Strich: Sie haben die Macht, Ihre Kunden auszuwählen. Geben Sie Projekte auf, mit denen Sie nicht zufrieden sind. Wenn Sie mehr über rote Fahnen in Bezug auf Kunden und KI-Initiativen erfahren möchten, lesen Sie meinen Blog mit dem Titel „10 Signs You Might Want To Walk Away from an AI Initiative" auf AITruth.org.

Pädagogen

Sie sind: Erzieher, Elternteil oder Schüler in den Vereinigten Staaten, egal auf welcher Stufe, von der Grundschule bis zum Hochschulabschluss?

Problem: Als demokratische Gesellschaft müssen wir unsere Schüler auf eine verantwortungsvolle, ethische KI vorbereiten. China hat bei der Vorbereitung von Studenten auf das KI-Zeitalter eine Vorreiterrolle übernommen, und zwar nicht nur bei Universitätsstudenten, sondern auch bei Grund- und Sekundarschülern. Dies ist Teil von Chinas Plan, die Welt mithilfe seiner 30-jährigen KI-Strategie zu dominieren. Zu sagen, dass sie die KI-Ausbildung im Vergleich zum Rest der Welt ernst nehmen, ist eine große Untertreibung. Dies sollte uns allen angesichts der Verunglimpfung der Demokratie und der Verbreitung von Produkten und Dienstleistungen in den USA und im Ausland Angst machen. KI ist in den USA in keiner Schule und auf keiner Stufe Pflicht. Auf einer Podiumsdiskussion, an der Mitglieder des MIT-Labors für Informatik und künstliche Intelligenz, von Google, Baidu und DeepMind teilnahmen, war man sich einig, dass Bildung der wichtigste Faktor ist, der die Zukunft der ethischen KI beeinflusst.

Handlungsaufruf:

- Wir müssen sicherstellen, dass unsere Kinder über das nötige Know-how verfügen, um unethische KI in der Zukunft zu bekämpfen, und ihnen die notwendigen Fähigkeiten für das KI-Zeitalter vermitteln.

- Eltern setzen sich bei Schulbehörden und Lokalpolitikern für mehr KI- und Informatikunterricht ein.

- Lehrer finden auf der AI4ALL-Website Ressourcen für den KI-Unterricht. AI4ALL ist eine gemeinnützige Organisation, die sich der Aufklärung von Kindern über KI und KI-Ethik widmet. Diese Ressourcen finden Sie unter ai-4-all.org.

- Nehmen Sie an KI-Camps und außerschulischen Programmen teil, die von Universitäten und Programmierschulen in Ihrer Nähe angeboten werden.

Unterm Strich: Als Eltern und Lehrer müssen wir uns dafür einsetzen, dass die Schüler in den Vereinigten Staaten eine wettbewerbsfähige Ausbildung erhalten, die auch KI einschließt, damit unser Land und unsere Wirtschaft an der Spitze der Innovation bleiben. Da die KI den gesellschaftlichen Wandel immer stärker vorantreibt, brauchen wir eine Generation kluger junger Köpfe, die bereit ist, die Herausforderungen des KI-Zeitalters zu meistern.

Gesetzgeber und Anwälte

Sie sind: Gesetzgeber, Anwalt oder ein Mitglied der EEOC, FDA und FTC?

Problem: Derzeit gibt es praktisch keine Gesetze zum Datenschutz oder zur KI, doch KI ist eine Technologie, die Sie töten, verurteilen und Ihre Geheimnisse preisgeben könnte. In den USA gibt es auf nationaler Ebene keine Gesetze, die Ihre Daten schützen. Obwohl die Gesichtserkennung von vielen Polizeidienststellen in den USA eingesetzt wird, wurden auf nationaler Ebene keine Gesetze erlassen, die ihre Verwendung regeln. Selbst wenn die Einstellungsalgorithmen eklatant frauenfeindlich sind, gibt es keine Gesetze. KI-Anbieter sammeln weiterhin Ihre Daten und tauschen sie mit einigen der skrupellosesten Datenbroker aus, die es gibt. Dennoch gibt es immer noch keine Gesetze.

Handlungsaufruf:

- Anwälte unterstützen KI-Initiativen, helfen dabei, Unternehmensrichtlinien für verantwortungsvolle KI-Praktiken zu entwickeln, und beraten Kunden über die neuesten Entwicklungen im Bereich verantwortungsvoller KI-Praktiken. Seien Sie sich der Risiken bewusst, die mit der KI-Entwicklung in Ihrem Unternehmen oder bei Ihren Firmenkunden verbunden sind, wenn Sie in einer Anwaltskanzlei tätig sind.

- Gesetzgeber: Informieren Sie sich über die Risiken der KI für die Öffentlichkeit. Gute Arbeit, wenn Sie dieses Buch selbst oder ihre Mitarbeiter es durchgelesen haben. Nutzen Sie Ihre Position, um Gesetze zu erarbeiten, die Ihre Wähler vor mangelhaft entwickelter KI schützen.

- EEOC-, FDA- und FTC-Ermittler, Staatsanwälte und Richter müssen sich nicht mit künstlicher Intelligenz auskennen, um die daraus resultierenden ungleichen Auswirkungen zu erkennen. Ihr Mandat bleibt der Schutz der Menschen bei der Einstellung, der Wohnungssuche, der Kreditvergabe und der Gesundheitsversorgung. Die Gesetze, die Sie zur Bekämpfung unverantwortlicher KI benötigen, sind bereits in Kraft.

Unterm Strich: Sie stehen an vorderster Front im Kampf gegen die voreingenommene KI.

Wir, das Volk, haben eine Menge Arbeit vor uns. Was Sie nicht wissen, kann Ihnen schaden, aber wenn Sie mit Wissen und Bewusstsein ausgestattet sind, können Sie in Zukunft alle erstaunlichen Vorteile der KI genießen.

Danksagung

Sprich für alle, die sich selbst nicht helfen können.
– *Sprüche 31:8*

Es kommt eine Zeit in unserem Leben, in der wir ein Drängen in unserer Seele spüren – eine Unruhe. Anfangs wissen wir vielleicht nicht, was es bedeutet oder was es uns sagen will. Aber wenn wir genau hinhören, gibt es etwas, das uns in Richtung unseres spezifischen Ziels bewegt. Bei mir war das im Juni 2017 der Fall, als mir *The Purpose Driven Life* (dt.: Leben mit Vision) aus dem Bücherregal auf den Zeh fiel (Der Herr wirkt auf geheimnisvolle Weise). Ich las es, und als meine Berufung mit jeder Seite und jedem Gebet deutlicher wurde, gab ich mir selbst und dem Herrn ein Versprechen. Ich bin mit einer Karriere gesegnet, die mir eine Perspektive eröffnet hat, die nicht viele Menschen auf der Welt haben ... Ich habe gesehen, wie KI hinter verschlossenen Türen in einigen der größten und mächtigsten Branchen und Unternehmen der Welt geschaffen und entwickelt wurde. Wenn nicht ich, wer dann? Ich versprach, ein Buch zu schreiben und die KI-Ethik-Mission zu übernehmen, um allen, die nicht hinter diesen Türen waren, dabei zu helfen, zu verstehen, wie diese lebensverändernden Datenentscheidungen sie beeinflussen können.

Ich danke Gott für die Ehre, dieses Buch für Sie schreiben zu dürfen, und bete aufrichtig, dass Sie etwas gelernt haben, das Ihnen helfen wird, sich gegen schlechte KI zu wehren, falls Sie ihr begegnen sollten – und hoffentlich die Schöpfer guter KI zu loben, wenn Sie sie erleben. Ohne die Führung des Herrn hätte ich das nicht geschafft.

In diesem Zusammenhang danke ich Jill Marsal von der Marsal Lyon Literary Agency, die buchstäblich eine Antwort auf ein Gebet (und eine Berufung) war. In Zeiten der Pandemie, in denen fast jeder, den ich kenne, ein Buch schreibt und versucht, es zu veröffentlichen, beharrte sie darauf, dieses Buchprojekt überallhin zu schicken. Ich bin ihr so dankbar für ihre unermüdlichen Bemühungen und ihren Glauben an dieses Projekt. Ich danke auch Post Hill Press und Debra Englander für die wunderbare Zusammenarbeit.

Meinem lieben Ehemann kann ich gar nicht genug danken für deine unermüdliche Unterstützung, dein nächtliches Schulterklopfen, deine liebevollen Ermahnungen und die Abendessen. Danke, dass du nicht nur die Teller sauber gemacht hast, sondern auch Dinge von meinem Teller genommen hast und alles, was ich dir zugeworfen habe, mit Gnade, Geduld und Freundlichkeit hingenommen hast. Ich hätte mir keinen rücksichtsvolleren Partner vorstellen können, selbst wenn ich es versucht hätte. Meiner Tochter Landrie und meiner Nichte Chloe danke ich dafür, dass sie mir geholfen haben, mehr über die Selbstverletzungs- und Selbstmordproblematik zu recherchieren, die Kinder und Jugendliche in den sozialen Medien erleben. Danke an meine Schwester Lindsey Kincade für ihren Beitrag zu Kapitel 12. Meiner Mutter, meinem Vater, meiner Schwester, meinem Großvater und Pat und Kenneth danke ich für all die Unterstützung und Ermutigung.

Vielen Dank an Karen Suber, mit der ich fast sofort am Beginn dieser Reise in Kontakt kam und die sich bereit erklärte, mit mir zusammen AI Truth zu starten. Sie gehört zu den Menschen, die man zum ersten Mal trifft und bei denen man das Gefühl hat, dass man sie schon ein Leben lang kennt. Ihre unermüdliche Ermutigung und ihr Enthusiasmus haben mich in den letzten Jahren mit Energie versorgt und bei Verstand gehalten!

Es ist seltsam, die Auseinandersetzung mit der KI-Ethik als eine spirituelle Reise zu betrachten, aber für mich war sie das. Ich danke der Frauengruppe der Riverside Church of Christ und dem Leitungsteam für ihre ständigen Gebete und moralische Unterstützung. Danke, dass ihr meine Versuchskaninchen wart, auch wenn ihr anfangs keine Ahnung hattet, was KI ist und warum sie wichtig ist. Euer Feedback hat mir geholfen, komplexe Sachverhalte so zu vereinfachen, dass „normale" Menschen (im Gegensatz zu „Technikfreaks") sie verstehen können.

Ich möchte all den erstaunlichen Kämpfern danken, die auf dem Gebiet der KI-Ethik arbeiten und von denen viele Kollegen des *Springer Nature AI and Ethics Journal* sind. Ich möchte John MacIntyre und Larry Medsker dafür danken, dass sie das Fachgebiet unermüdlich gefördert und ihm eine Stimme gegeben haben, indem sie die Einführung der Zeitschrift bei Springer Nature vorangetrieben haben. Mein besonderer Dank gilt Merve Hickok für ihre Mitarbeit am Kapitel über die Einstellung von Personal.

Abschließend möchte ich all den großartigen Daten- und Analyse-Führungskräften da draußen danken, die mein Denken geprägt und ihre Erfahrungen mit mir über die Jahre geteilt haben. Ich habe das Gefühl, dass unsere Gemeinschaft mehr wie eine Familie ist als wie Kollegen. Keine anderen Fachleute, die ich kenne, kommen zusammen, um bewährte Verfahren so freimütig auszutauschen, um einige der größten, haarigsten, „spaghettiigsten" (das ist ein Wort in der Daten- und Analytikbranche) Datenprobleme der Welt zu lösen. Sie tun dies unvoreingenommen und mit Herz, Demut und ein wenig selbstironischem Humor. Ich kann gar nicht genug betonen, wie dankbar ich bin, dass ich euch kenne und euch als Freunde bezeichnen darf. Ich hoffe, dass wir uns auf den Veranstaltungen des MIT Chief Data Officer und des Corinium immer wieder sehen werden.

Endnoten

KAPITEL 1

1 John Callaham, „What Is Google Duplex and How Do You Use It?", Android Authority, 21. Mai 2021, https://www.androidauthority.com/what-is-google-duplex-869476/

2 Herb Booth, „UTA Patent Gives Robots Extra Sensitive Skin", University of Texas at Arlington, 8. August 2018, https://www.uta.edu/news/news-releases/2018/08/08/smart-skin-patent-celik-butler

3 George I. Seffers, „Researchers Have Artificial Skin in Robotics Game", Signal 75, 1. Dezember 2018, https://www.afcea.org/content/researchers-have-artificial-skin-robotics-game

4 University of Washington, „Flexible ‚skin' can help robots, prosthetics perform everyday tasks by sensing shear force", *ScienceDaily*, 17. Oktober 2017, aufgerufen am 2. November 2021 von www.sciencedaily.com/releases/2017/10/171017124350.htm

5 Laura Yan, „These Artificial Nerves Could Allow Prosthetic Limbs to Feel", *Popular Mechanics*, 3. Juni 2018, https://www.popularmechanics.com/science/health/a21061916/artificial-nerve-allow-prosthetic-limb-to-feel/

6 John Kennedy, „How Digital Disruption Changed 8 Industries Forever", *Silicon Republic*, 25. November 2015, https://www.siliconrepublic.com/business/digital-disruption-changed-8-industries-forever

7 Mark Foster, „The Virtual Enterprise", IBM, https://www-935.ibm.com/services/us/gbs/thoughtleadership/accelentreinvent/

KAPITEL 2

1   LifeBEAM, „Vi. The First True Artificial Intelligence Personal Trainer",
    Kickstarter, 7. Februar 2018, https://www.kickstarter.com/projects/
    1050572498/vi-the-first-true-artificial-intelligence-personal?token=
    2754b4ee

2   Natasha Lomas, „FitGenie is Applying AI to Automate Nutrition Planning",
    TechCrunch, 29. August 2017, https://techcrunch.com/2017/08/29/fitgenie-
    is-applying-ai-to-automate-nutrition-planning/

3   N. Lee, „Apple Acquires AI Tech That Seeks to Understand Your Photos",
    Engadget, 30. September 2017, https://www.engadget.com/2017-09-30-
    apple-regaind-machine-learning-acquisition.html

4   Caitlin Fairchild, „Do You Ever Feel Like Somebody's Watching You?",
    Nextgov, February 20, 2018, https://www.nextgov.com/emerging-tech/2018/02/
    nvidia-makes-facial-recognition-ai-surveillance/146064/

5   „How to Make a Chatbot", Botpress, https://botpress.com/learn/how-to-
    make-a-bot

6   Jeff Bounds, „Your Next Lender Could Be A Computer", *D CEO*, Januar–Fe-
    bruar 2018, https://www.dmagazine.com/publications/d-ceo/2018/january-
    february/financial-lending-computers-ai/

7   Bernard Marr, „Machine Learning In Practice: How Does Amazon's Alexa
    Really Work?", *Forbes*, 5. Oktober 2018, https://www.forbes.com/sites/
    bernardmarr/2018/10/05/how-does-amazons-alexa-really-work/

8   Darrell Etherington, „Amazon Echo Is A $199 Connected Speaker Packing
    An Always-On-Siri-Style Assistant", *TechCrunch*, 6. November 2014, https://
    techcrunch.com/2014/11/06/amazon-echo/

9   Eugene Kim, „The Inside Story of How Amazon Created Echo, the Next
    Billion-Dollar Business No One Saw Coming", *Business Insider*, 2. April
    2016, https://www.businessinsider.com/the-inside-story-of-how-amazon-
    created-echo-2016-4

10 „Alexa Skills Kit Glossary", Alexa-Entwicklerdokumentation, aufgerufen
    am 4. Oktober 2021, https://developer.amazon.com/de-DE/docs/alexa/
    ask-overviews/alexa-skills-kit-glossary.html#s

11 Lionel Sujay Vailshery, „Total Number of Amazon Alexa Skills in Selected
    Countries as of January 2021", Statista, Januar 2021, https://www.statista
    .com/statistics/917900/selected-countries-amazon-alexa-skill-count/

12 Nach Angaben des Senders *CW6* in der Stadt kommentierte der Moderator Jim Patton die Geschichte mit den Worten: „Ich liebe das kleine Mädchen, das sagt: ‚Alexa hat mir ein Puppenhaus bestellt.'" Der Sender berichtet, dass nach Pattons Worten „Zuschauer in ganz San Diego anfingen, sich zu beschweren, dass ihre Echo-Geräte versucht hatten, Puppenhäuser zu bestellen". *CBSDFW.com*, „Amazon ‚Alexa' Orders Dollhouses for Owners After ‚Hearing' TV Report", *CBS DFW*, 6. Januar 2017, https://www.cbsnews .com/dfw/news/amazon-alexa-orders-dollhouses-for-owners-after-hearing-tv-report/

13 „Amazon Announces New Echo Devices – Add Alexa to Every Room and Your Car", Amazon Pressemitteilung, 20. September 2018, https://press .aboutamazon.com/news-releases/news-release-details/amazon-announces-new-echo-devices-add-alexa-every-room-and-your

14 Mike Snider, „Apple CEO Tim Cook Supports Stricter Data Privacy Laws, Warns of ‚Data Industrial Complex'", *USA Today*, 24. Oktober 2018, https:// eu.usatoday.com/story/tech/nation-now/2018/10/24/apple-ceo-tim-cook-calls-stricter-data-privacy-protections/1750919002/

KAPITEL 3

1 Megan Farokhmanesh, „The Next Frontier in Hiring is AI-Driven", *The Verge*, 30. Januar 2019, https://www.theverge.com/2019/1/30/18202335/ ai-artificial-intelligence-recruiting-hiring-hr-bias-prejudice

2 Ebd.

3 „Depression, PTSD, & Other Mental Health Conditions in the Workplace: Your Legal Rights", Equal Employment Opportunity Commission, 12. Dezember 2016, https://www.eeoc.gov/laws/guidance/depression-ptsd-other-mental-health-conditions-workplace-your-legal-rights

4 Michael F. Bennet et al., letter to Equal Employment Opportunity Commission chairman, 8. Dezember 2020, https://www.bennet.senate.gov/ public/_cache/files/0/a/0a439d4b-e373-4451-84ed-ba333ce6d1dd/ 672D2E4304D63A04CC3465C3C8BF1D21.letter-to-chair-dhillon.pdf

5 Diana Tsai, „80 % Of Jobs Are Not On Job Boards: Here's How to Find Them", *Forbes*, 2. Oktober, 2017, https://www.forbes.com/sites/ dianatsai/2017/10/02/80-of-jobs-are-not-on-job-boards-heres-how-to-find-them/?sh=6914acdad455

6   Peter Cappelli, „Your Approach to Hiring is All Wrong", *Harvard Business Review*, Mai–Juni 2019, https://hbr.org/2019/05/recruiting

7   JI-A Min, „12 Revealing Stats on How Recruiters Feel About AI", *ideal*, 1. Februar 2019, https://ideal.com/how-recruiters-feel-about-ai/

8   Gideon Mann und Cathy O'Neil, „Hiring Algorithms are Not Neutral", *Harvard Business Review*, 9. Dezember 2016, https://hbr.org/2016/12/hiring-algorithms-are-not-neutral

9   Peter Cappelli, „Your Approach to Hiring is All Wrong"

10 Drew Harwell, „A face-scanning algorithm increasingly decides whether you deserve the job", *Washington Post*, 6. November 2019, https://www.washingtonpost.com/technology/2019/10/22/ai-hiring-face-scanning-algorithm-increasingly-decides-whether-you-deserve-job/

11 Customer case studies (2019), HireVue, https://www.hirevue.com/customers

12 Nicole Lewis, „AI-Related Lawsuits are Coming", Society for Human Resources Management, 1. November 2019, https://www.shrm.org/resources-andtools/hr-topics/technology/pages/ai-lawsuits-are-coming.aspx

13 Sam Daley, „Women in Tech Statistics for 2020", Built In, 13. März 2020, https://builtin.com/women-tech/women-in-tech-workplace-statistics

14 Samuel Gibbs, „Women Less Likely to be shown ads for high-paid jobs on Google, Study Shows", *The Guardian*, 5. Juni 2017, https://www.theguardian.com/technology/2015/jul/08/women-less-likely-ads-high-paid-jobs-google-study

15 Ebd.

16 „Mehr als die Hälfte der Arbeitgeber hat Inhalte auf Social Media gefunden, die sie dazu veranlasst haben, einen Bewerber nicht einzustellen", CareerBuilder, 9. August 2018, https://www.prnewswire.com/news-releases/more-than-half-of-employers-have-found-content-on-social-media-that-caused-them-not-to-hire-a-candidate-according-to-recent-careerbuilder-survey-300694437.html

17 „Discrimination by Type", US Equal Employment Opportunity Commission, aufgerufen am 4. Juli 2020, https://www.eeoc.gov/discrimination-type

18 „Mehr als die Hälfte der Arbeitgeber hat Inhalte in den sozialen Medien gefunden, die sie dazu veranlasst haben, einen Bewerber nicht einzustellen", CareerBuilder, 9. August 2018

19 Ebd.

20 Ebd.

21 Ebd.

22 Drew Harwell, „A face-scanning algorithm increasingly decides whether you deserve the job", *Washington Post*, 6. November 2019

23 Rachel Withers, „Should Robots Be Conducting Job Interviews?", *Slate*, 5. Oktober 2020, https://slate.com/technology/2020/10/artificial-intelligence-job-interviews.html

24 Ebd.

25 Ebd.

26 Joy Buolamwini und Timnit Gebru, „Gender Shades: Intersectional Accuracy Disparities in Commercial Gender Classification", *Proceedings of Machine Learning Research* 81:1–15, 2018, Conference on Fairness, Accountability, and Transparency, http://proceedings.mlr.press/v81/buolamwini18a/buolamwini18a.pdf

KAPITEL 4

1   Eric Rosenbaum, „IBM can predict with 95 percent accuracy which employees will quit", CNBC, 3. April 2019, https://www.cnbc.com/2019/04/03/ibm-ai-can-predict-with-95-percent-accuracy-which-employees-will-quit.html

2   Carol Hymowitz, „Workers Have a Big Secret: Their Age", *Wall Street Journal*, 17. November 2019, https://www.wsj.com/articles/older-workers-have-a-big-secret-their-age-11574046301

3   Christopher Rowland, „Bosses Can Monitor Your Every Step", *Washington Post*, 15. Februar 2019, https://www.washingtonpost.com/business/economy/with-fitness-trackers-in-the-workplace-bosses-can-monitor-your-every-step-and-possibly-more/2019/02/15/75ee0848-2a45-11e9-b011-d8500644dc98_story.html

4   Shelby Webb, „Houston teachers to pursue lawsuit over secret evaluation system", *Houston Chronicle*, 11. Mai 2017, https://www.houstonchronicle.com/news/houston-texas/houston/article/Houston-teachers-to-pursue-lawsuit-over-secret-11139692.php

5   Andrea Miller, „More companies are using technology to monitor employees, sparking privacy concerns", ABC News, 10. März 2018, https://abcnews.go.com/amp/US/companies-technology-monitor-employees-sparking-privacy-concerns/story?id=53388270

6   Cybersecurity Insiders, „2021 Insider Threat Report sponsored by Gurucul", https://www.cybersecurity-insiders.com/wp-content/uploads/2021/06/2021-Insider-Threat-Report-Gurucul-Final-dd8f5a75.pdf

7   Ebd.

8   Antoine Gara, „Digital Reasoning: The AI Software Goldman Sachs And Steve Cohen Are Using To Track Traders", *Forbes*, 7. November 2016, https://www.forbes.com/sites/antoinegara/2016/11/07/wall-streets-big-brother-the-startup-goldman-sachs-and-steve-cohen-are-using-to-track-traders/#1580a1627912

9   Drew Harwell, „Managers turn to surveillance software, always-on webcams to ensure employees are (really) working from home", *The Washington Post*, 30. April 2020, https://www.washingtonpost.com/technology/2020/04/30/work-from-home-surveillance/

10   Brian Kopp, „Nine Work Trends That HR Leaders Can't Ignore in 2021", *Gartner*, 26. April 2021, https://www.gartner.com/smarterwithgartner/9-work-trends-that-hr-leaders-cant-ignore-in-2021

11   Adriana Gardella, „Employer Sued For GPS-Tracking Salesperson 24/7", *Forbes*, 5. Juni 2015, https://www.forbes.com/sites/adrianagardella/2015/06/05/employer-sued-for-gps-tracking-salesperson-247/#5a42a44623e3

12   Ebd.

13   Eric Rosenbaum, „IBM can predict with 95 percent accuracy which employees will quit", *CNBC*, 3. April 2019

14   Daniel Wiessner, „IBM laid off older workers in push to recruit millennials – lawsuit", *Reuters*, 17. September 2018, https://www.reuters.com/article/employment-ibm-idUSL2N1W31PX

15   Eric Rosenbaum, „IBM can predict with 95 percent accuracy which employees will quit", *CNBC*, 3. April 2019

16   Eric Rosenbaum, „How IBM AI Predicts With 95 Percent Accuracy Who Is About To Quit Their Job", The Lowdown, 7. April 2019, https://www.thelowdownblog.com/2019/04/how-ibm-ai-predicts-with-95-percent.html

17 „The ZipRecruiter Future of Work Report", ZipRecruiter, 27. Juni 2019, https://www.ziprecruiter.com/blog/future-of-work-report-2019/

18 „The evolution of process automation", IBM Institute for Business Value, https://www.ibm.com/downloads/cas/WJGLKJVM

19 „AI Today, AI Tomorrow", ARM Report, https://www.arm.com/solutions/artificial-intelligence/survey

20 Catherine Clifford, „The ,Oracle of A.I.': These 4 kinds of jobs won't be replaced by robots", *CNBC*, 14. Januar 2019, https://www.cnbc.com/2019/01/14/the-oracle-of-ai-these-kinds-of-jobs-will-not-be-replaced-by-robots.html

21 Lydia Dishman, „Is AI killing jobs? Actually, it added 3x more than it replaced in 2018", *Fast Company*, 27. Juni 2019 http://www.fastcompany.com/90369739/is-ai-killing-jobs-actually-it-added-3x-more-in-2018

22 Arwa Mahdawi, „What jobs will still be around in 20 years? Read this to prepare your future", *The Guardian*, 26. Juni 2017, https://www.theguardian.com/us-news/2017/jun/26/jobs-future-automation-robots-skills-creative-health

KAPITEL 5

1 „Lee Sedol vs AlphaGo Move 37 reactions and analysis", Youtube-Video, 5. Januar 2018, https://www.youtube.com/watch?v=HT-UZkiOLv8

2 Sigal Samuel, „How One Scientist Coped When AI Beat Him At His Life's Work", *Vox*, 15. Februar 2019, https://www.vox.com/future-perfect/2019/2/15/18226493/deepmind-alphafold-artificial-intelligence-protein-folding

3 Ebd.

4 Naomi Rea, „Why One Collector Bought a Work of Art Made by Artificial Intelligence – and Is Open to Acquiring More", Artnet, 3. April 2018, https://news.artnet.com/art-world/art-made-by-artificial-intelligence-1258745

5 Gabe Cohen, „AI Art at Christie's Sells for $432,500", *New York Times*, 25. Oktober 2018, https://www.nytimes.com/2018/10/25/arts/design/ai-art-sold-christies.html

6 Jason Bailey, „The AI Art at Christie's Is Not What You Think", Artnome, 13. Oktober 2018, https://www.artnome.com/news/2018/10/13/the-ai-art-at-christies-is-not-what-you-think

KAPITEL 6

1   Paul Farrell, „Ring Camera Hackings: 5 Fast Facts You Need to Know", heavy.com, 12. Dezember 2019, https://heavy.com/news/2019/12/ring-camera-hackings/

2   Catherine Stupp, „Fraudsters Used AI to Mimic CEO's Voice in Unusual Cybercrime Case", *Wall Street Journal*, 30. August 2019, https://www.wsj.com/articles/fraudsters-use-ai-to-mimic-ceos-voice-in-unusual-cybercrime-case-11567157402

3   Ed Stacey, „As AI Becomes More Ever Capable, Will It End Up Helping, Or Hindering, The Hackers?" *Forbes*, 19. Juli 2021, https://www.forbes.com/sites/edstacey/2021/07/19/as-ai-becomes-more-ever-capable-will-it-end-up-helping-or-hindering-the-hackers/?sh=4f8832ac324f

4   „88% of Security Leaders Say Supercharged AI Attacks are Inevitable", Darktrace, 17. März 2020, https://www.darktrace.com/en/press/2020/319/#:~:text=Key%20findings%20include%3A,that%20no%20human%20could%20envision

5   Selena Larson, „A smart fish tank left a casino vulnerable to hackers", *CNN Business*, 19. Juli 2017, https://money.cnn.com/2017/07/19/technology/fish-tank-hack-darktrace/index.html

6   Mark Jones, „FBI issues dire warning about smart TVs and hackers", komando.com, 2. Dezember 2019, https://www.komando.com/news/hackers-access-smart-tvs/694249/

KAPITEL 7

1   „Global Data Broker Market Size, Share, Opportunities, COVID-19 Impact, And Trends By Data Type. End-User Industry And Geography – Forecasts From 2021 To 2026", Knowledge Sourcing, Juni 2021, https://www.knowledge-sourcing.com/report/global-data-broker-market

2   Wolfie Christl, „Corporate Surveillance in Everyday Life", Cracked Labs, Juni 2017, https://crackedlabs.org/dl/CrackedLabs_Christl_Corporate-Surveillance.pdf

3   Megan Molteni, „23andMe's Pharma Deals Have Been the Plan All Along", *Wired*, 3. August 2018, https://www.wired.com/story/23andme-glaxo-smithkline-pharma-deal/

4   Christopher Zara, „The Dizzying Number Of CFPB Complaints Against Equifax Since 2012 Should Infuriate You", *Fast Company*, 18. September 2017, https://www.fastcompany.com/40469235/the-dizzying-number-of-cfpb-complaints-against-equifax-since-2012-should-infuriate-you

5   „Understanding Clarity Services by Experian", Lexington Law, 29. April 2021, https://www.lexingtonlaw.com/blog/credit-101/understanding-clarity-services-by-experian.html

6   Selena Larson, „Google will no longer read your emails to tailor ads", *CNN Business*, 23. Juni 2017, https://money.cnn.com/2017/06/23/technology/business/google-ad-scanning-email-stop/index.html

7   „Facebook Does Not Use Your Phone's Microphone for Ads or News Feed Stories", Facebook, 2. Juni 2016, https://about.fb.com/news/h/facebook-does-not-use-your-phones-microphone-for-ads-or-news-feed-stories/

8   „Is your phone listening in? Your stories", *BBC News*, 30. Oktober 2017, https://www.bbc.com/news/technology-41802282

9   Jefferson Graham, „Is Facebook listening to me? Why those ads appear after you talk about things", *USA Today*, 27. Juni 2019, https://www.usatoday.com/story/tech/talkingtech/2019/06/27/does-facebook-listen-to-your-conversations/1478468001/

10 Sarah Frier, „Facebook Paid Contractors to Transcribe Users' Audio Chats", *Bloomberg*, 13. August 2019, https://www.bloomberg.com/news/articles/2019-08-13/facebook-paid-hundreds-of-contractors-to-transcribe-users-audio

11 Sam Nichols, „Your Phone Is Listening and It's Not Paranoia", *Vice*, 4. Juni 2018, https://www.vice.com/en/article/wjbzzy/your-phone-is-listening-and-it-not-paranoia

12 Minyvonne Burke, „Amazon's Alexa may have witnessed alleged Florida murder, authorities say", *NBC News*, 2. November 2019, https://www.nbcnews.com/news/us-news/amazon-s-alexa-may-have-witnessed-alleged-florida-murder-authorities-n1075621

13 „Is YouTube Watching Me? Mozilla Explains: Recommendation Engines", Youtube-Video, 11. Mai 2021, https://www.youtube.com/watch?v=pt9YCVX7VOkh

14 Lesley Stahl, „Aleksandr Kogan: The link between Cambridge Analytica and Facebook", *60 Minutes*, 22. April 2018, https://www.cbsnews.com/news/aleksandr-kogan-the-link-between-cambridge-analytica-and-facebook/

15 Sam Meredith, „Facebook-Cambridge Analytica: A timeline of the data hijacking scandal", *CNBC*, 10. April 2018, https://www.cnbc.com/2018/04/10/facebook-cambridge-analytica-a-timeline-of-the-data-hijacking-scandal.html

16 Lesley Stahl, „Aleksandr Kogan: The link between Cambridge Analytica and Facebook"

17 Ebd.

18 Corinne Reichert, „Clearview AI facial recognition customers reportedly include DOJ, FBI, ICE, Macy's", *CNET*, 2. März 2020, https://www.cnet.com/tech/services-and-software/clearview-ai-facial-recognition-customers-reportedly-include-ice-justice-department-fbi-macys/

19 Rebecca Heilweil, „From Macy's to Albertsons, facial recognition is already everywhere", *Vox*, 19. Juni 2021, https://www.vox.com/2021/7/15/22577876/macys-fight-for-the-future-facial-recognition-artificial-intelligence-stores

20 „Ban Facial Recognition in Stores", Petition und Daten, https://www.banfacialrecognition.com/stores/#sign

21 Ebd.

22 Bennett Cyphers und Gennie Gebhart, „Behind the One-Way Mirror: A Deep Dive Into the Technology of Corporate Surveillance", Electronic Frontier Foundation, Dezember 2019, https://www.eff.org/wp/behind-the-one-way-mirror

23 „How to Remove Yourself from Data Broker Sites", Privacy Bee, 1. September 2020, https://privacybee.com/blog/how-to-remove-yourself-from-data-broker-sites/

KAPITEL 8

1 „Sean Parker – Facebook Exploits Human Vulnerability (We Are Dopamine Addicts)", Youtube-Video, 11. November 2017, https://www.youtube.com/watch?v=R7jar4KgKxs&t=58s

2 „New Report Finds Teens Feel Addicted to Their Phones, Causing Tension at Home", Common Sense Media, 3. Mai 2016, https://www.commonsensemedia.org/about-us/news/press-releases/new-report-finds-teens-feel-addicted-to-their-phones-causing-tension-at-home

3   Andrew Perrin und Sara Atske, „About three-in-ten U.S. adults say they are ‚almost constantly' online", Pew Research Center, 26. März 2021, https://www.pewresearch.org/fact-tank/2021/03/26/about-three-in-ten-u-s-adults-say-they-are-almost-constantly-online/

4   Juliana Menasce Horowitz und Nikki Graf, „Most U.S. Teens See Anxiety and Depression as a Major Problem Among Their Peers", Pew Research Center, 20. Februar 2019, https://www.pewresearch.org/fact-tank/2021/03/26/about-three-in-ten-u-s-adults-say-they-are-almost-constantly-online/

5   „Suicide and Self-Harm Injury", National Center for Health Statistics, 7. April 2020, aufgerufen am 28. Oktober 2020, https://www.cdc.gov/nchs/fastats/suicide.htm

6   „Sean Parker – Facebook nutzt menschliche Schwächen aus"

7   Definition von „anxiety", lexico.com, https://www.lexico.com/en/definition/anxiety

8   Sophie Lewis, „Horrified mom discovers suicide instructions in video on YouTube and YouTube Kids," *CBS News*, 23. Februar 2019, https://www.cbsnews.com/news/youtube-kids-inappropriate-horrified-mom-discovers-suicide-instructions-in-video-on-youtube-and-youtube-kids/

9   „Shinsei Kamattechan – Ruru's Suicide Show on a Livestream Official Video (Animation)", Youtube-Video, 8. Januar 2020, https://youtu.be/hc0ZDaAZQT0

10 Joan E. Solsman, „YouTube recommendations serve up most videos viewers wish they'd never seen, study says", CNET, 7. Juli 2021, https://www.cnet.com/tech/services-and-software/youtube-recommendations-serve-up-the-most-videos-that-viewers-wish-theyd-never-seen-study-says/

11 Mustafa Gatollari, „The Roro Chan Challenge Is a Popular New Internet Trend With Severe Consequences", Distractify, 27. Juli 2020, https://www.distractify.com/p/roro-chan-challenge

12 Jemma Carr, „British schoolboy, 11, is blackmailed into cutting his own wrists by anonymous Instagram user playing sick ‚blue whale' suicide ‚game'", *Daily Mail*, 14. Juli 2020, https://www.dailymail.co.uk/news/article-8521927/British-schoolboy-11-blackmailed-cutting-wrists.html

13 Brooke Auxier, Monica Anderson, Andrew Perrin und Erica Turner, „Parenting Children in the Age of Screens", Pew Research Center, 28. Juli 2020, https://www.pewresearch.org/internet/2018/05/31/teens-social-media-technology-2018/ und https://www.pewresearch.org/internet/2020/07/28/parenting-children-in-the-age-of-screens/

14 „Responding to Online Threats: minors' Perspectives on Disclosing, Reporting, and Blocking", Thorn.org, 2020, https://www.thorn.org/thorn-research-minors-perspectives-on-disclosing-reporting-and-blocking/

15 Brooke Auxier, Monica Anderson, Andrew Perrin und Erica Turner, „Parenting approaches and concerns related to digital devices", Pew Research Center, 28. Juli 2020, https://www.pewresearch.org/internet/2020/07/28/parenting-approaches-and-concerns-related-to-digital-devices/

16 Max Fisher und Amanda Taub, „On YouTube's Digital Playground, an Open Gate for Pedophiles", *New York Times*, 3. Juni 2019, https://www.nytimes.com/2019/06/03/world/americas/youtube-pedophiles.html

17 KG Orphanides, „On YouTube, a network of pedophiles is hiding in plain sight", *Wired UK*, 20. Februar 2019. https://www.wired.co.uk/article/youtube-pedophile-videos-advertising

18 Max Fisher und Amanda Taub, „On YouTube's Digital Playground, an Open Gate for Pedophiles"

19 „Auf Online-Bedrohungen reagieren: Perspektiven von Minderjährigen in Bezug auf Offenlegung, Meldung und Blockierung."

20 KG Orphanides, „On YouTube, a network of pedophiles is hiding in plain sight."

21 „What Is Addiction?" *Psychology Today,* ohne Datum, https://www.psychologytoday.com/us/basics/addiction

22 Caitlin Johnston, „Human traffickers' new tool to lure children: online video games", *Tampa Bay Times*, 21. Januar 2019, https://www.tampabay.com/news/publicsafety/human-traffickers-new-tool-to-lure-children-online-video-games-20190121/

23 „Auf Online-Bedrohungen reagieren: Perspektiven von Minderjährigen in Bezug auf Offenlegung, Meldung und Blockierung."

KAPITEL 9

1 Definition von „Troll", Urban Dictionary, https://www.urbandictionary.com/define.php?term=troll definition

2 „American Views 2020: Trust, Media and Democracy", Gallup/Knight Foundation Survey, 9. November 2020, https://knightfoundation.org/

wp-content/uploads/2020/08/American-Views-2020-Trust-Media-and-Democracy.pdf

3   Ebd.

4   John D. McKinnon und Danny Dougherty, „Americans Hate Social Media but Can't Give It Up, WSJ/NBC News Poll Finds", *Wall Street Journal*, 5. April 2019, https://www.wsj.com/articles/americans-agree-social-media-is-divisive-but-we-keep-using-it-11554456600

5   Ebd.

6   Ebd.

7   „Americans See Broad Responsibilities for Government; Little Change Since 2019", Pew Research Center, 17. Mai 2021, https://www.pewresearch.org/politics/2021/05/17/americans-see-broad-responsibilities-for-government-little-change-since-2019/

8   Ebd.

9   Lee Rainie, Scott Keeter and Andrew Perrin, „Trust and Distrust in America", Pew Research Center, 22. Juli 2019 http://www.pewresearch.org/politics/2019/07/22/trust-and-distrust-in-america/

10 Cary Funk, Alec Tyson, Brian Kennedy, und Courtney Johnson, „Science and Scientists Held in High Esteem Across Global Publics", Pew Research Center, https://www.pewresearch.org/science/2020/09/29/science-and-scientists-held-in-high-esteem-across-global-publics/

11 Ebd.

12 Lee Rainie, Scott Keeter und Andrew Perrin, „Trust and Distrust in America."

13 Ebd.

14 Ebd.

15 Jeff Horwitz und Deepa Seetharaman, „Facebook Executives Shut Down Efforts to Make the Site Less Divisive", *Wall Street Journal*, 26. Mai 2020, https://www.wsj.com/articles/facebook-knows-it-encourages-division-top-executives-nixed-solutions-11590507499?mod=hp_lead_pos5

16 Ian Sherr und Lin La, „Facebook will ask us to decide what's ‚high quality' news", CNET, 10. Januar 2019, https://www.cnet.com/news/facebook-zuckerberg-news-feed-prioritize-high-quality-and-trustworthy-sources/

17   Jeff Horwitz und Deepa Seetharaman, „Facebook Executives Shut Down Efforts to Make the Site Less Divisive."

18   Ebd.

19   Thomas Brewster, „Sheryl Sandberg Downplayed Facebook's Role In The Capitol Hill Siege – Justice Department Files Tell A Very Different Story", *Forbes*, 7. Februar 2021, https://www.forbes.com/sites/thomas-brewster/2021/02/07/sheryl-sandberg-downplayed-facebooks-role-in-the-capitol-hill-siege-justice-department-files-tell-a-very-different-story/?sh=2f363fd010b3

20   Ebd.

21   Epstein flight manifests, https://www.documentcloud.org/documents/1507315-epstein-flight-manifests.html

22   „Pizzagate: Gunman fires in restaurant at centre of conspiracy", BBC News, 5. Dezember 2016, https://www.bbc.com/news/world-us-canada-38205885

23   Lois Beckett, „QAnon: a timeline of violence linked to the conspiracy theory", *The Guardian*, 16. Oktober 2020 https://www.theguardian.com/us-news/2020/oct/15/qanon-violence-crimes-timeline

24   Drew Harwell, „QAnon believers seek to adapt their extremist ideology for a new era: ‚Things have just started'", *Washington Post*, 21. Januar 2021, https://www.washingtonpost.com/technology/2021/01/21/qanon-faithful-biden-trump/

25   Kasey Stricklin, „Why Does Russia Use Disinformation?", Lawfare, 29. März 2020, https://www.lawfareblog.com/why-does-rus-sia-use-disinformation

26   Keir Giles, „Handbook of Russian Information Warfare", NATO Defense College, November 2019, https://weaponizednarrative.asu.edu/system/files/library/docs/fm_9.pdf

27   Miles Parks und Martin Austermuhle, „‚None Of This Is True': Protests Become Fertile Ground for Online Disinformation", NPR Illinois, 1. Juni 2020, https://www.nprillinois.org/politics/2020-06-01/none-of-this-is-true-protests-become-fertile-ground-for-online-disinformation

28   „Exposing Russia's Effort to Sow Discord Online: The Internet Research Agency and Advertisements", US House of Representative Permanent Select Committee on Intelligence, https://intelligence.house.gov/social-media-content/

29 Žilvinas Švedkauskas, Chonlawit Sirikupt und Michel Salzer, „Russia's disinformation campaigns are targeting African Americans", *Washington Post*, 24. Juli 2020, https://www.washingtonpost.com/politics/2020/07/24/russias-disinformation-campaigns-are-targeting-african-americans/

30 Salvador Hernandez, „Russian Trolls Spread Baseless Conspiracy Theories Like Pizzagate And QAnon After The Election", *BuzzFeed*, https:/www.buzzfeednews.com/article/salvadorhernandez/russian-trolls-spread-baseless-conspiracy-theories-like

31 „China and Russia spreading anti-US vaccine misinformation, White House says – as it happened", *The Guardian*, 16. Juli 2021, https://www.theguardian.com/us-news/live/2021/jul/16/us-politics-live-covid-coronavirus-wildfires-biden-latest?-page=with:block-60f184de8f080074230c148c

32 „Exposing Russia's Effort to Sow Discord Online: The Internet Research Agency and Advertisements", US House of Representatives Permanent Select Committee on Intelligence, März 2018, https://intelligence.house.gov/social-media-content/

KAPITEL 10

1 Kathleen McGrory und Neil Bedi, „Targeted. Pasco sheriff created a futuristic program to stop crime before it happens", *Tampa Bay Times*, 3. September 2020, https://projects.tampabay.com/projects/2020/investigations/police-pasco-sheriff-targeted/intelligence-led-policing/

2 Ebd.

3 Randy Rieland, „Artificial Intelligence Is Now Used to Predict Crime. But Is It Biased?" *Smithsonian Magazine*, 5. März 2018, https://www.smithsonianmag.com/innovation/artificial-intelligence-is-now-used-predict-crime-is-it-biased-180968337/

4 Matt Stroud, „Chicago's predictive policing tool just failed a major test", *The Verge*, 19. August 2016, https://www.theverge.com/2016/8/19/12552384/chicago-heat-list-tool-failed-rand-test

5 Ray Stern, „Was the Backup Driver in an Uber Autonomous Car Crash Wrongfully Charged?", *Phoenix New Times*, 9. Juli 2021, https://www.phoenixnewtimes.com/news/uber-self-driving-crash-arizona-vasquez-wrongfully-charged-motion-11583771

6   Angie Schmitt und Charles Brown, „Uber Self-Driving Car Death Ruling Sets a Scary Precedent", Next City, 29. September 2020, https://nextcity.org/urbanist-news/entry/uber-self-driving-car-death-ruling-sets-a-scary-precedent

7   Insurance Institute for Highway Safety and the Massachusetts Institute of Technology's AgeLab, „Drivers let their focus slip as they get used to partial automation", 19. November 2020, https://www.iihs.org/news/detail/drivers-let-their-focus-slip-as-they-get-used-to-partial-automation

8   NBCNews, „Tesla Driver Caught On Camera Apparently Asleep At The Wheel", *NBC Nightly News*, 9. September 2019, https://www.youtube.com/watch?v=NHUZxeSUFUk

9   Matt Egan, „,I begged them for help': Wells Fargo foreclosure nightmare", *CNN Business*, 13. Dezember 2018, https://edition.cnn.com/2018/12/12/business/wells-fargo-foreclosure-nightmare/index.html

10   Ebd.

11   US-Bezirksgericht für den nördlichen Bezirk von Kalifornien, Alicia Hernandez vs. Wells Fargo Bank, Sammelklage, aufgerufen am 3. Oktober 2021

12   Penny Crosman, „Weren't algorithms supposed to make digital mortgages colorblind?", *American Banker*, 26. November 2018, https://www.americanbanker.com/news/werent-algorithms-supposed-to-make-digital-mortgages-colorblind

13   Robert Bartlett et al., „Consumer Lending Discrimination in the FinTech era", Forschungsarbeit, November 2019, https://faculty.haas.berkeley.edu/morse/research/papers/discrim.pdf

14   John Roach. Microsoft AI Blog (10. Januar 2018), „Researchers use AI to improve accuracy of gene editing with CRISPR", https://blogs.microsoft.com/ai/crispr-gene-editing/

15   Brian Wang. Next Big Future (9. Juni 2015). „Disruptive CRIS-PR gene therapy is 150 times cheaper than zinc fingers and CRISPR is faster and more precise", https://www.nextbigfuture.com/2015/06/disruptive-crispr-gene-therapy-is-150.html

16   Ebd.

17   Rob Stein. *NPR* (26. November 2018), „Chinese Scientist Says He's First To Create Genetically Modified Babies Using CRISPR" http://www.npr.org/sections/health-shots/2018/11/26/670752865/

18 Susan Scutti. *CNN* (5. Juni 2019), „CRISPR gene-edited babies may be at increased risk of early death, study finds", https://www.cnn.com/2019/06/03/health/crispr-gene-edit-increased-death-risk-study/index.html

19 Ebd.

20 Rob Stein. *NPR* (18. August 2017), „Exclusive: Inside The Lab Where Scientists Are Editing DNA In Human Embryos", https://www.npr.org/sections/health-shots/2017/08/18/543769759/a-first-look-inside-the-lab-where-scientists-are-editing-dna-in-human-embryos

21 Sandy Sufian, Rosemarie Garland-Thomson. Scientific American (16. Februar 2021), „The Dark Side of CRISPR", https://www.scientificamerican.com/article/the-dark-side-of-crispr/

22 Ebd.

23 Bret S. Cohen, James Denvil, Filippo A. Raso und Stevie Degroff, „FTC authority to regulate artificial intelligence", *Reuters*, 8. Juli 2021, https://www.reuters.com/legal/legalindustry/ftc-authority-regulate-artificial-intelligence-2021-07-08/

24 Consumer Financial Protection Bureau, „Prepared Remarks of CFPB Director Richard Cordray at the NAACP Annual Convention", 19. Juli 2016, aufgerufen am 2. März 2021

KAPITEL 11

1 Erin Brodwin und Rebecca Robbins, „An Invisible Hand: Patients Aren't Being Told About the AI Systems Advising Their Care", *Stat News*, 15. Juli 2020, https://www.statnews.com/2020/07/15/artificial-intelligence-patient-consent-hospitals/

2 Suzy Khimm, „Who gets a ventilator? Hospitals facing coronavirus surge are preparing for life-or-death decisions", *NBC News*, 18. März 2020, https://www.nbcnews.com/health/health-care/who-gets-ventilator-hospitals-facing-coronavirus-surge-are-preparing-lifen1162721

3 Lisa Rosenbaum, MD, „Facing Covid-19 in Italy – Ethics, Logistics, and Therapeutics on the Epidemic's Front Line", *New England Journal of Medicine*, 18. März 2020, https://www.nejm.org/doi/full/10.1056/NEJMp2005492?query=featured_coronavirus

4   Kei Ouchi, MD, MPH et al., „Prognosis After Emergency Department Intubation to Inform Shared Decision-Making", *Journal of the American Geriatrics Association*, 15. März 2018)

5   „COVID-19 Pandemic Shifts Innovation Priorities at Health Systems", Forschungsbericht, Center for Connected Medicine, https://connectedmed .com/resources/research-report-covid-19-pandemic-shifts-innovation-priorities-at-health-systems/

6   „Algorithm for COVID-19 triage and referral", World Health Organization, Western Pacific Region, 22. März 2020, https://apps.who.int/iris/bitstream/ handle/10665/331915/COVID-19-algorithm-referral-triage-eng.pdf? sequence=1&isAllowed=y

7   Karen Hao, „Doctors are using AI to triage covid-19 patients. The tools may be here to stay", *MIT Technology Review*, 23. April 2020, https://www .technologyreview.com/2020/04/23/1000410/ai-triage-covid-19-patients-health-care/

8   „Study Finds New Commercial AI Devices Often Lack Key Performance Data", American Hospital Association, 20. April 2021, https://www.aha .org/aha-center-health-innovation-market-scan/2021-04-20-study-finds-new-commercial-ai-devices-often